소믈리에 이선경의

와인 교양 수업

The Essential Guide to Wine

소믈리에 이선경의

와인 교양 수업

이선경 지음

hansmedia

Prologue

약 20여 년 전, 제가 2001년 국제기능올림픽 '레스토랑 서비스' 국가 대표로 출전해 한국 최초로 금메달을 획득한 영광스러운 순간이 있었습니다. 국내에 수입되는 와인이 지금처럼 다양하지 않던 시기였지만, 대회를 준비하며 와인과 더욱 친해졌고 자연스레 와인에 대한 꿈도 더 크게 꾸게 되었죠. 이후 프랑스에 유학을 가서 소믈리에 자격증을 취득한 후 프랑스와 국내의 유수 호텔에서 소믈리에 경력을 쌓았습니다. 그리고 대학에서 외식사업과 교수로 근무한 후 현재는 와인 비즈니스를 중심으로 다양한 분야에서 와인의 매력을 알리는 전문가로 활동하고 있습니다.

저의 프랑스 와인 유학 시절의 에피소드는 여러 가지가 있지만, 그중에서도 여러 와인 생산지를 다니며 와인메이커들을 만나고, 와인에 대한 그들의 철학과 열정을 함께 경험하고 시음하는 시간이 가장 큰 공부가 되었습니다. 아침 일찍 시음회에 가서 오전부터 빈속에 다양한 와인들을 열심히 테이스팅하거나 100여 종의 와인을 맛본 후에 코와 혀가 마비되고 속이 쓰린 느낌을 겪었던 순간들도 떠오릅니다. 프랑스의 소믈리에 자격증을 따기 위해 공부를 하던 무렵에는 자다가도 잠시 눈을 뜨면 곧바로 일어나 스탠드를 켜고 열심히 관련 내용을 암기하기도 했습니다. 프랑스어로 진행되는 구술시험에 대비해 사람들과 와인을 마시며 프랑스어만으로 대화를 연습하기도 하고, 그러다 스스로 자꾸 말이 없어지는 것 같은 뼈아픈 경험을 하기도 했죠.

무사히 공부를 마친 후에 파리의 포시즌스 호텔에 위치한 미슐랭 3스타 레스토랑에서 유일한 여성 소믈리에로 인턴십을 한 경험은 소믈리에로서 저를 더욱 다듬는 귀중한 시간이 되었습니다. 귀국 후 신라호텔에서 와인 소믈리에로 일하며 전 세계 유명 인사들과 고객들에게 직접 와인을 준비해 드렸던 순간, 로버트 파커가 방한했을 때 매년 함께 진행했던 행사들까지 지금까지 와인과 함께한 제 인생의 추억들이 마음속 깊이 남아 있습니다. 오래전부터 꿈꾸던 대학교수가 되고, 학교에서 와인에 열정을 가진 학생들과 수학하며 함께 꿈을 만들어가는 값진 경험도 했습니다. 현재는 이러한 여러 경력을 바탕으로 와인 클래스 및 특강, 전 세계의 좋은 와인을 발굴해 한국에 소개하는 와인 수입업 등 다양한 와인 비즈니스를 운영하고 있습니다. 나아가 한국에 숨겨진 귀한 와인들을 해외에 알리는 일 등 지금도 언제나 와인과 더불어 많은 일들을 도전하고 싶습니다.

지금까지의 제 인생이 담긴 와인 이야기와 소믈리에로서 경험한 다양한 노하우를 이 책을 통해 여러분과 함께 나눌 수 있게 되어 큰 보람을 느낍니다. 이 책이 와인과 함께하는 여러분의 삶에 작은 도움이 되길 바랍니다.

'와인을 함께 한다는 것은 그 와인의 향과 인생을 함께 나누는 것이다.'

이선경 드림

이 책을 보는 방법

"한번 제대로 배운 와인, 평생 즐길 수 있다."

소믈리에로 오랫동안 일해온 저의 소망은 바로 이 책을 통해 여러분의 와인 교양을 가득 채워드리고 싶다는 것입니다. 지금 책을 읽고 있는 독자분들이 적어도 와인 때문에 주눅이 들거나 어렵다고 생각하지 않도록 하는 것이 『와인 교양 수업』의 기본적인 목표입니다. 제가 이 책의 원고를 집필할 때 가장 염두에 두었던 것은 '언젠가 내 아이가 와인 공부를 시작한다면 와인 선배로서 어떤 도움을 줄 수 있을까'였습니다. 그런 진심과 마음을 담아, 이 책에는 와인 초보자부터 애호가 및 전문가까지 많은 분들이 와인을 접할 때 꼭 알았으면 하는 내용을 제대로 배울 수 있도록 이해하기 쉽게 정리했습니다. **오랜 시간 많은 분들과 수업을 하고, 또 현장에서 직접 쌓은 노하우를 바탕으로 와인에 대한 기본 지식은 물론 기존의 책에서 볼 수 없었던 새로운 정보까지 이 책 한 권으로 와인에 대한 교양을 마스터할 수 있도록 안내하고자 합니다.**

소믈리에로 일하며 수많은 와인을 접했던 제가 맛본 최고의 와인은 세계에서 가장 값비싼 와인이라 불리는 '로마네 콩티'가 결코 아닙니다. 제 인생 최고의 와인은 제가 사랑하는 사람과 행복한 이야기를 나누며 마셨던 그 어느 날의 '샤토 코스 데스투르넬'이었습니다. 와인은 무엇을 마시는지보다 누구와 어떻게 즐거운 시간을 보내며 공유하고 마셨는지가 가장 중요합니다. 알랭 드 보통은 저서 『사유 식탁』에서 현대를 살아가는 많은 사람들이 요리나 음식이 우리의 정서와 감정에 미치는 영향을 크게 간과하고 있다고 지적했습니다. 앞으로는 와인을 통해 얻을 수 있는 감정이나 행복한 심리, 즐거움 같은 긍정적인 영향에도 관심을 갖고, **이 책에 실린 와인 지식과 함께 소중한 분들과 내 인생 최고의 와인들을 즐길 수 있는 행복한 시간을 많이 만드시길 바랍니다.**

기본 암기는 필수다

예전에는 공부를 할 때 이론부터 달달 외우던 시절이 있었습니다. 지금은 좀 더 다양한 방법을 통해 폭넓은 와인 공부가 가능하지만, 사실 와인 공부는 외국어를 공부하는 과정과 비슷합니다. 그 언어 안에서 쓰는 단어, 문법, 화법 등의 기본 암기가 되어 있어야 비로소 외국어 말문이 트이듯이, 와인 또한 대표적인 포도 품종부터 생산지, 꼭 알아야 할 와인들에 대한 기본 지식을 암기하고 나야 본격적인 와인 공부를 시작하는 데 무리가 없을 것입니다.

이 책을 효율적으로 활용하는 팁

이 책은 챕터별로 크게 인트로와 본문으로 구성됩니다. 처음에는 전체적으로 무슨 내용이 담겨 있는지 가볍게 살펴본 다음, 세부 목차에서 내가 관심이 있는 지역을 선택해 차분히 읽어보기를 추천합니다. 필요하다면 책에 밑줄도 치고 별표도 그리며 중요한 부분은 따로 메모를 해도 좋습니다. 앞서 이야기한 기본 암기를 토대로 다양한 와인을 시음하고 경험하며 책의 내용을 온전히 나의 지식으로 남기시길 바랍니다.

책의 앞부분에서는 와인의 역사를 한눈에 볼 수 있도록 구성했으니 시간의 변화에 따른 와인 산업의 흐름을 머릿속에 그리면서 읽는다면 더욱 기억에 남을 것입니다. 또한 주요 와인 생산국 앞부분에 산지별 포도의 품종과 특징을 일목요연하게 표로 정리했습니다. 본격적인 공부를 시작하기 전에 앞에 실린 표의 내용을 기본적으로 숙지한 후 세부 내용으로 들어가면 효율적이고, 본문을 다 읽고 난 후 다시 한번 표를 보며 복습한다면 더욱 효과적일 것입니다. 가능하다면 책에 실린 와인 산지와 그 지역의 포도 품종으로 만든 와인을 찾아 직접 시음해보세요. 책에서 배운 지식을 확인하고 실제 테이스팅을 통해 새로운 맛과 풍미를 경험할 수 있다면, 와인을 알아가는 즐거움이 배가 될 것입니다. (예: 품종별 비교 시음, 그랑 크뤼 와인과 세컨드 와인 비교 시음, 시음 와인 기록해보기 등)

와인에서 가장 중요한 포도의 품종별 아로마와 특징도 표로 깔끔하게 정리했습니다. 각 포도의 특징을 바탕으로 여러 가지 와인에서 느껴지는 고유한 향을 직접 찾아보시기를 권합니다. 와인에서 나는 다양한 향기를 경험하다 보면 가끔은 동치미, 외양간, 파마약처럼 아로마 표에는 등장하지 않지만 우리에게는 꽤 익숙한 향이 느껴질 때도 있습니다. 234페이지에 실려 있는 제가 고안한 와인 테이스팅 저널을 활용해도 좋고, 형식에 얽매이지 말고 와인에 대한 느낌을 자유롭게 표현해보는 것도 도움이 됩니다. 특히 좋은 와인이 시간에 따라 변해가는 과정을 차분하게 느껴보는 것은 무척 경이로운 경험이 될 것입니다.

기회가 된다면 주위에서 열리는 오프라인 와인 클래스나 세미나를 찾아가보거나 소규모 모임을 만들어 각자 공부한 내용을 공유해보는 것도 와인을 보다 즐겁고 깊게 알아가는 방법이 될 수 있습니다. 책에 소개된 와인을 지인들과 함께 비교 시음해보고 서로 다양한 의견을 나눠보면 와인에 대한 이해의 폭을 넓힐 수 있습니다. 더불어 이 책에는 기존의 책에서 크게 다루어지지 않았던 아시아 지역의 주요 와인들과 한국의 와인들을 지역별로 자세히 정리해 실었습니다. 앞으로 계속해서 추가될 훌륭한 한국의 와이너리들을 기대하고 고대합니다.

마지막 부분에서는 세계 각국의 와인 행사 및 축제를 정리하여 수록했습니다. 앞으로는 해외여행을 갈 때 일정이 맞는다면 다양한 와인 축제에도 참가해보기를 권합니다. 나만의 버킷 리스트처럼 가고 싶은 와인 축제를 체크해두었다가 하나씩 가보는 것도 인생의 큰 즐거움이 되겠지요.

와인을 공부한다는 것은

와인을 공부하면서 가장 좋은 점은 그것을 배우고 느끼고 알아가는 과정이 무척 흥미롭다는 것입니다. 와인은 단순히 지식이 많은 사람보다는 진정으로 즐기시는 분이 이길 수밖에 없는 신기한 분야이기도 합니다. 물론 공부를 하다 보면 가끔씩 나의 한계를 깨닫는 시간들이 찾아올 것입니다. 처음 보는 외국어나 전문 용어, 생소한 내용으로 인해 와인이라는 넓은 교양의 세계에 다가가기가 그리 쉽지만은 않겠지만, 마음을 열고 꾸준히 포기하지 않는다면 와인은 여러분의 인생에 누구보다 즐겁고 든든한 친구가 되어줄 것입니다. 삶에는 쉽게 얻어지지 않기 때문에 더욱 값진 것들이 있습니다. 하물며 좋은 와인을 만들어내는 조건 역시 기름진 땅이 아니라 척박한 땅과 큰 일교차라는 점을 생각해보세요. 앞으로 와인과 함께할 여러분의 긴 시간과 과정을 응원합니다.

Contents

Part 1
와인 시작하기

Part 2
유럽의 와인

Part 3
신세계 와인

Part 4
와인 실전편

The Essential Guide to Wine
Part 1
와인 시작하기

와인의 매력

와인을 간단하게 정의하자면 '포도즙을 발효시켜 만든 알코올성 음료'다. 하지만 단순히 포도를 발효했을 뿐인 와인의 매력이 대체 무엇이길래, 여러분은 지금 이 순간 이 책을 펼쳐들게 되었을까?

와인의 첫 번째 매력은 역사가 깃든 가장 문화적인 음료이자 오감으로 즐기는 하나의 예술이라는 점이다. 와인 애호가들은 와인은 알면 알수록 더 보이고, 더 재밌고, 더 즐길 수 있다고 한다. 많은 예술 분야가 그렇겠지만 천지인天地人의 합작품인 와인의 세계는 특히 그렇다. 정보가 전혀 없이 마셨을 때와는 달리 그 와인의 역사, 스토리, 지역, 품종, 가격 등을 알고 마셨을 때 그 깊이와 기쁨이 배가 됨을 경험할 것이다. 로저 스크러턴Roger Scruton(영국의 철학자, 작가)은 "와인의 즐거움은 지식에 비례한다"고까지 하였다.

두 번째로 와인은 완벽한 식품이자 건강에도 도움을 준다. 와인에는 수분이 85%, 알코올이 5~16% 포함되며 당분, 비타민, 유기산, 각종 미네랄, 폴리페놀 등을 함유하고 있다. 또한 300여 가지의 영양소와 비타민, 무기질이 풍부하여 영양학적으로도 탁월하다. 특히 이뇨 작용, 항산화, 소화 촉진 및 진정 작용 등과 스트레스와 심혈관 질환에도 효과가 있다고 알려져, 프랑스인이 와인을 많이 마시면서도 오히려 심장병이 줄어드는 현상을 표현한 '프렌치 패러독스French Paradox'라는 용어가 생기기도 하였다. 그만큼 와인은 그 어떤 술보다 건강에 도움이 된다는 것이 익히 알려진 사실이다.

세 번째, 와인은 인간관계를 돈독히 해주는 사교의 매개체다. 와인은 비즈니스 자리나 파티 등에서 사교의 멋진 가교 역할을 한다. 함께 즐기는 와인을 매개로 하여 이어지는 대화는 흥미롭고 깊다. 와인을 누군가와 함께 마신다는 것은 그 와인의 맛과 향을 같이 즐기는 것뿐 아니라, 그 와인의 생애를 나누는 것이기도 하다. 우리는 이러한 시간을 통해 누군가와 더욱 친밀해지고 와인의 매력을 함께 경험한다.

마지막으로 와인은 다양성을 가지며 변화하는 생물이기도 하다. 와인은 전 세계에서 널리 애용하는 술로 그 종류만도 수십만 종에 달한다. 각각 다른 빈티지와 새롭게 양조되는 와인을 보면, 평생 마셔도 다 못 마실 정도로 그 종류가 다양하고 풍부하다. 또한 살아 있는 생물처럼 시간과 환경에 따라 변화한다는 점에서 그 매력은 정점에 달한다.

이러한 와인의 다양한 매력을 이해하고 받아들이자. 이제 우리는 함께 와인에 대한 마음을 열고, 와인을 알아가는 시간을 만들 것이다. 이 책을 통해 와인에 한 발짝 다가설 수 있기를 기대한다.

1
한눈에 보는 와인의 역사

원숭이의 음료

원시시대에 와인을 처음 발견한 동물은 원숭이로 추측된다. 사람보다 후각이 발달한 원숭이가 포도즙의 당분과 그 껍질이 야생 효모와 함께 자연적으로 발효되어 알코올이 함유된 달콤한 향의 포도주가 된 것을 발견하였고, 그것을 본 인류가 포도주를 마시게 되었다는 설이 있다. 와인은 '우연이 선물한 신의 물방울'이라 불린다. 포도 껍질 속의 당분이 그 표면에 붙어 있던 효모에 의해 자연 발효되었고, 그것이 인간에게 선물처럼 우연히 발견되었기 때문이다.

당분+효모

발효 ↓ (열)

알코올+이산화탄소

2
인류 최초의 술이자
인류의 역사와 함께 발전해온 술
(BC 1만 년)

선사시대 와인 연구가인 패트릭 맥거번Patrick Mcgovern에 따르면 와인 양조의 흔적은 1만 년 전의 아나톨리아Anatolia에서 찾을 수 있다고 한다. 인류 문명의 출발지인 중동 지역과 조지아(그루지야) 등에서 포도나무가 경작된 흔적이 발견되었다. 또 성경의 창세기에는 "노아는 비가 그치자 방주에서 나와 포도나무를 심어 수확하여 마시고 취했다"는 구절이 나온다. 성경에서 와인은 521번 언급되었다.

3
그리스 문명과 로마 제국의 부흥
(BC 1600년)

기원전 페니키아Phoenicia인에 의해 포도 재배와 양조 기술이 그리스인들에게 전파되었다. 그리스인에게 와인은 신분의 상징이자 물물교환의 수단으로, 신을 찬양하거나 승리를 축하하고 축제를 즐길 때 제식 음료와 약용으로 사용되었다. 이후 와인은 그리스 상인에 의해 로마제국으로 다시 전파되었다. 고대 로마의 부흥과 팽창에 따라 포도 재배와 와인 양조는 로마군의 주둔 지역으로 퍼지며 와인은 이탈리아뿐 아니라 이베리아 반도, 프로방스 지역 등 유럽 각국으로 퍼져나갔다. 그리스인을 통해 포도 경작법을 알게 된 로마인은 오늘날 프랑스인의 조상인 골족에게 와인을 전달하는 역할을 했다.

"포도주가 인간인 우리에게 벌을 내리고 광란하게 한다고 하지만
그것은 영혼의 정숙, 건강, 심신의 강건함을 제공할 목적으로 주어진 값진 약이다."

－플라톤(BC 427~347)

중세 수도사의 공헌
(800~1500년경)

중세 시대는 농경 산업과 예술의 암흑기였으나 이때 와인은 교회의 미사주로, 흑사병 약으로 중요하게 여겨지던 시기였다. 당시 수도원의 수도사들에 의해서 와인 양조 기술의 학문적인 연구 및 기술 발전이 이루어졌다. 또한 흑사병의 창궐로 사람들이 물을 기피하게 되면서 와인이 일상의 음료로 자리 잡았다. 수도원에서 양조는 종교적 의식을 위한 것뿐 아니라 수익 창출에도 큰 기여를 했다. 수도사들은 십일조의 재원을 바탕으로 자신들의 영토에 포도를 심고 와인 양조를 했다. 종교적 의식에 필요한 와인을 충당한 후 남은 와인은 판매하였는데 그 수입이 상당했다. 그 결과 수도원이 부패하였고 이는 프랑스 혁명의 계기가 되었다.

약으로서의 와인
(BC 218년)

로마의 황제 카이사르가 갈리아 Gallia를 정복했을 때, 낯선 외국 땅에서 물보다 와인이 안전하다는 인식이 있어 병사들에게 매일 약 2L의 와인을 제공했다. 이는 병사들의 배탈을 방지하고, 와인에 들어 있는 알코올과 젖산이 살균 효과가 있어 상처 치료에도 사용되었다. 한니발 장군이 로마를 침공하기 위해 알프스 산맥을 넘어 진군하던 중 감염으로 눈 하나를 잃게 되었는데, 감염된 안구에 와인에 적신 거즈를 집어넣어 균을 소독해 생존한 일화는 매우 유명하다.

보르도 와인과 백년전쟁
(1338~1453년)

보르도 아키텐의 여공작 엘리노어Éléonore d' Aquitaine는 역사상 가장 부유했던 여성으로 기록되며 영국 왕 헨리 2세와의 결혼 자금으로 자신의 보르도 포도밭과 영지를 전부 바쳤다. 이때 영국으로의 와인 수출이 급증하였다. 백년전쟁의 종결 이후 보르도는 다시 프랑스 영토가 되었다.
이후 17세기에는 영국이 포르투갈과 메투엔 조약Methuen Treaty을 맺어 관세가 낮아지고 포트와인과 같은 포르투갈 와인이 성행하였다.

⑦ 프랑스 혁명
(1789년)

프랑스 혁명을 계기로 교회 소유의 포도원들이 소작농에게 분할 분배되었다.

⑧ 유리병과 코르크
(17세기 말)

유리병과 코르크 마개의 발명과 사용은 외부 공기를 효과적으로 차단하여 와인의 산화 방지 및 숙성에 도움을 주었다. 이는 와인의 발전과 보급에 큰 영향을 끼쳤다. 그리고 샴페인과 같은 기포 있는 와인과 장기 숙성용 와인의 탄생에도 기여했다.

⑨ 신대륙 발견
(1492년)

신대륙을 발견한 이후 유럽에서 식민지 지배를 위해 파견되거나 거주 목적으로 이주한 서구의 귀족과 부유층은 이미 습관화된 와인의 음용을 포기할 수 없었다. 동시에 식민 지배를 위해 기독교나 가톨릭을 전파한다는 종교적 목적을 위해서도 와인이 필요했다. 16세기 이후 유럽 선교사들이 이러한 필요성을 가지고 신대륙에 제일 먼저 포도나무를 가꾸고 양조했다는 기록이 남아 있다. 이런 기술은 17세기에는 남아프리카, 18세기에는 호주와 캘리포니아로 전파되었다. 이들은 본토에서 포도나무를 가져와 식민지 땅에 이식했고 그렇게 하여 신대륙에 와인 산지가 조성되었다.

11

1855 등급화

(1855년)

1855년 파리만국박람회를 위해 나폴레옹 3세의 명으로 와인의 등급이 제정되었다. BC 30년에 이미 이집트에서는 와인의 원산지를 표기하였고 그리스 및 르네상스에서도 와인의 산지를 표기하는 관행이 있었으나 근대적인 등급제가 도입된 것은 1855년의 프랑스가 최초이다. 프랑스 와인 중에서는 최초로 보르도 메독 지방의 와인을 61개의 그랑 크뤼 5등급으로 구분하였다. 메독상공회의소 주관으로 보르도 메독 지역 와인만 출품되었으며 당시 유통 가격과 인지도를 기준으로 등급이 매겨졌고 현재까지 유지되고 있다.

10

루이 파스퇴르

(1822~1895년)

프랑스의 미생물학자 루이 파스퇴르Louis Pasteur는 알코올 발효가 효모에 의한 것임을 최초로 입증하였다. 그리고 이를 산업적으로 확대하여 와인 효모와 빵 효모를 대량 배양하는 배양조를 개발하였다. 그 결과 와인의 부패 미생물은 살균하고 우량 효모를 제공하여 다량의 질 좋은 와인을 생산하게 되었다. 이를 통해 전 세계에 프랑스 와인의 우수성이 알려졌으며, 프랑스는 와인의 종주국이 되었다.

12

필록세라의 시련

(1864년)

포도나무의 뿌리 진딧물인 '필록세라Phylloxera'가 미국에서 유럽으로 전파되어 유럽의 포도밭이 황폐화되었다. 1910년, 그 해결책으로 내성이 있는 미국산 포도 묘목을 유럽산 포도나무에 접붙이는 방법을 사용했다. 필록세라의 시련을 통해 포도 재배법이 새롭게 도약하게 되었고, 기술과 인간의 개입을 값지게 증명하는 계기가 되었다.

와인의 과잉 생산과 밀수입이 횡행하며, 와인에 대한 신뢰가 떨어지자 프랑스에서 최초로 원산지 품질관리 제도인 AOC**Appellation d'Origine Contrôlée**가 제정되었다. 이는 생산지, 포도 묘목, 알코올 정도, 헥타르**ha**당 산출량 등을 기준으로 한다.

루돌프 슈타이너

(1925년)

루돌프 슈타이너**Rudolf Steiner**는 '바이오다이내믹**Biodynamic** 와인'의 개념을 창시하였다. 그는 기계·화학 산업이 발달하기 전의 재래식 포도 경작법과 수확 방식을 따르는 것을 이상적으로 보았다. 이는 포도를 자연 그대로 받아들이고 양조하는 와인을 뜻하는 것이다.

히틀러와 와인

(1945년)

2차 세계 대전 당시, 히틀러는 프랑스에 전문 와인 감식가를 파견하여 고급 와인을 찾아내고 독일로 보내는 일을 하였다. 세계대전이 막을 내리자, 프랑스의 드골**Charles De Gaulle**은 제일 먼저 특별부대를 편성하여 히틀러가 독수리 요새에 숨겨 놓은 프랑스 최상급의 와인 50만 병을 찾아오는 임무를 맡겼다. 프랑스에서 와인은 그들의 자존심이자 제일 먼저 지켜 나가야 할 유산인 것이다.

16
파리의 심판
(1976년)

영국인 스티븐 스피리어 **Steven Spurrier**(파리 아카데미 뒤 뱅 **Académy du Vin** 및 와인 샵 오너)의 주관으로 프랑스 최고의 와인 평론가와 와인 전문가들이 모여 프랑스 와인과 미국 와인을 두고 블라인드 테이스팅을 하여 경합을 펼쳤다. 그 결과 화이트, 레드 모두 미국 와인이 1등을 하면서 미국 와인의 가능성을 입증하였고, 국제적으로 인정받는 계기가 되었다. 당시는 미국 부티크 와인이 프랑스 와인을 모방하고자 노력하던 시기였다. 또한 심사자 모두 어떤 와인이 어느 산지의 것인지 분별할 수 없었다고 한다. 프랑스 측의 주장으로 30년 뒤인 2006년에도 숙성을 거친 같은 레드와인을 두고 재대결을 하였으나, 이때도 미국 와인들이 압승하며 그 숙성력이 증명되었다.

17
슈퍼 투스칸
(1968년)

이탈리아 와인은 가볍고 값싼 와인이라는 고정관념을 탈피하고자 이탈리아의 기존 DOC 등급 제도의 규제를 탈피하고 양조 방식, 포도 품종 등의 혁신을 추구했다. 그렇게 만든 와인을 슈퍼 투스칸 **Super Tuscan**이라 말한다. 풀보디와 긴 여운을 가진 프랑스산 포도 품종을 도입(카베르네 소비뇽, 메를로 등)하고, 작은 새 오크통 사용 등 국제적인 흐름의 취향을 반영한 것이 노하우다. 토스카나 **Toscana** 볼게리 **Bolgheri** 지역에서 처음 시작되었으며 사시카이아 **Sassicaia** 와인이 슈퍼 투스칸의 원조 격이다.

18
컬트 와인
(1990년대)

컬트 와인 **Cult wine**은 지난 20년 사이 캘리포니아 나파 밸리 **Napa Valley**의 몇몇 와이너리에서 한정된 양만 생산한 최상급 와인을 뜻하며, 부티크 와인이라 불리기도 한다. 프랑스 보르도 지방의 주 품종인 카베르네 소비뇽을 이용해 만들며, 1990년대 초중반 스크리밍 이글, 할란 이스테이트, 콜긴, 셰이퍼 등이 최고급 와인을 잇따라 출시하였고, 미국인 와인 평론가 로버트 파커 **Robert Parker**가 그중 몇몇에 100점 만점을 주면서 순식간에 유명세를 탔다.

백만장자의 식초
(2005년)

프랑스 파리의 어느 집에서 벽을 공사하던 중 토머스 제퍼슨 **Thomas Jefferson**의 사인이 들어간 샤토 라피트**Château Lafite** 1787년산이 발견되었다. 독일의 와인 컬렉터 하디 로덴스톡**Hardy Rodenstock**이 이 와인을 수집하여, 출판업자인 말콤 포브스 **Malcolm Forbes**에게 크리스티 경매 역사상 최고액인 10만 5,000파운드에 판매하였다. 이후 이 와인을 50만 달러에 마지막 구매한 윌리엄 빌 코크**William Koch**(미 정유회사 코크 인더스트리가)는 2005년 보스턴 뮤지엄에서 코크의 토머스 제퍼슨 와인을 비롯해 그의 컬렉션을 전시할 계획을 세웠다. 그리고 전시를 위해 와인의 진품 감정을 받던 중 낙찰받은 와인이 가짜이고, 하디 로덴스톡의 사기로 판명되면서, 그를 고소한 사건이 일어났다. 이 사건은 『백만장자의 식초**The Billionaire's Vinegar**』라는 책으로도 발간되었으며, 그 후에도 가짜 와인 사건은 계속되고 있다.

내추럴 와인 운동
(2020년)

내추럴 와인은 소규모의 독립적인 와인 생산자에 의해 유기농 또는 바이오다이내믹으로 재배된 포도만을 사용하여 산화방지제(아황산염) 및 양조 첨가물을 전혀 넣지 않거나 소량 사용한 와인을 말한다. 최근 젊은 양조가들 사이에서 더욱 유행하는 하나의 무브먼트**Movement**로 보기도 하였으나, 2020년 2월에 프랑스 정부에서 결국 내추럴 와인의 개념을 인정하기로 결정하였다.

🍷 WINE NOTE

'앙리 자이에' 와인의 기록적인 경매

2020년 5월 스위스 와인 경매에서 프랑스 부르고뉴의 전설로 불리는 故 앙리 자이에(Henri Jayer)의 개인 소장 와인 1천여 병이 약 385억 원에 모두 낙찰되며 세계 신기록을 세웠다. 1978년 빈티지의 매그넘 '크로 파랑투(Cros Parantoux)'는 약 1억 6천만 원에, 1986년 '리쉬부르(Richebourg)'는 약 5,600만 원에 경매되며, 2014년 114병 한 세트가 약 17억 원에 팔린 '로마네 콩티(Romanée-Conti)'의 기록을 갈아치웠다.

2

와인 기초 지식

와인 레이블 알기

프랑스에서는 와인의 레이블을 '에티켓'이라고도 한다. 와인 병의 레이블은 그 와인에 대한 모든 것을 알려주는 이력서와도 같다. 레이블에 기록된 정보는 포도 품종, 원산지(생산 국가 명, 지역), 빈티지(수확 연도), 등급, 와이너리 및 와인 이름(생산자), 와인 병입 여부, 알코올 도수 등이 있다. 하지만 와인의 생산 국가별로 레이블 관련 법규가 다르다.

신세계(미국, 호주, 아르헨티나, 칠레, 남아공 등) 와인의 레이블에는 대부분 포도 품종 표시가 되어 있어 품종을 알면 어느 정도 와인의 맛을 예측할 수 있다. 하지만 구세계(유럽)의 와인들은 보통 지역이 표시되어 있을 뿐 품종이 적혀 있지 않은 경우가 많아 와인 초보자에게는 조금 어려워 보이기도 한다. 하지만 관심을 가지고 와인의 정보를 찾아보거나 그 지역과 품종에 대한 이해가 뒷받침된다면, 와인 레이블을 보는 눈이 한층 떠지는 것을 경험할 수 있을 것이다.

와인 레이블의 정보들

- 생산 국가 명
- 양조장에서 병입했음을 의미
- 와이너리 이름
- 지역
- 용량
- 포이약의 AOC 와인임을 표시
- 수출 업체 이름
- 빈티지
- 알코올 함량
- 1등급임을 표시

PRODUCE OF FRANCE
MIS EN BOUTEILLE AU CHATEAU
GRAND VIN DE CHATEAU LATOUR
PREMIER GRAND CRU CLASSÉ
PAUILLAC
13%   2007   750ml
DEPOSE   APPELLATION PAUILLAC CONTRÔLÉE
STE CIVILE DU VIGNOBLE DE CHATEAU LATOUR, PROPRIETAIRE A PAUILLAC (GIRONDE)

샤토란?

프랑스에서 '샤토Château'는 원래 성, 저택을 의미하지만, 와인 관련해서는 양조장, 즉 와인을 생산하고 숙성하고 병입하는 곳으로 통용되며, 포도원, 포도주 양조장, 병입 시설 등을 모두 포함한다. 이 명칭은 대체로 프랑스 보르도 지방에서 사용하며, 넓은 밭을 세분화, 차별화하기 위해 생산자들이 자신의 밭에 이름을 붙이고 '샤토'라는 이름을 사용한다.

샤토(양조장)의 다른 이름

-**부르고뉴 지방**: 도멘Domaine

-**이탈리아**: 가스텔로Castello, 테누타Tenuta

-**스페인**: 보데가스Bodegas, 카스티요Castillo

-**미국 또는 신세계 국가**: 에스테이트Estate, 와이너리 Winery, 빈야드Vineyard, 셀러Cellar, 도멘Domaine

테루아의 비밀

테루아Terroir는 와인에 독특한 향과 개성을 부여하는 중요한 요소다. 테루아란 단순히 포도가 자라는 토양을 말하는 것이 아니라 포도를 재배하는 데 영향을 끼치는 모든 자연적인 조건을 일컫는 말이다. 포도밭의 고도 및 위도, 일조량, 기후, 일교차, 강우량과 배수에 따른 습도 등에 따라 와인의 향과 맛, 개성이 달라진다. 프랑스의 부르고뉴는 밭별로 등급이 부여가 되며, 밭마다 확연한 테루아의 차이를 보여준다.

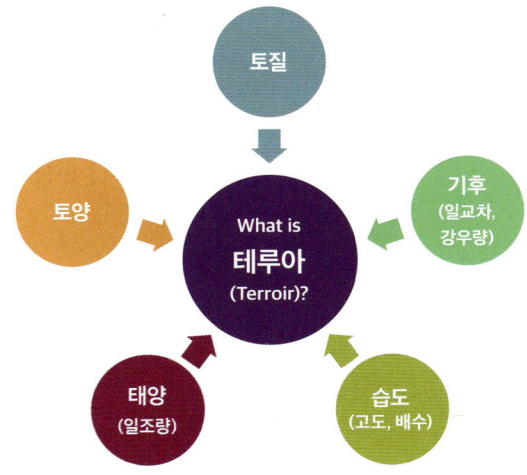

좋은 와인의 조건은?

와인은 해마다 달라지는 빈티지에 테루아, 양조 기술, 포도 품종 등이 함께 어우러져 만들어지는 합작품이다. 최고의 테루아는 일교차가 크며, 온대 기후 지역의 산허리에 위치하여 필요 이상의 수분이 남아 있지 않도록 배수가 잘 되는 토양이다. 또한 포도 알맹이가 완숙할 수 있게 일조량이 풍부하고 메마른 곳이 좋다.

최고의 테루아는 척박한 토양

포도는 다른 농작물에 비해 필수 영양소의 필요량이 적은 편으로, 오히려 열악한 환경에서 뿌리를 더욱 깊게 내린다. 이를 통해 다양한 광물질을 흡수하고 더 풍부한 풍미의 포도를 생산한다.

"물을 제한해야 포도가 몸부림을 칠 테고, 향기가 더 좋아져. 물도 많고 기름진 땅에서 편하게 자란 포도는 저질 와인이나 만드는 재료밖엔 안 돼."
-영화 〈와인 미라클〉 중에서

빈티지

빈티지**Vintage**는 프랑스에서는 밀레짐**Millesime**이라고 불리며, 와인을 만드는 데 사용하는 포도를 수확하고 제조한 해를 말한다. 와인은 매년 기후에 따라 품질과 가격이 달라지므로 사람들은 와인이 생산된 연도를 보고 품질과 성격을 예측하고 마시기 적당한 시기 등을 판단한다. 이렇듯 와인의 생산 연도, 즉 빈티지는 와인 선택의 중요한 기준이자 평가의 잣대가 되지만, 신대륙 와인을 고를 때는 거의 무의미하다.

다음 페이지에 나오는 형형색색의 표는 로버트 파커의 빈티지 차트**Vintage Chart**다. 차트를 보면 지역별 생산 연도별 점수와 현재 마시기 좋은 빈티지인지, 이미 마실 시기가 지났는지까지 구분하여 나타내는 것이 특징이다. 특히 구세계 유럽 와인은 빈티지에 따라 품질의 영향을 많이 받기 때문에, 빈티지별로 가격이 2~3배 이상 차이가 날 정도다. 와인의 빈티지에 관심이 있다면 www.robertparker.com 사이트에서 빈티지 차트를 다운받을 수 있다. 이를 참고하여 와인을 즐기길 권한다.

AUSTRIA

	2022	2021	2020	2019	2018	2017	2016	2015	2014	2013	2012	2011	2010	2009	2008	2007	2006	2005	2004	2003	2002	2001	2000	1999	1998	1997
AUSTRIA: NIEDERÖSTERREICH / WIEN / BURGENLAND WHITE	NT	92-95T	90-94E	93-97T	93T	92M	90R	95T	78E	91R	89T	89E	88I	89I	88R	90R	91I	87I	88I	89I	89T	88I	85C	95R	82C	96R
AUSTRIA: STYRIA (STEIERMARK)	NT	NT	90-93E	92-93T	91-94R	96E	90-92R	95R	87-88R	89-90R	90-93R	NT	NT	NT	NT	NT	NT	NT	NT	NT	NT	NT	NT	NT	NT	NT
AUSTRIA: NIEDERÖSTERREICH / WIEN / BURGENLAND RED	NT	NT	NT	94-96T	89-91E	90-95T	90-92R	91-94T	79-85I	90-92R	93-94R	88-94I	93-94R	75-80R	93-95R	NT	88R	88-92R	89-92R	86-90I	91-92R	93-94R	NT	NT		

FRANCE

	2022	2021	2020	2019	2018	2017	2016	2015	2014	2013	2012	2011	2010	2009	2008	2007	2006	2005	2004	2003	2002	2001	2000	1999	1998	1997
ALSACE	NT	NT	89-92T	94-96T	89-91E	93T	90E	94T	89I	86T	87R	86E	89I	82I	89R	91R	79I	87R	86E	82R	86R	91R	90R	87R	90R	87R
BORDEAUX: ST JULIEN/PAUILLAC/ST ESTEPHE				96T	94T	91I	97T	93E	95T	81C	92E	88E	98T	99E	91E	86E	87E	95T	88T	95T	88T	88R	96T	88T	87T	84R
BORDEAUX: MARGAUX				96T	94T	90I	97T	94E	93T	80C	89E	87E	95T	97E	90E	86E	88E	98T	97T	88I	89E	94T	89R	86T	82R
BORDEAUX: GRAVES/PESSAC LEOGNAN				96T	94T	92I	97T	95E	93T	81C	91E	86E	99T	98E	91E	87E	86I	96T	88T	88I	87T	88R	97T	88R	94T	86R
BORDEAUX: POMEROL				96T	94T	90I	97T	95E	94T	84R	88R	85T	98E	96E	90T	95T	88E	84E	85E	90E	96T	88R	96T	87R
BORDEAUX: ST EMILION				95T	94T	89I	96T	95E	92T	83T	87R	94T	93E	92E	86I	86I	90T	99T	88E	90I	87E	90E	96T	84I	86R
BORDEAUX: BARSAC/SAUTERNES				92E	90E	91E	92E	92E	92E	88E	93E	90R	97E	89R	94E	88R	96R	87R	89R	85R	93R	88E	87E	87E	89E
BURGUNDY: COTE DE NUITS (RED)		92E	97T	98E	93T	93E	97T	98T	92E	92E	95T	91E	96E	95E	88I	91E	89I	87T	83C	89R	94R	91R	87R	92R	84I	89R
BURGUNDY: COTE DE BEAUNE (RED)		91E	95T	96E	94T	92E	92E	96T	91E	89E	91E	90E	94E	89I	90E	82I	96T	79C	87T	92R	88R	86R	93R	82C	88R
BURGUNDY (WHITE)		91T	97E	93T	91E	97E	87I	94E	97E	90E	92E	91E	94E	91E	94E	91I	90E	88E	91R	84R	92R	86C	88C	89C	84C	89C
BURGUNDY: BEAUJOLAIS			93E	94E	93E	94E	95I	90I	93R	86R	90R	91R	93R	97R	86R	85R	89R	95R	81C	93R	86C	75C	91R	89R	84C	87C
CHAMPAGNE			95T	92E	87I	94T	93E	94E	96T	87R	89R	94E	99T	90R	86R	88I	90T	88I	95T	88R	92R	93R	90I
JURA	NT	NT	NT	94E	93E	91I	93T	94T	90I	93E	91R	94E	90R	91T	91I	90E	96R	92R	94R	93R	85R	NT	NT	NT	NT
LANGUEDOC	NT	NT	92E	92T	91E	91T	92E	93T	87E	88E	88I	91R	94E	91R	87R	93R	90I	88C	87I	NT	NT	NT	NT	NT
ROUSSILLON	NT	NT	92E	91T	90E	91T	92E	93T	88E	94E	89R	94E	91R	87R	92R	90I	88R	88C	87I	NT	NT	NT	NT	NT

출처: THE WINE ADVOCATE VINTAGE GUIDE

디캔팅이란?

디캔팅Decanting은 와인을 깨끗한 병(디캔터Decanter)으로 옮겨 담는 작업을 말한다. 그렇다면 디캔팅은 언제 필요할까? 어린 와인Young Vintage Wine을 디캔팅하는 경우에는 공기와의 접촉을 통해 와인을 산화시키는 역할을 한다. 이는 어린 와인을 숙성시키고 맛을 부드럽게 하는 과정이다.

올드 와인Old Vintage Wine을 디캔팅하는 경우는 와인의 침전물을 제거하여 맑은 와인을 마실 수 있게 하는 것이 목적이다. 침전물은 마셔도 상관이 없으나 와인의 마개를 따고 나서 공기와 1시간 정도 접촉시킨 뒤 마시면 맛의 상승이 일어나기 때문에 와인에 따라 적어도 서빙 1시간 전에 디캔팅을 하기를 추천한다.

와인과 산소의 복잡미묘한 관계

와인이 산소를 만나는 것은 산화가 일어나는 것으로 볼 수 있으며, 이때 산소는 없어서는 안 될 친구이자 해가 되는 적이 되기도 한다. 어린 와인은 디캔팅이나 잔 브리딩을 통해 산소와 접촉시켜 즉각적으로 와인을 숙성시켜 향을 열리게 하고 맛이 깊어지게 한다. 반면 오래된 와인이 장기간 산소에 노출되면 향이 금방 사라지고 산화된 맛이 나기도 하니 주의한다.

와인 병

와인 병의 기능은 외부의 공기를 차단하고 와인이 산화되지 않도록 방지하는 것이다. 또한 빛과 외부 온도에 민감한 와인이 변질되는 것도 막아준다.

다양한 와인의 병 모양

보르도BDX 형

슬림한 보디를 갖춘 보르도 형 와인 병은 긴 목과 각진 어깨가 특징이다. 보르도 와인은 카베르네 소비뇽, 메를로, 카베르네 프랑 등 여러 포도 품종을 블렌딩하는데, 이들 품종은 숙성 시 침전물이 잘 생긴다. 보르도 병에 있는 각진 어깨는 와인의 미세한 앙금이나 침전물을 거르는 역할을 하며, 대부분의 보르도 와인이 이 모양을 선택하고 있다.

부르고뉴BGN 형

어깨가 부드럽게 경사져 있는 모양이 특징이다. 부르고뉴 지역에서는 대부분 피노 누아Pinot Noir 단일 품종으로 와인을 만든다. 피노 누아는 침전물이 생기지 않기 때문에 보르도 같은 디자인을 쓸 필요가 없다. 전 세계의 피노 누아 품종으로 만든 와인이나 론Rhône 스타일의 와인은 대부분 이 모양의 병을 사용한다.

샴페인Champagne 형

일반 와인 병보다 유리 두께가 좀 더 두꺼우며, 짙은 녹색 병을 주로 사용한다. 병 바닥에 있는 펀트Punt는 일반적인 병보다 더 깊이 들어가 있다. 이는 병 안에서 샴페인의 압력을 분산시켜주는 역할을 한다. 샴페인 병 안의 압력은 자동차 타이어 속 압력의 3배에 이른다고 한다.

보르도　　부르고뉴　　샴페인　　　복스보이텔　　　라인가우　　클라블랭　　　포트　　　피아스코

복스보이텔Bocksbeutel

호리병 같은 모양의 독일 프랑켄 지역의 와인 병으로 포르투갈의 로제와인(마테우스) 병으로도 사용한다.

클라블랭Clavelin

620ml 용량으로 프랑스 쥐라 지역 와인인 뱅존Vin Jaune의 병이다.

피아스코Fiasco

이탈리아 토스카나의 농부들이 일하면서 와인을 들이키기 위해 허리춤에 달고 마시던, 전통 모양의 짚으로 짠 와인 병이다.

새로운 와인 병들

120ml 용량 정도의 한 잔용 와인 병, 컵 와인, 대용량 박스 와인, 미니 팩 와인, 캔 와인 등 다양하고 참신한 디자인의 와인 병이 계속해서 개발되고 있다.

와인 잔

와인은 어떤 잔으로 즐기는 것이 좋을까? 와인 잔은 와인의 종류, 포도 품종 및 지역에 따라 다양한 모양이 특징이며, 예술적인 성격을 띠기도 한다. 근래에는 와인의 특징에 따라 여러 가지 종류의 와인 잔들이 만들어지고 있다. 좋은 와인 잔은 얇고 매끄러우며 투명하고 가벼운 것으로, 특히 다른 잔과 부딪쳤을 때 둔탁한 소리가 나지 않고 맑게 울리는 것이 좋다.

스템과 받침대가 있는 현재의 와인 잔 모양은 본래 중세 시대의 디자인으로 1400년에 베네치아에서 처음 나타났다. 와인 잔의 스템(다리)은 체온으로부터 와인의 온도를 유지하고, 스월링Swirling(잔 돌리기)을 용이하게 하여 와인 향을 더욱 풍부하게 느낄 수 있게 해준다.

특히, 쿠프 샴페인 글라스Coupe à Champagne는 당대의 유명 여성의 유방을 본떠서 만들어졌다는 설이 있다. 그리스 신화의 미녀인 트로이의 헬레네뿐 아니라, 프랑스 루이 16세 때 호화로움과 사치의 대명사이자 미식가로 알려진 왕비 마리 앙투아네트, 나폴레옹의 아내인 조세핀, 루이 15세의 정부 퐁파두

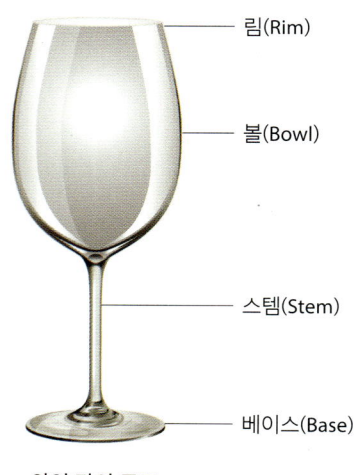

림(Rim)

볼(Bowl)

스템(Stem)

베이스(Base)

와인 잔의 구조

르 부인, 루이 15세 궁정의 여주인 중 한 명인 마담 뒤 바리 등 수많은 여성을 모티브로 잔의 모양이 만들어졌다고 전해진다.

만약 와인 잔을 하나로 사용한다면, 정해진 규칙은 없지만 무난하게 보르도 형의 와인 글라스 또는 다목적으로 나온 유니버설 글라스를 추천한다.

빈티지 샴페인 (쿠프 글라스)　플뤼트　화이트　부르고뉴 화이트　레드　부르고뉴 레드　보르도 레드

다양한 와인 글라스 브랜드

리델Riedel

약 300여 년간의 전통을 이어온 오스트리아의 글라스 회사로 세계적으로 널리 알려진 와인 글라스 브랜드다. 리델의 와인 글라스는 오스트리아의 시골 마을 쿠프스타인의 공장에서 300여명의 장인들에 의해 만들어진다. 대표적인 글라스로는 전문가용 레드 타이 및 블랙 타이 시리즈, 그리고 스템에 다양한 색이 있는 파토마노 글라스로 글라스 하나당 가격이 15만 원이 넘을 정도로 정도로 고가다. 보다 캐주얼하게 와인을 즐길 수 있도록 스템이 없는 글라스인 오 시리즈도 유명하다.

리델의 글라스가 이처럼 높이 평가받는 이유는 와인의 맛을 최대한 이끌어내는 독특한 잔의 형태 때문이다. 와인은 잔의 모양과 크기에 따라서 똑같은 와인이라도 맛과 향이 달라진다. 사람의 혀는 쓴맛, 신맛, 단맛 등을 느끼는 부분이 모두 다르기 때문에 글라스를 통해 와인이 입안의 어느 부분에 닿느냐에 따라 와인의 맛이 바뀌는 것이다.

잘토Zalto

최근 더욱 뜨고 있는 신흥 강자 브랜드로, 크리스털을 다듬고 입으로 불어서 글라스를 만드는 전통적인 방식을 고집하고 있다. 잘토 가문은 14세기에 베네치아를 떠나 오스트리아에 정착하여 현재 6대째 유리 제품들을 만들고 있다. 2006년에 오스트리아의 유명 와인 전문가 한스 덴크Hans Denk와 합작하여, 덴크 아트Denk'Art시리즈를 출시하였다. 잘토의 와인 글라스는 관능적인 곡선과 깃털 같은 가벼움을 추구하며, 가장 두께가 얇은 글라스로도 유명하다.

쇼트 즈위젤Schott Zwiesel

1872년부터 이어져 온 독일의 유리 회사로, 1990년대에 와인 글라스 시리즈가 출시되었다. 인조 다이아몬드와 티타늄을 배합한 신기술인 '다이아몬드 크리스털'이라는 소재로 글라스를 제작하는 것으로 유명하다.

슈피겔라우Spiegelau

16세기부터 유럽 궁정을 위해 유리 제품들을 제조해 온, 500년 역사를 자랑하는 독일 브랜드다. 2004년에 리델이 인수하여 현재 다양한 라인의 와인 잔을 생산하고 있다.

자페라노Zafferano

페데리코 데 마조가 2001년에 설립한 이탈리아의 와인 글라스 회사로, 창의적이고 세련된 이탈리아만의 디자인이 특징이다. 가격은 쇼트 즈위젤이나 슈피겔라우보다 조금 더 비싸지만, 잘토나 리델보다는 저렴한 편이다.

바카라Baccarat

루이 15세 시대에 창립되어 '왕족의 크리스털'로 불리며, 크리스털 제품으로 예술의 경지에 이를 수 있다는 것을 보여주는 브랜드다. 성배를 닮은 잔의 형태와 깊이 있는 플랫 커팅이 특징인 아코어Harcourt 컬렉션은 바카라의 전통 아이콘을 바탕으로 한 글라스의 걸작으로 유명하고, 그만큼 최고가이기도 하다.

기타 글라스 브랜드로는 이첸도르프의 투투 글라스가 가성비 좋은 재밌는 디자인으로 유명하고, 장 줄리앙 누누NouNou 와인 글라스 등도 트렌디하다. 제놀로지Zenology, 셰프 앤드 소믈리에, 워터포드, 젠시스 로빈슨의 더 퍼펙트, 레녹스 등의 브랜드가 있으며, 가성비 제품으로는 이케아의 와인 글라스도 추천한다.

와인 코르크

코르크나무Quercus Suber는 참나무 계통의 나무로, 껍질을 벗겨내면 얼마 후에 다시 껍질이 자라나는 특성이 있다. 코르크나무는 지중해 연안을 중심으로 포르투갈과 스페인에서 많이 자생하며, 특히 포르투갈은 전 세계 코르크 양의 약 50%를 공급하면서 코르크 마개 시장의 90% 이상을 차지하는 생산지다. 코르크는 전체 부피의 85%가 공기로, 마치 속이 비어 있는 벌집 같은 육방형 방이 1cm 공간 안에 수천만 개가 들어 있는 형태다.

코르크는 고대 그리스와 로마 시대부터 항아리나 물병의 주둥이를 막기 위해 사용해 오다가 17세기 이후 유럽에서 와인 병을 막을 때 널리 활용되기 시작했다. 코르크나무에서 추출한 천연 소재는 인체에 무해하며 와인의 숙성을 자연스럽게 돕는 역할을 한다. 과거에는 코르크의 품질이나 길이를 보고 고급 와인을 판단하기도 하였다.

반면 스크류 캡은 완벽한 밀폐가 가능하여 와인이 부쇼네될 위험이 없고, 오프너도 필요 없다. 이는 낮은 가격의 와인을 쉽게 빨리 개봉할 수 있는 기능성과 밀봉력을 동시에 갖춘 발명품이다. 1970년대 스위스와 뉴질랜드를 시작으로 스크류 캡이 현재 전 세계적으로 널리 사용되고 있고, 뉴질랜드와 호주는 와인의 스크류 캡 밀봉률이 각각 93%와 75%에 이를 정도다. 스크류 캡의 단점으로는 문화적으로 저품질 와인에 쓰인다는 이미지가 있으며, 완벽한 밀폐력으로 코르크 마개를 이용했을 때보다 와인이 숙성되지 않는다는 전문가들의 의견이 일부 존재한다.

부쇼네

부쇼네(Bouchonné)는 보통 코르크 마개가 부식되거나 곰팡이와 같은 미생물이 침투하여 와인에 해를 입히는 것을 말한다. 코르크 마개의 오염으로 인해 와인에 곰팡이 냄새 같은 것이 나는 것을 '코르키(Corky)'라고 한다. 최근에는 코르크 마개 제조 과정에서 엄격한 위생 관리와 철저한 오염 제거를 통해 오염률이 많이 줄었다.

리코르킹

와인의 장기 보관으로 코르크가 쉽게 부스러지거나 수축하여 공기와의 접촉을 막는 본래의 기능을 못 하는 경우가 생긴다. 이때 와인의 산화 진행 정도가 바뀔 수 있어, 원래의 코르크를 제거하고 숙성 과정에서 소실된 와인을 다시 채워 넣은 후 새로운 코르크로 교체하는 작업을 리코르킹(Re-corking)이라고 한다. 리코르킹 서비스로 유명한 와이너리는 프랑스 보르도의 샤토 디켐, 호주의 와이너리인 펜폴즈 등이 있다.

오크통

오크통은 고대 이집트에서 사용하기 시작하여 로마 시대부터 널리 쓰였으며 와인을 저장, 운반하는 데 가장 적합한 용기로 지금까지 활용되고 있다. 오크통은 여러 가지 재질을 사용할 수 있으나 세계적으로 가장 많이 사용되는 것은 화이트 오크나무 Quercus robur 혹은 Quercus sessilis로, 나뭇결이 치밀하고 적당한 타닌을 함유하고 있으며, 와인에 향기를 부여하기 때문에 고급 와인용으로 많이 쓰인다. 오크통의 제작은 전부 손으로 하는데, 정교하게 나무를 자르고 가다듬어 불을 이용하여 구부린다. 이때 와인용은 가볍게 그을리고 위스키나 럼 등 증류주용은 강하게 그을리기도 한다. 오크의 그을림과 와인이 만나서 커피, 훈제 등의 향을 생성한다. 새 오크통의 향은 강렬하고 묵직하기Heavy 때문에 적당히 사용된 오크통을 Used Ork 섞어서 쓰기도 한다. 하지만 결점이 있는 오크통에서는 톱밥이나 나무판자 향, 쓴맛, 축축한 곰팡이 냄새가 나기도 한다. 오크통 수명은 3년 정도로 4년째부터는 오크 향은 별로 배어나지 않고, 오랫동안 사용한 와인 찌꺼기가 나무에 배어 오히려 향을 해칠 수 있다.

와인 숙성에 사용된 오크통은 스코틀랜드로 수출돼 위스키를 숙성시키는 데 사용하기도 하며, 스코틀랜드의 위스키 제조업자들은 새 오크통보다는 와인 숙성에 사용된 오크통이 위스키의 향과 맛을 더 좋게 한다는 사실을 오랜 경험을 통해 습득하여 지금도 사용하고 있다. 최근에는 편의상 탱크에 와인을 넣고, 오크나무의 작은 조각Oak chip들을 넣어서 숙성시키거나 오크 향 에센스를 첨가하기도 한다.

보르도의 바릭과 부르고뉴의 피에스

보르도는 오크통을 바릭(Barrique)이라고 부르며 용량은 225L(750ml × 300병)이다. 부르고뉴는 오크통을 피에스(Piece)라고 부르며 228L(750ml × 304병) 용량이다. 한 사람이 수작업으로 하루 동안 한 개의 오크통을 완성했다고 한다.

프랑스 오크 vs 미국 오크

프랑스산 오크는 주로 중부와 북동쪽에 분포하여, 중부 트롱세(Troncais) 지역의 오크나무를 최상급으로 친다. 이는 전체 오크 생산량의 약 2%에 해당한다. 반면 브랜디 숙성용 오크는 리무쟁(Limousin) 지역의 오크나무가 최고다. 프랑스산 오크는 비교적 척박한 토양에서 자라 성장이 느리고 나무의 조밀도가 높아 와인의 숙성에 좋으며 그만큼 고가이기도 하다.

미국산 오크는 토지가 비옥하여 잘 자라 나뭇결이 거칠고 크며, 조직이 넓찍하고 나무 향이 강하다. 또 대량 생산하여 값이 저렴하고 바닐라 향이 많이 나는 것이 특징이다. 그밖에 최근에는 헝가리산 오크통도 사용되고 있다.

3
와인 포도 품종

와인에서 포도 품종을 안다는 것은?

영어를 처음 배울 때, 알파벳을 모르고 시작할 수 없듯이 와인에서 포도 품종을 안다는 것은 가장 기초가 되는 와인의 알파벳을 배우는 것이라고 할 수 있다. 처음에는 낯선 외국어의 조합에 발음조차 힘든 품종들이 많지만, 대표적인 품종을 알아두는 것만으로 와인을 즐기는 데 큰 도움이 된다. **다양한 포도 품종을 맛보고, 품종에 따른 고유한 향을 알고, 자신의 취향을 알아가는 만큼 즐거운 와인 생활을 할 수 있다.**

그렇다면 와인의 포도 품종은 어떻게 알아가면 좋을까? 우선 어려운 품종의 발음부터 해보자. 품종의 이름을 먼저 익힌 다음 그 품종의 와인을 마셔보면서 맛, 향, 특징을 함께 찾아보는 것이 기본이다. 그다음 단계로 품종의 고향과 대표적으로 재배되는 산지, 그리고 대표적인 와인도 함께 알아본다. 특히 산지에 따라 같은 품종이라도 느껴지는 맛과 향이 다르고, 숙성이나 빈티지에 따라 와인이 변해가는 다채로운 모습을 알아가는 것도 큰 즐거움이 될 것이다.

포도의 구성

와인을 만드는 포도는 보통 우리가 과일이나 주스로 애용하는 미국 원생종(비티스 라부르스카**Vitis Labrusca**)과 머루와 같은 아시아 원생종(비티스 아뮤렌시스**Vitis Amurensis**, 학명: 산포도)과는 다르다. 양조용 포도는 전 세계 와인의 98%를 만드는 유럽 원생종(비티스 비니페라**Vitis Vinifera**)으로, 양조용으로만 주로 사용되는 것이 특징이다.

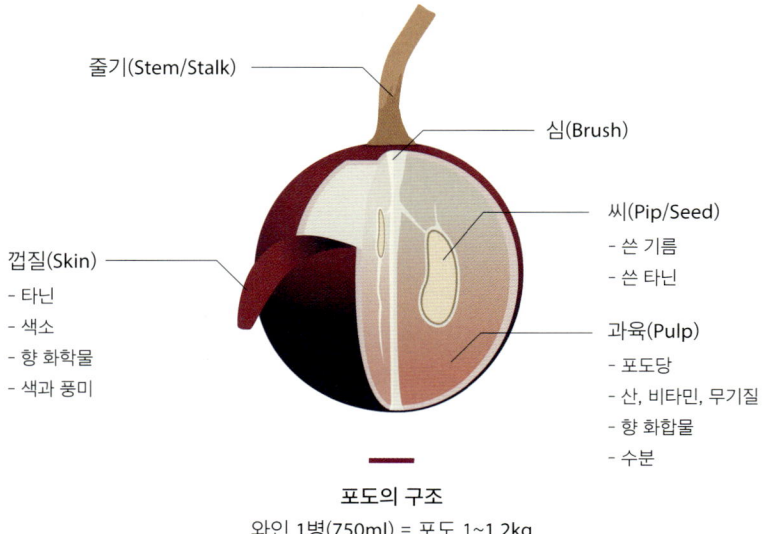

줄기(Stem/Stalk)

심(Brush)

씨(Pip/Seed)
- 쓴 기름
- 쓴 타닌

껍질(Skin)
- 타닌
- 색소
- 향 화학물
- 색과 풍미

과육(Pulp)
- 포도당
- 산, 비타민, 무기질
- 향 화합물
- 수분

포도의 구조
와인 1병(750ml) = 포도 1~1.2kg

와인을 만들기에 좋은 포도는?

와인을 만들기에 좋은 포도는 당도가 매우 높고 알이 작으며, 잘 익고 알맹이가 탱탱한 것이다. 지역과 기후 조건에 따라 포도의 성격이 다소 변하더라도 기본 특성을 유지하고, 품종 고유의 캐릭터가 살아 있어야 한다. 수령이 높은 포도나무에서 대체로 좋은 와인이 생산되며, 질병에 강한지, 적절한 수확량이 보장되는지도 중요하다. 단위 면적당 포도의 수확량이 많으면 과실 풍미가 떨어지고 싱거운 맛의 와인이 된다. 와인 농가의 고민은 항상 소량의 고품질 와인을 생산할지 또는 대량의 중저가 와인을 생산할지다.

화이트 포도 품종

샤르도네Chardonnay

- 세계 최고의 인기 화이트 품종이다.
- 화이트와인의 여왕으로 불리며, 프랑스 부르고뉴가 고향이다.
- 샤르도네는 프랑스식 발음이고, 미국식으로는 '샤도네이'라고 발음한다.
- 토양, 기후, 양조 및 숙성 방법 등에 적응력이 뛰어나다.
- 서늘한 기후의 유럽에서 생산된 샤르도네는 우아하고 기품 있는 와인을 만들며, 신세계 와인 산지의 무더운 기후에서 자란 것은 열대 과일 향이 특징이다.
- 파리의 심판에서 프랑스와 미국이 경합을 벌인 화이트 품종이다.

풍미	신선한 과일 향, 사과, 배, 멜론, 살구, 복숭아, 망고, 구아바, 열대 과일, 레몬, 파인애플, 스타프루트, 라임 껍질, 오렌지 껍질, 딸기, 버섯, 바닐라, 버터, 토스트, 신선한 크림, 광물질 향, 미네랄, 시트러스, 버터, 견과류, 헤이즐넛, 아몬드, 꿀, 크렘 브륄레, 탄 캐러멜, 토피, 파이 크러스트
대표 지역	프랑스(부르고뉴, 샤블리), 이탈리아, 스페인, 미국, 호주, 칠레, 남아공, 아르헨티나
대표 와인	프랑스 샤블리, 몽라셰, 푸이 퓌세, 샴페인, 미국 나파 밸리

소비뇽 블랑Sauvignon Blanc

- 프랑스 보르도가 고향. 프랑스 루아르Loire의 퓌메 블랑Fumé Blanc으로도 불리며, 뉴질랜드 등 해양성의 서늘한 기후에서 생산한다.
- 초록색 껍질로 산미가 풍부하고 풀 향기가 상쾌한 풍미를 낸다. 신선함이 느껴져 식전주로도 애용된다.
- 소비뇽은 프랑스어 소바쥐Sauvage(야생, wild)에서 유래하며, 막 깎은 잔디 향과 고양이 오줌 향이 특징이기도 하다.

풍미	자몽, 레몬, 라임, 백도, 배, 그린 멜론, 키위, 패션프루트, 구즈베리, 막 깎은 잔디, 토마토잎, 아스파라거스, 그린 허브, 세이지, 딜, 그린 피망, 레몬그라스, 완두콩 순, 사과꽃, 재스민, 시계초 열매, 말차, 생강, 고양이 오줌, 바닐라, 훈연, 버터, 신선한 빵, 미네랄
대표 지역	프랑스(루아르, 푸이 퓌메, 상세르), 뉴질랜드 말보로 지역, 남아공
대표 와인	상세르, 뉴질랜드 소비뇽 블랑

리슬링Riesling

- 독일 와인 산업에서 가장 중요한 품종이다.
- 추위에 강하고 껍질이 얇은 만생종으로 서늘한 곳에서 자란다.
- 아주 드라이한 것부터 달콤한 와인에 이르기까지 다양한 스타일이 있다. 당도가 높아 초겨울에 수확한 아이스바인Ice wine이 유명하다.
- 아시아 요리와 잘 어울린다.
- 세계에서 가장 기품 있고 독특한 청포도 품종으로 꼽히며 화이트와인 중에서 최고가를 갱신하는 와인도 있다.

풍미	신선한 과일 향, 라임, 레몬, 자몽, 감귤류 껍질, 오렌지 껍질, 청사과, 배, 잘 익은 복숭아, 살구, 멜론, 왁스, 열대 과일, 구아바, 망고, 그린 파파야, 스타프루트, 화이트 체리, 딸기, 생강, 분필, 젖은 석판, 휘발유, 꿀, 밀랍
대표 지역	독일 라인 강가와 모젤 지방, 프랑스 알자스, 오스트리아 북부, 미국 뉴욕의 북부
대표 와인	아이스바인, 슈페트레제, 드라이한 알자스 와인

세미용Semillon

- 세계 최고의 스위트와인 생산지인 소테른Sauternes 와인의 주 품종이다.
- 보르도 그라브Graves, 호주나 칠레 등지에서 재배되며, 특히 소비뇽 블랑 품종과 블렌딩하여 드라이 화이트와인을 만들거나 늦게 수확하여 당도가 높은 스위트 화이트와인을 만든다.
- 잘 숙성된 세미용은 풍부한 꿀 향기가 특징이다.

풍미	레몬, 라임, 자몽, 레몬 껍질, 자몽 껍질, 귤, 사과, 살구, 복숭아, 배, 열대 과일, 파파야, 오렌지 마멀레이드, 말린 과일, 피망, 카모마일, 아카시아, 짚, 기름, 레몬 커드, 견과류, 꿀, 바닐라, 마카다미아, 버터 팝콘, 크렘 브륄레, 머스크
대표 지역	프랑스 보르도와 소테른, 호주, 뉴질랜드, 미국, 칠레, 아르헨티나
대표 와인	샤토 디켐, 소테른 디저트 와인

비오니에Viognier

- 재배가 까다로워 품질과 생산량이 불규칙한 편으로, 단독으로 화이트와인을 만들기도 하며 시라와 함께 블렌딩하기도 한다(프랑스 북부 론 지방의 코트 로티Cote Rotie에서는 시라 품종과 함께 비오니에를 20%까지 블렌딩하는 것을 허용).
- 꽃 향이 매우 풍부하고, 알코올 도수가 높아 입안에서 볼륨감을 가득 느낄 수 있는 품종이다.
- 특유의 향기로움과 밀도를 얻기 위해서는 포도가 아주 잘 익어야 하고, 그만큼 귀하게 여겨지는 남프랑스의 보석 같은 품종이다.

풍미	열대 과일, 파인애플, 망고, 배, 복숭아, 살구, 멜론, 라임, 레몬, 오렌지, 귤, 제비꽃, 산사나무 꽃, 아카시아, 오렌지꽃, 장미, 장미수, 포푸리, 백후추, 아니스, 올스파이스, 갈색 버터, 캐러멜, 바닐라, 아몬드, 크림, 기름, 으깬 자갈, 분필, 휘발유
대표 지역	프랑스 론 지방, 미국 캘리포니아
대표 와인	북부 론 지방의 콩드리유, 샤토 그리예

게뷔르츠트라미너Gewürztraminer

- 분홍색 껍질을 가진 포도 품종으로, 개성 있는 향이 특징이다.
- 프랑스 알자스 지방에서 생산된 와인이 특히 유명하다.
- Gewurz는 향신료Spicy의 뜻을 가진 독일어로, 스파이시한 맛을 지닌 유일한 화이트 포도 품종이다. 스파이스 트라미너Spice Traminer 또는 퍼퓸드 트라미너Perfumed Traminer의 뜻을 지닌다.
- 향신료를 많이 사용한 카레류의 음식이나 동양 음식과 잘 어울린다.

풍미	리치, 구아바, 망고, 파인애플, 패션프루트, 모과, 자몽, 귤, 레몬 껍질, 오렌지 껍질, 이국적 향신료, 장미, 장미 꽃잎, 아카시아, 백합 꽃잎, 재스민, 포푸리, 시나몬, 달콤한 생강, 타라곤, 페트롤, 바닐라, 훈제, 꿀, 소금, 오일, 크림, 돌, 머스크
대표 지역	독일, 프랑스 알자스, 이탈리아 북동부, 뉴질랜드, 미국 캘리포니아 북쪽
대표 와인	달콤하거나 드라이한 알자스 와인, 휘겔, 트림바흐

슈냉 블랑Chenin Blanc

- 프랑스 루아르 지방의 대표적인 화이트 품종으로 껍질이 얇고 산도와 당분이 높다.
- 숙성 정도에 따라 신선한 청사과 향에서 열대 과일 향까지 다양하게 표현되며, 스파클링와인과 스위트와인을 만들기도 한다
- 남아공에서는 스틴Steen으로 불린다.

풍미	청사과, 노란 사과, 사과, 모과, 복숭아, 배, 백도, 그린 무화과, 라임, 레몬, 레몬 껍질, 자몽, 파인애플, 패션프루트, 노란 건포도, 구아바, 카모마일, 재스민, 아카시아, 헤이즐넛, 아몬드, 벌꿀, 소금 버터, 오일, 크림, 빵 이스트, 젖은 양털, 밀랍
대표 지역	프랑스 루아르 지방의 부브레, 사브니에르, 코토 뒤 레이용, 남아공
대표 와인	남아공, 본느죠, 카르 드 숌

알리고테Aligote

- 부르고뉴 지방에서 샤르도네 다음으로 많이 재배된다.
- 부르고뉴의 스파클링와인 '크레망 드 부르고뉴 Cremant de Bourgogne'의 양조에 사용한다.
- 키르Kir 칵테일을 만드는 화이트와인(알리고테 화이트와인에 크렘 드 카시스를 첨가하여 만듦)이다.
- 산도가 매우 높고 프레시한 맛이 특징이다.

풍미	라임, 레몬, 오렌지, 귤, 청사과, 미네랄
대표 지역	코트 도르, 손 에 르와르, 욘
대표 와인	부르고뉴 알리고테

피노 그리|Pinot Gris

- 피노 그리(또는 피노 그리지오Pinot Grigio)는 피노 누아의 돌연변이종으로, 그리Gris는 회색빛을 뜻한다.
- 비교적 일찍 수확하고 서늘한 기후에서 잘 자라며 양조 후에 일찍 소비되는 품종으로 여겨진다.
- 높지 않은 산도에도 불구하고 신선한 생기를 가지고 있으며 생산되는 지역에 따라 스타일이 다양하게 나타난다.
- 당도가 높다는 이유로 스위트와인을 만들거나 알코올이 높은 드라이와인을 만든다.
- 프랑스 알자스에서 생산되는 것이 유명하며 풍미가 웅장하고 화려하면서 때로는 스파이시한 것이 특징이다.
- 이탈리아의 피노 그리지오는 주로 단순하고 가벼우며 크리스피한 와인이 특징이다.

풍미	신선한 과일 향, 배, 복숭아, 살구, 노란 사과, 모과, 파인애플, 그린 망고, 그린 파파야, 구아바, 키위, 레몬, 라임 향, 감귤류 껍질, 꽃과, 감귤계의 향기, 아카시아, 오렌지꽃, 정향, 후추, 생강, 벌꿀, 향신료, 아몬드, 바닐라, 신선한 코코넛, 바나나, 크림
대표 지역	프랑스 알자스, 이탈리아 북동부, 호주, 뉴질랜드, 미국 캘리포니아, 오리건
대표 와인	드라이한 알자스 와인, 휘겔, 트림바흐

뮈스카데|Muscadet

- '믈롱 드 부르고뉴Melon de Bourgogne'라고도 불리며 루아르 지방에서 주로 재배된다.
- 과일 맛과 신맛의 밸런스가 좋은 가벼운 스타일의 와인으로 오크 숙성을 하지 않은 드라이와인을 양조한다.
- 병입 후 3년 이내에 마시는 것이 좋으며 쉬르 리Sur lie라는 숙성 과정을 거치면 보다 깊고 풍부하며 크리미한 풍미를 느낄 수 있다.

풍미	신선한 녹색 계열의 과일 향, 청사과, 모과, 노란 사과, 그린 배, 설익은 복숭아, 신선한 포도, 살구, 복숭아, 그린 망고, 그린 파인애플, 리치, 레몬, 라임, 시트러스, 오렌지, 귤, 오렌지꽃, 베르가모트, 로즈페탈, 재스민, 바닐라빈, 고수, 넛맥, 생강, 꿀, 미네랄, 이스트
대표 지역	부르고뉴 지방, 루아르 지방, 뮈스카데 드 세브르 에 멘
대표 와인	루아르 뮈스카데

레드 포도 품종

카베르네 소비뇽Cabernet Sauvignon

- 1997년 U.C 데이비스, 캐롤 메레디스Carol Meredith 교수에 의해 카베르네 프랑과 소비뇽 블랑의 자연 교배에 의해 탄생된 품종으로 밝혀졌다.
- 포도 품종의 황제이자 프랑스 보르도가 원산지다.
- 다양한 기후와 토양에서 적응력이 뛰어나고 병충 해에도 강해 전 세계 대부분의 와인 산지에서 재 배된다. 타닌이 많고 장기 숙성이 가능한 블렌딩 레드와인의 기본 품종이다.
- 보르도의 메독Médoc 지역에서 고급 와인을 만드 는 데 쓰이는 중요한 품종이며, 최근에는 캘리포니 아의 명품 와인에 쓰이며 더욱 각광을 받고 있다.

풍미	검은 과실 향, 블랙커런트, 블랙베리, 블루베리, 라즈베리, 레드커런트, 자두, 검은 체리, 크랜베리, 제비꽃, 유칼립투스, 민트, 오레가노, 구운 피망, 피망, 할라페뇨, 허브, 바닐라, 후추, 넛맥, 카카오 잎, 오크, 삼나무, 마른 담뱃잎, 미네랄(흙, 돌, 초크), 송로버섯, 초콜릿, 토피, 커피, 모카, 연필 깎은 부스러기, 토스트, 가죽, 스모크, 젖은 자갈, 흑연, 진흙
대표 지역	프랑스 보르도(메독), 이탈리아 슈퍼 투스칸, 미국 나파 밸리, 칠레, 호주
대표 와인	샤토 무통 로칠드, 사시카이아, 알마비바, 오퍼스 원

메를로Merlot

- 지빠귀Merle에서 유래한 이름으로 유난히 달콤하고 과즙이 많아 종달새들이 즐겨 먹었다고 하여 붙여진 이름이다.
- 프랑스 보르도가 원산지이며 주로 카베르네 소비 뇽 품종과 블렌딩하여 양조된다.
- 타닌이 약한 편이라 와인을 부드럽게 만들지만 저 장성은 낮은 편이다.

풍미	검붉은 과실 향, 블랙베리, 블루베리, 체리, 라즈베리, 레드커런트, 레드 자두, 단 자두, 무화과, 구운 체리, 과일 케이크, 코코넛, 바닐라, 커피 빈, 블랙 올리브, 민트 제비꽃, 월계수잎, 세이지, 아니스, 올리브, 시가, 토마토, 진흙 냄새, 송로버섯, 초콜릿, 캐러멜, 커피, 토피, 삼나무, 크림, 새 가죽, 부엽토
대표 지역	프랑스 보르도 생 테밀리옹과 포므롤, 미국, 호주, 칠레, 남아공, 아르헨티나
대표 와인	샤토 페트뤼스(메를로 95%, 카베르네 프랑 5%로 만든 보르도 최고가의 와인), 샤토 르 팽

카베르네 프랑Cabernet Franc

- 카베르네 소비뇽, 메를로 등과 블렌딩되는 품종이다.
- 일찍 익으며 가볍고 부드러우며 타닌이 약하고 산도가 좋다.
- 껍질이 얇고 전반적으로 보디가 약하다.

풍미	딸기, 산딸기, 체리, 자두, 블랙커런트, 블랙베리, 블랙체리, 신 버찌, 피망, 구운 파프리카, 말린 허브, 블랙커런트잎, 금방 벤 잔디, 그린 빈, 칠리 후추, 블랙 후추, 할라페뇨, 감초, 제비꽃, 풀 향, 미네랄, 초콜릿, 콜라, 담배, 커피, 코코아, 젖은 자갈, 흑연
대표 지역	프랑스 보르도의 생 테밀리옹과 포므롤, 루아르, 미국, 호주, 칠레, 남아공, 아르헨티나
대표 와인	샤토 슈발 블랑

피노 누아Pinot Noir

- 프랑스 부르고뉴가 원산지로 서늘한 지역에서 재배되며, 기후에 민감한 까다로운 품종이다.
- 레드와인 중 가장 가볍고 섬세한 스타일의 와인을 만든다. 부드럽고 우아하며 화사한 맛과 향기는 고급스러움의 대명사로 여겨지며 매번 최고가를 갱신하는 천문학적 가격의 와인을 만드는 품종으로도 유명하다.

풍미	산딸기, 라즈베리, 레드 체리, 체리, 블랙베리, 블루베리, 야생 블루베리, 석류, 크랜베리, 자두, 자두 소스, 블러드 오렌지, 용과, 솜사탕, 제비꽃, 장미, 장미 열매, 아이리스, 히비스커스, 포푸리, 레드 감초, 건초, 농가의 뜰, 송로버섯, 버섯, 코코아, 총 연지, 담뱃잎, 마른 잎, 쌀겨, 부엽토, 훈연, 흙냄새, 갈색 설탕, 콜라, 시나몬, 감초, 올스파이스, 정향, 바닐라, 밀크초콜릿, 크림, 토스트 빵, 가죽, 외양간 냄새
대표 지역	프랑스 부르고뉴, 샹파뉴 지방, 미국 오리건, 뉴질랜드 말보로
대표 와인	로마네 콩티, 주브레 샹베르탱

시라Syrah, 쉬라즈Shiraz

- '시라'라는 이름은 '페르시아'(현재 이란)의 도시 명에서 유래했다.
- 서리와 추위에 강하고, 척박한 토양에서도 적응력이 강해 전 세계로 퍼져나갔다.
- 가장 남성적인 와인을 만드는 것으로도 유명하며, 묵직한 맛과 향에서 강렬함이 느껴지는 자극적인 와인이다.
- 호주의 쉬라즈 재배 면적은 전 세계 시라/쉬라즈 재배지의 절반에 이른다.

풍미	검붉은 과일 향, 블랙베리, 블랙커런트, 블루베리, 라즈베리, 레드커런트, 자두, 체리, 크랜베리, 딸기, 아사이베리, 딸기, 과일잼, 블랙베리잼, 과일 케이크, 말린 크랜베리, 말린 자두, 제비꽃, 세이지, 라벤더, 유칼립투스, 후추, 그린 페퍼콘, 아니스, 정향, 블랙 카다멈, 스파이시, 카카오, 바닐라, 초콜릿, 커피, 에스프레소, 크림, 토스트, 담배, 담뱃잎, 시가 박스, 훈연, 흑연, 타르, 베이컨, 가죽
대표 지역	프랑스 코트 뒤 론 지방, 호주
대표 와인	코트 로티, 에르미타주, 호주 그랜지

산지오베제Sangiovese

- 이탈리아의 대표 품종으로 늦게 완숙하며 적당한 타닌과 산도로 알코올이 높고 장기 숙성이 가능하다.
- 붉은 빛, 적당한 타닌과 신맛이 특징이다.
- 토스카나 키안티 와인의 주 품종으로 다른 품종과 블렌딩하기도 한다.

풍미	블랙체리, 레드 체리, 딸기, 블랙커런트, 블루베리, 레드베리 잼, 신 버찌, 클랜베리, 자두, 말린 토마토, 구운 토마토, 말린 무화과, 올리브 타프나드, 장미 꽃잎, 바이올렛, 타임, 토마토 잎, 담뱃잎, 오레가노, 말린 허브, 빻은 후추, 감초, 정향, 시나몬, 바닐라, 커피, 코코아, 건초, 쌀겨, 구운 아몬드, 흙냄새, 발사믹, 절인 고기, 스모크, 가죽, 부엽토, 담배, 아스팔트
대표 지역	이탈리아 중부 토스카나 지방(키안티의 주 품종)
대표 와인	키안티, 부르넬로 디 몬탈치노, 슈퍼 투스칸

그르나슈/가르나차 Grenache/Garnacha

- 포도 껍질이 얇으며 과일 향이 풍부하고 섬세하며 실키하지만 풀보디 와인을 만든다.
- 배수가 잘되는 덥고 건조한 지역에서 잘 자라며 생산량이 많다.

풍미	딸기, 체리, 산딸기, 라즈베리, 야생 버찌, 블랙베리, 자두, 구운 자두, 자몽, 오렌지 껍질, 말린 무화과, 히비스커스, 라벤더, 유칼립투스, 로즈메리, 허브, 스파이시, 백후추, 감초, 정향, 흑후추, 홍차, 스모키, 삼나무, 초콜릿, 바닐라, 토스트, 가죽, 토기, 으깬 자갈
대표 지역	프랑스(남부 론 샤토뇌프 뒤 파프, 코트 뒤 론), 스페인 카탈루냐 지방의 프리오라트, 호주, 미국
대표 와인	샤토뇌프 뒤 파프, 코트 뒤 론, 프리오라트

무르베드르 Mourvedre

- 스페인, 프랑스 남부 지방과 같이 더운 지방에서 잘 자라고 늦게 익는 품종이다.
- 알코올 함유량이 높으며 색이 진하고 구조감이 좋은 와인을 생산하여, 다른 품종과 많이 블렌딩된다.
- 특히 프랑스 론 지방에서 시라, 그르나슈와 함께 블렌딩되는 대표적인 품종으로 재배가 어려워 남프랑스의 귀한 레드 품종이다.

풍미	붉은 과일 향, 딸기, 체리, 자두, 블랙베리, 블랙커런트, 라즈베리, 아사이베리, 잼, 블랙 올리브, 흑후추, 제비꽃, 라벤더, 허브, 세이지, 펜넬, 타임, 정향, 계피, 담배, 후추, 모카, 커피, 바닐라, 스모크, 코코아, 흙, 가죽, 생강, 가금류, 부엽토
대표 지역	프랑스, 스페인, 호주, 캘리포니아
대표 와인	샤토뇌프 뒤 파프, 코트 뒤 론, 스페인

네비올로Nebbiolo

- 이탈리아 북서부 피에몬테 지방에서 유래했으며, 고가의 와인들을 생산하는 이탈리아 명품 품종이다.
- 피에몬테의 구릉 지대를 뒤덮는 가을 안개**Nebbia**에서 유래한 이름이다.
- 부르고뉴와 비슷한 서늘한 기후를 선호하며 껍질이 두껍고 진한 보라색으로, 높은 타닌과 산도를 지닌 만숙종이다. 이탈리아의 피노 누아라고도 불린다.
- 오랜 숙성을 필요로 하는 품종으로 최소한 6년은 숙성시켜야 맛이 있으며 색상은 연하나 풍부하고 복합적인 향이 특징이다.

풍미	크랜베리, 체리 시럽, 농축된 과일 향, 딸기, 산딸기, 자두, 체리, 끓인 서양 자두, 말린 자두, 말린 크랜베리, 무화과, 용과, 제비꽃, 장미, 허브, 포푸리, 히비스커스, 감초, 아니스, 시나몬, 감초 사탕, 정향, 백후추, 홍차, 멘톨, 향신료 케이크, 다크초콜릿, 송로버섯, 훈연, 흙냄새, 삼나무, 바닐라, 미네랄, 건초, 담배, 담뱃잎, 가죽, 타르, 콜라, 절인 고기, 소나무 껍질, 목이버섯, 발사믹
대표 지역	이탈리아 피에몬테, 미국, 칠레, 아르헨티나, 호주
대표 와인	바롤로, 바르바레스코

템프라니요Tempranillo

- 스페인의 대표 품종으로 척박한 환경에 적응력이 뛰어나며, 주로 그르나슈와 블렌딩된다.
- 조생종으로 두꺼운 껍질과 풍부한 타닌, 적당한 산도가 좋다.
- 오크통 숙성을 통해 부드러운 향미를 발산한다.

풍미	체리, 딸기, 자두, 블랙커런트, 레드커런트, 오디, 말린 블루베리, 무화과, 건포도, 말린 장미, 딜, 말린 잎, 월계수 잎, 말린 로즈메리, 후추, 바닐라, 시나몬, 초콜릿, 코코아, 담배, 오크, 시가, 삼나무, 감초, 커피, 에스프레소, 파르메산 치즈, 파스트라미, 미네랄, 젖은 자갈, 화산 바위
대표 지역	스페인 리오하, 리베라 델 두에로, 칠레, 아르헨티나
대표 와인	베가 시실리아, 스페인 리오하, 리베라 델 두에로

진판델Zinfandel

- 미국의 대중적인 품종으로 이탈리아의 프리미티보Primitivo와 같다고 여겨졌으나, 다른 품종으로 밝혀졌다.
- 화이트 진판델은 핑크빛의 세미 스위트와인을 만들며, 풍부하고 강한 드라이와인에서 스위트와인까지 다양하게 양조된다.
- 와인에 따라 편차가 심한 편이었으나 최근 저렴한 이미지를 쇄신시킬 만한 명품 와인들이 생산되고 있다.

풍미	체리, 딸기, 자두, 블랙베리, 블루베리, 라즈베리, 복숭아 잼, 건포도, 아티초크, 피망, 히비스커스, 시나몬, 세이지, 민트, 유칼립투스, 혼합향신료, 민트, 아니스, 딜, 넛맥, 흑후추, 담배, 초콜릿, 그린빈스, 바닐라, 버터스카치, 새 가죽, 으깬 자갈, 바비큐 고기
대표 지역	미국
대표 와인	미국 캘리포니아, 진판델 화이트

카르메네르Carmenere

- 카베르네 소비뇽보다 거칠지 않고 부드러우며 대개 미디엄보디 정도의 질감과 무게감을 지녔다.
- 칠레는 격리된 자연환경과 모래질의 토양 덕에 세계에서 유일하게 필록세라의 피해를 입지 않은 포도(미국 포도 품종과 접붙이기를 하지 않은 것으로 유럽에서의 1860년 이전의 품종)로 만든 와인 맛이 남아 있는 곳이다.

풍미	자두, 블랙베리, 라즈베리, 석류, 블랙 자두, 체리, 잼, 그린 파프리카, 그린 페퍼콘, 백후추, 스파이시, 다크초콜릿, 캐러멜, 백단향, 바닐라, 흙냄새, 스모키, 담배, 가죽, 흑연, 슬레이트, 젖은 자갈
대표 지역	프랑스, 칠레, 아르헨티나
대표 와인	1865, 몬테스 폴리 퓨어 엔젤, 카사 라포스톨레

카르메네르는 원래 프랑스 보르도 지방이 원산지였으나 19세기 후반에 발생한 필록세라의 출현으로 당시 재배되던 카르메네르 품종이 전멸하였다. 그런데 필록세라의 영향을 받지 않았던 칠레에서는 메를로와 유사한 품종이었던 카르메네르가 번식을 하고 있었고 1996년에 공식적으로 품종 인정을 받았다. 현재는 칠레의 대표 품종 중 하나로 인기를 끌고 있다.

가메Gamay

- 매년 11월 셋째 주 목요일에 출시되는 '보졸레 누보Beaujolais Nouveau'덕분에 유명해진 보졸레 지역의 대표 품종이다.
- 최근 보졸레 지방의 내추럴 와인을 만드는 주 품종으로 각광받고 있다.
- 피노 누아의 변종으로 가볍고 신선하며 과일 향이 풍부하다.
- 장기 숙성에 부적합한 품종으로 알려졌으나, 최근 내추럴 와인에 활용되어 새롭게 떠오르며 숙성력이 더욱 기대가 되는 품종이다.

풍미	딸기, 체리, 바나나, 배, 라즈베리, 복숭아, 석류, 레드커런트, 블랙커런트, 오디, 빌베리, 자두, 제비꽃, 모란, 아이리스, 히비스커스, 오레가노, 그린 페퍼콘, 타임, 민들레, 블랙티, 흑후추, 트러플, 코코아, 나무껍질, 부엽토
대표 지역	프랑스 보졸레, 루아르, 동유럽, 캘리포니아
대표 와인	보졸레 누보, 보졸레 빌라주, 루아르 시농

말벡Malbec

- 프랑스 남서부에서 '검은 와인'을 만드는 카오르Cahors 지역의 대표 품종이다.
- 오세루아Auxerrois 또는 코트 누아Cot Noir라고 부른다.
- 보르도에서 카베르네 소비뇽과 블렌딩용으로 사용되며 껍질이 두꺼워 타닌이 풍부하다. 구조감이 좋으며 장기 숙성이 가능한 파워풀한 풀보디 와인을 만든다.
- 아르헨티나에서 가장 많은 레드와인을 생산하는 품종이다.
- 다양한 포도 품종 중 폴리페놀 함량이 가장 높은 것으로 연구되었다.

풍미	블랙베리, 블랙체리, 블루베리, 라즈베리, 자두, 건자두, 포도잼, 말린 과일, 말린 자두, 건포도, 제비꽃, 야생 아이리스 세이지, 시나몬, 담뱃잎, 미네랄, 코코아, 토기
대표 지역	프랑스 보르도, 남서부(카오르), 아르헨티나, 칠레, 남아공
대표 와인	아르헨티나 카테나, 프랑스 카오르

4
와인 양조

스틸와인의 양조 방법

❶ 수확

포도의 알맞은 성숙도를 측정하여 정확한 시기에 포도를 수확한다. 당도와 산도가 원만한 균형을 이루면서 포도씨가 완숙하여 떫거나 쓴맛이 나지 않는 포도를 알맞게 익은 포도로 본다. 일반적으로 8월 중순에서 11월 말 사이에 수확을 하는데, 포도 품종 및 테루아에 따라 수확 시기가 다르다. 고급 와인일수록 섬세한 작업을 요하는 손 수확을 선호하지만, 경제적이고 빠르다는 이유로 신세계 와인을 중심으로 기계 수확을 하고 있다.

❷ 줄기 제거 및 선별

줄기에서 포도알을 분리한 후 선별하여 양질의 포도알을 골라낸다.

❸ 파쇄

수확한 포도를 파쇄기에 넣어 포도를 으깨고 알맹이를 터트려 즙과 껍질이 쉽게 접촉할 수 있도록 한다.

❹ 발효 전 침용 / 피자주 또는 르몽타주

포도알과 포도즙을 탱크에 2~3주 정도 담가 두면 껍질의 색소가 즙에 착색된다. 이를 침용Maceration (마세라시옹)이라고 한다. 침용 도중에 껍질과 과육 및 씨가 위로 떠올라 단단한 층(샤포)을 형성한다. 포도즙의 색, 아로마와 타닌을 잘 추출하기 위해 막대기로 휘저어 샤포를 가라앉히는 작업Pigeage(피자주), 탱크 아래에 있던 즙을 퍼올려 다시 섞어주는 작업Remontage(르몽타주)을 한다.

🍷 **WINE NOTE**

로제와인에서 은은한 핑크색을 내는 방법

첫번째는 세니에(Saignée) 방식으로 레드와인처럼 껍질과 포도즙을 잠시(8~48시간) 침용하여 색이 짙은 로제와인을 만든다. 가장 많이 사용되는 방식이다. 둘째, 침용 과정 없이 바로 압착하여 만드는 방식으로 천천히 원하는 색이 나올 때까지 강하고 느리게 압착하여 맑고 가벼운 로제와인을 만든다. 주로 뱅 그리(Vin Gris)에 사용된다. 이례적으로 샹파뉴에서는 로제 양조 방식으로 화이트와인에 레드와인을 첨가해 양조하는 방법을 허용하지만 점차 세니에 방식으로 양조되는 추세이다.

❺ 알코올 발효

침용 과정에서 포도즙의 당분이 효모의 작용으로 인해 알코올과 이산화탄소로 변환된다. 화이트와인은 과즙만으로, 로제와인은 느린 압착을 통해 약간의 색을 입힌 과즙으로, 레드와인은 과육, 껍질, 씨를 모두 탱크에 넣어 2~3주 정도 발효시킨(퀴베종) 과즙으로 만든다. 이 과즙에 효모를 첨가하여 포도즙을 발효시키고 알코올을 만든다.

❻ 에쿨라주와 압착 / 찌꺼기 제거

에쿨라주Ecoulage를 통해 탱크 하단의 꼭지를 열어 '뱅 드 구트Vin de Goutte'라는 흐르는 와인을 회수한다. 그 후 남은 즙을 추출하기 위해 찌꺼기Marc(마르)를 압착하여 짜내 '뱅 드 프레스Vin de Presse'라는 와인을 얻는다. 그 후 통에 있던 찌꺼기를 제거한다.

❼ 숙성과 2차 발효 / 젖산 발효

뱅 드 구트와 뱅 드 프레스 와인을 블렌딩한 것을 몇 주에서 최대 36개월 동안 숙성Elevage, Aging시킨다. 이때 레드와인은 사과산Malic acid을 젖산Lactic acid으로 바꾸어 주는 젖산 발효Malolactic Fermentation 과정이 이루어져 와인의 맛과 향, 구조가 변하며, 산도가 낮아지고 맛이 부드러워진다.

화이트와인의 경우에는 젖산 발효를 할 때 효모 찌꺼기인 리Lies를 오크통에서 함께 숙성시키거나, 긴 막대기로 양조통 안의 와인을 휘저어 바닥에 가라앉은 효모 앙금을 섞어주는 작업Bâtonnage(바토나주)을 통해 와인이 보다 부드럽고 복합적이며 풍부한 맛을 갖도록 한다.

❽ 수티라주와 이산화황 첨가

와인을 옮겨 탱크 바닥의 효모와 불순물 등의 침전물을 분리하는 것을 수티라주Soutirage라고 한다. 필요에 따라 와인의 산화를 막기 위해 이산화황SO_2을 첨가한다.

레드와인의 양조 방법

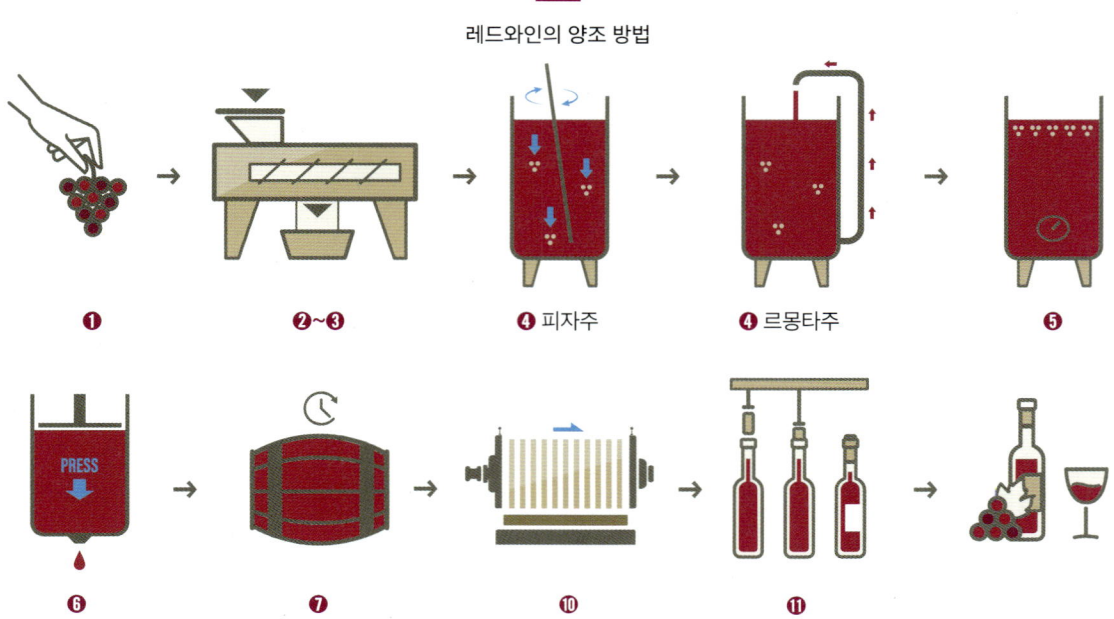

❶   ❷~❸   ❹ 피자주   ❹ 르몽타주   ❺

❻   ❼   ❿   ⓫

화이트와인의 양조 방법

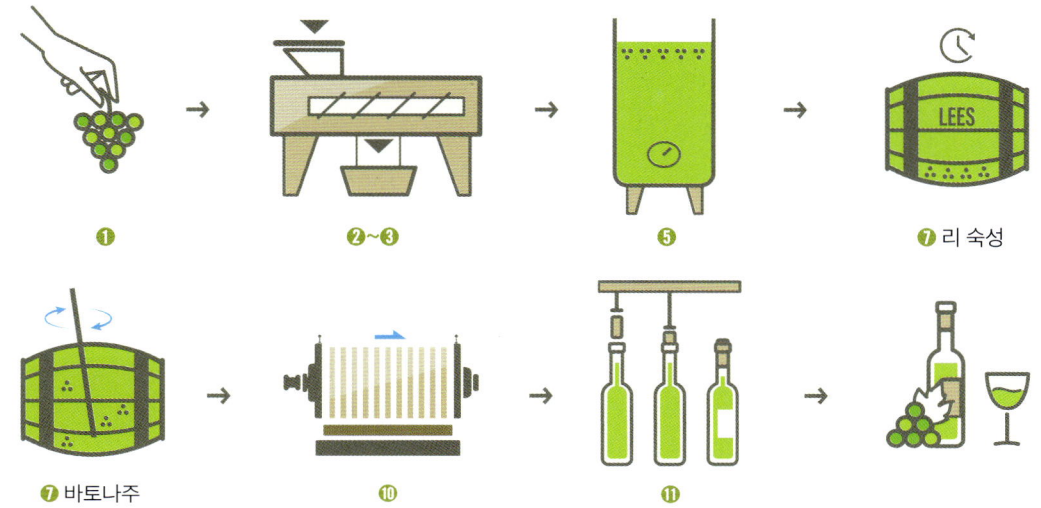

❶   ❷~❸   ❺   ❼ 리 숙성

❼ 바토나주   ❿   ⓫

❾ 블렌딩

지역에 따라 다른 품종이나 다른 구역의 와인을 배합Blending(블렌딩)한다. 두 가지 이상의 품종으로 만든 와인을 섞어 새로운 성격의 와인을 만들어낸다. 이는 서로의 단점을 보완해주는 역할을 한다.

❿ 정제와 여과

달걀흰자나 벤토나이트, 젤라틴 등의 단백질 흡착제를 넣어 와인의 불순물을 제거하는 작업을 정제Collage(콜라주)라고 한다. 미세한 잔여물까지도 제거하여 맑고 빛나는 와인을 만들기 위해 여과Filtration(필트라시옹)를 할 수도 있다. 최근 내추럴 와인 등에서는 와인의 풍미를 위해 이 과정을 생략하기도 한다.

⓫ 병입

병입Bottling은 발효 탱크 속의 와인을 병에 넣고 코르크나 스크류 캡으로 밀봉하고 레이블링을 하는 것을 말한다. 병입된 와인을 바로 판매하기도 하고 셀러에서 좀더 숙성을 하기도 한다.

스파클링와인의 양조 방법

샴페인과 같은 스파클링와인을 만드는 기본 단계는 화이트와인을 만드는 방법과 동일하다. 블렌딩한 와인의 병에 당분 **Liqueur de Tirage**(리쾨르 드 티라주)과 효모를 첨가하여 임시 마개로 막아 추가로 병 내 발효를 한다. 이때 효모가 당분을 먹으며 탄산가스가 병 안에 녹아 있게 된다. 그 후 지하 저장고에서 15개월에서 1~20년 동안 나무판자에서 병목이 아래로 오도록 정기적으로 병을 돌려주면 **Remuage**(르뮈아주) 효모 찌꺼기가 마개 쪽으로 쌓이게 된다.

찌꺼기가 쌓인 병목을 영하의 온도에서 얼린 후 마개를 빼내면 병 내부의 탄산으로 인해 입구에 얼어 있던 효모 찌꺼기들이 밖으로 배출된다. 이를 침전물 제거 **Degorgement**(데고르주망)라고 한다. 보당 **Dosage**(도자주)을 통해 마지막에 과당 혼합물인 리쾨르 엑스페디시옹 **Liqueur d'expedition**을 샴페인에 첨가한 후 마개와 철사 망을 씌운다. 마지막으로 와인을 유통하기 전에 휴지기를 가지며 숙성시킨다.

메소드 앙세스트랄(선조 방식)

메소드 앙세스트랄(Méthode Ancestrale)은 현재 널리 쓰이는 샴페인 방식보다도 100년가량 앞선, 스파클링 와인을 만드는 가장 오래된 방식이다. 잔여 설탕이 남아 있는 스틸 와인을 병에 넣고, 천연 당으로 기포가 있는 스파클링와인을 만든다.

이 방법은 프랑스 리무(Limoux)와 가이약(Gaillac) 지역에서 유명하며, 뷔제(Bugey)와 세르동(Cerdon)에서도 양조한다. 최근에는 이 방식으로 만든 내추럴 스파클링이란 뜻의 '페티앙 나튀렐(Petillant Naturel)'의 약자인 펫낫(Pet'Nat)이라는 용어로 잘 알려져 있다. 펫낫은 양조할 때 최소한의 황을 사용하며, 맥주 같은 크라운 캡만 씌워져 있다.

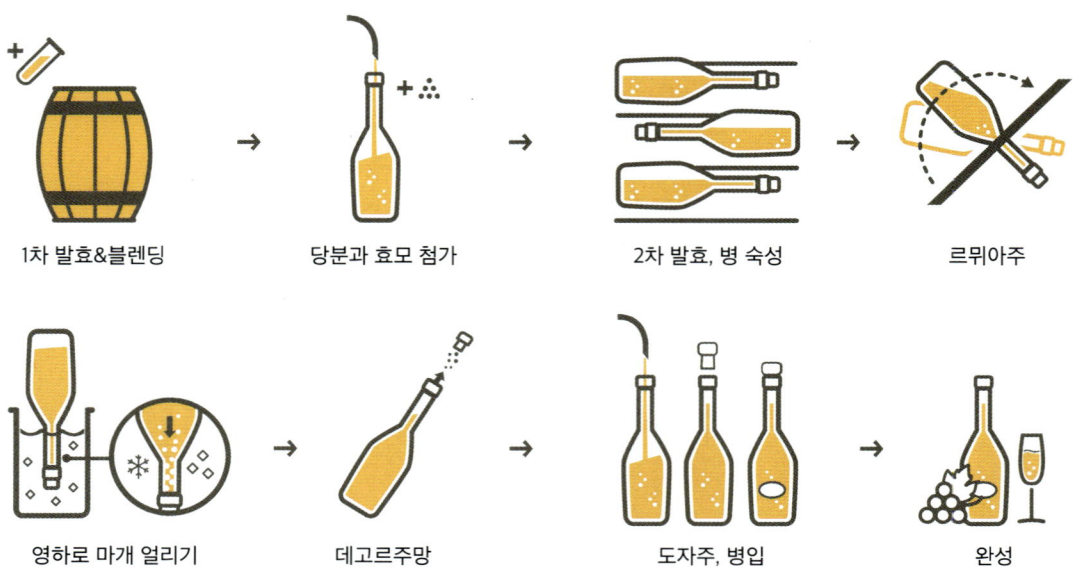

1차 발효&블렌딩 → 당분과 효모 첨가 → 2차 발효, 병 숙성 → 르뮈아주

영하로 마개 얼리기 → 데고르주망 → 도자주, 병입 → 완성

주정강화와인의 양조 방법

와인의 도수를 높여 와인의 변질을 막기 위해 고안된 방법이다. 와인에 브랜디와 같은 증류주를 첨가하여 알코올 도수를 높이고 발효 과정을 중단시켜 당분이 남아 있게 하거나, 드라이하게 만든 후 오크 숙성을 한다. 세계 3대 주정강화와인은 포르투갈의 포트와인과 마데이라, 스페인의 셰리를 꼽는다.

주정강화와인의 발효

| 발효 중 와인 발효가 끝나지 않은 상태 (잔류된 당 성분 많음) | ➡ | 브랜디 첨가 (15% 이상의 알코올) | ➡ | 숙성 후 병입 or 병입 후 숙성 | ➡ | 주정강화와인 (포트/셰리) |

5
내추럴 와인과 새로운 와인들

내추럴 와인이 뭐길래

와인에 관심 있는 사람이라면 한 번쯤 들어보았을 '내추럴 와인'. 도대체 내추럴 와인이 무엇이길래, 세계적으로 급성장하고 있는 와인 업계에서 트렌드를 넘어 새로운 문화로 부상하고 있는 것일까? 프랑스 농학자인 클로 드 부르기뇽은 "지금은 인류 역사상 최초로 테루아 없이 화학 물질로만 와인을 만들 수 있다"라고 했으며, 이제 우리는 와인을 만들면서 수많은 화학 비료와 첨가물에 노출된다는 것을 알게 되었다. 200여 가지가 넘는 인위적인 개입(가당, 인공 효모, 인위적인 산도 조절, 첨가물 및 오크 칩 사용, 이산화황SO2 첨가 등)을 무자비하게 행하며, 환경과 인간에게도 해를 끼치는 와인 양조는 이미 위험 수위에 와 있다. 이에 인위적인 인간의 개입을 지양하고 친환경 농법으로 포도를 기르며 기본을 생각하는 양조법 등을 통해 인간과 자연이 상생하는 것을 중요하게 여기는 내추럴 와인의 철학이 더욱 각광받게 되었다.

내추럴 와인의 매력은 기존의 와인과는 색다른 맛과 향이 살아 있는 생물이라는 점이다. 새로운 생산 방식에 도전하는 젊은 와인메이커들은 다양한 스타일의 와인은 물론, 지역에서 사라진 토착 포도 품종과 전통적인 농업 및 양조 방법을 부활시켰다. 그만큼 내추럴 와인은 맛과 향이 활기차며 풍미의 스펙트럼이 넓고 오묘하다. 양조 과정에서 화학적 첨가물을 넣지 않기 때문에 마신 후 두통이 생기거나 배탈이 나는 현상도 상대적으로 적어 건강에도 좋다.

라이징 스타의 내추럴 와인은 소량 생산되므로 구하기도 어렵고, 가격도 천차만별이지만 일반적으로는 가성비 좋게 새로이 출시되는 와인들이 많은 편이다. 오픈마인드로 내추럴 와인에 접근해본다면, 새롭고 재밌는 세계를 경험해볼 수 있으며 와인 초보자에게 어렵지 않다는 것도 매력이다.

유기농 와인 / 내추럴 와인 / 바이오다이내믹 와인

유기농 와인은 가장 보편적으로는 친환경으로 재배된 포도로 만든 와인을 말하며, 유기농 와인이 아니면서 내추럴 와인이거나 바이오다이내믹 와인일 수는 없다. 먼저 화학 비료, 살충제, 제초제 등을 사용하지 않고 재배한 친환경 포도로 만든 유기농 와인이 있고, 유기농법과 유사하나 더욱 전통적인 방식으로 까다롭게 관리한 포도로 만든 바이오다이내믹 와인이 그 안에 있다. 내추럴 와인은 유기농 또는 바이오다이내믹으로 재배된 포도를 사용하며 산화방지제(이산화황) 및 화학 첨가물을 무첨가 또는 소량 사용한 와인이다.

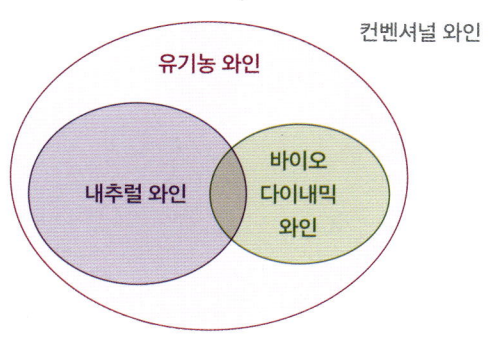

유기농 와인 / 컨벤셔널 와인 / 내추럴 와인 / 바이오다이내믹 와인

유기농 와인

일반적으로 합성 농약, 화학 비료, 제초제, 살충제를 사용하지 않고 재배한 포도로 만든 와인이다.

바이오다이내믹 와인

유기농보다 더욱 적극적인, 자연의 질서에 순응하는 것을 기본 철학으로 하는 농법으로 1925년 루돌프 슈타이너Rudolf Steiner가 창시한 개념이다. 기계·화학 산업이 발달하기 전 재래식으로 포도를 경작하고 수확하는 방식을 고스란히 따른다. 유기농 비료나 살충제 등을 허용하지 않고, 비료로는 극소량의 퇴비만을 사용한다. 해충을 잡을 때는 무당벌레와 같은 천적을 이용하는 등 화학 물질을 전혀 사용하지 않고, 퇴비는 암소의 뿔 속에 거름을 채워넣고 땅 속에 6개월 정도 묻어 두었다가 물과 함께 뿌리는 방식이나 쐐기풀 등 각종 천연 혼합물을 섞어 사용한다. 토양과 식물, 우주와 와인메이커는 모두 상호 작용을 한다는 믿음으로 균형을 맞추며, 자연적인 생태 리듬이 지구상 모든 생물에게 영향을 준다고 믿는 생산자들의 철학을 반영하는 방식이다. 따라서 포도의 수확 시기와 와인의 병입 시기까지도 행성의 위치 등 천체의 움직임에 따라 정한다. 포도밭 관리에 엄청난 공을 들여야 하기 때문에 결과적으로는 품질이 좋고 개성이 강한 와인이 만들어진다.

내추럴 와인

내추럴 와인은 '자연적으로 발효된 포도즙'이라고 정의할 수 있지만 나름 통용되는 몇 가지 기준이 있다. 첫째, 제초제나 살충제, 살균제 등을 일체 사용하지 않고, 둘째, 유기농 또는 바이오다이내믹 방식으로 포도를 재배하며, 셋째, 기계가 아닌 손으로 수확하고, 넷째, 자연에 존재하는 효모만으로 발효시킨다. 다섯째, 와인을 투명하게 만드는 청징과 여과를 거치지 않고, 여섯째, 양조 시 어떤 첨가물도 넣지 않거나 필요시 병입 과정에서 최소한의 이산화황만 넣는 것 등이다.

즉, 내추럴 와인은 친환경으로 재배한 좋은 포도를 사용해 인간의 개입을 최소화하여 가장 순수한 방식으로 만든 와인인 것이다.

내추럴 와인은 요즘의 젊은 와인메이커들 사이에서 유행하는 하나의 트렌드처럼 보이기도 하고, 명확한 규정과 인증이 없어 오로지 생산자의 양심에 맡겨야 한다는 단점이 있었다. 하지만 2020년 2월에 마침내 루아르 와인 박람회Salons de Loire에서 내추럴와인조합Syndicat de Defense des Vins의 자크 카호제Jacques Carroget 의장과 25명 회원의 만장일치로 '뱅 메토드 나튀르Vin Méthode Nature' 인증의 초안이 완성되었다. 이후 결국 프랑스 정부의 공정거래국DGCRRF; La Direction générale de la Concurrence, de la Consommation et de la Répression des fraudes에서 내추럴 와인의 정의를 인정하기로 결정하였다.

이는 내추럴 와인 생산자들의 합당한 기준을 이해하고 적합한 인증을 와인에 사용할 수 있도록 하는 것이 목적이었다. 내추럴 와인 단체는 이미 100개 이상의 내추럴 와인 생산자들이 해당 로고의 사용을 신청할 것이라 기대하고 있다.

새로 바뀐 인증 로고

이산화황의 두 얼굴

와인에서 이산화황(SO_2)은 산화방지제로 발효 과정에서 잡균의 번식을 막아 와인의 향미를 개선하고, 갈변을 억제하며, 병입할 때 산소에 의해 변질되는 현상을 막아 와인이 지나치게 빨리 숙성되는 것을 방지한다. 즉 이산화황이 와인의 안정성과 보존성을 높인 덕분에 와인의 숙성과 운반이 용이해졌다.

하지만 와인에서 특유의 달걀 썩은 냄새나 익힌 배추 냄새 등이 날 수 있고 숙성을 막으며 와인의 개성을 약화시킬 수 있다. 산소와 쉽게 결합하는 특성을 지녀 이산화황을 과다 섭취할 경우 두통, 메스꺼움, 기관지염 등을 일으킬 수 있으므로 주의해야 한다. 이산화황은 와인의 발효 중에 자연적으로도 소량 생성되며 따라서 이를 첨가하지 않더라도 와인에서 소량 검출될 수 있다.

1986년 미국의 한 식당에서 식재료의 갈변을 막기 위해 야채에 이산화황 처리를 했는데 천식 환자가 이산화황이 처리된 야채 샐러드를 먹고 발작을 일으켜 사망하였다. 이후 음식에도 의무적으로 이산화황 첨가 경고 표기를 하도록 하였다.

최근 이산화황 무첨가 와인을 만드는 와인메이커들도 있다. 이 와인들은 신선하고 활력을 선사하나, 보관을 잘못하면 썩은 사과나 마구간 냄새가 나기도 한다.

오렌지 와인이란?

'제4의 와인'이라고 불리는 오렌지 와인. 오렌지 와인이란 표현은 영국의 와인 상인 데이비드 하비 **David Harvey**가 2004년부터 사용했다고 알려져 있으며 앰버**Amber** 와인이라고도 불린다.

화이트 포도의 껍질과 씨를 으깨 오랜 기간(4일에서 길면 1년 이상) 접촉시키고 발효하여 와인이 보통의 화이트와인보다 더 진하며, 오렌지빛을 내는 와인이다.

오렌지 와인은 스파클링와인으로도 만들 수 있으며, 모든 오렌지 와인이 내추럴 와인은 아니다. 에일 맥주와 비슷한 신맛과 더불어 레드와인과 같은 타닌도 가지고 있는 것이 매력이다. 발효 음식인 김치를 곁들인 한국 요리와 비빔밥 등과도 잘 어울린다.

비건 와인이란?

비건 와인이란 유기농 와인의 종류 중 하나로 포도의 재배에서 발효, 숙성 및 양조에 이르는 모든 과정에서 동물성 원료와의 접촉을 차단한 와인을 말한다.

정제 과정에서 쓰이는 대표적인 청징제인 달걀흰자(알부민)나 우유 단백질(카제인), 동물성 콜라겐, 말린 생선의 부레(부레풀) 등을 사용하지 않고 대신 벤토나이트, 숯, 실리카 혼합물, 식물 카제인, 식물성 플라크 등 식물성 청징제를 사용하여 정제를 한다. 세계적으로 채식주의자들이 늘어나는 추세이다 보니 비건 와인에 대한 관심도 높아지고 있다.

6

명품 기업과 그들의 투자처, 와인

와인을 만들 때 드는 비용은 대체 얼마이길래 천차 만별의 시장 가격을 형성하고 있을까? 와이너리의 설비 및 보수 비용, 포도를 생산하기 위한 묘목, 물, 농약 등의 비용, 마개와 레이블 및 디자인 비용, 인 건비 및 인력 관리 비용, 시장 포지셔닝 및 마케팅 비용, 세금, 보조금, 보관 비용, 이자, 기타 필요한 현 금 흐름 등 와인을 만드는 데는 물리적으로 많은 비용이 든다. 이러한 기본적인 운영 비용을 포함한 와인의 가격은 포도밭의 입지와 상태, 해마다 다른 빈티지와 숙성도, 희소성, 생산자의 열정 그리고 와 이너리의 역사 및 시장에서의 인지도에 따라 결정 된다.

이탈리아계 미국인 감독 프란시스 포드 코폴라 Francis Ford Coppola는 오랜 와인 양조 역사를 가진 가문 출신으로 현재 자신의 이름을 건 와인을 출시 하고 있다. 한 투자 전문가는 "와이너리를 운영하는 것은 세금을 분산시킬 수 있는 한 방편이다. 게다가 증권 수치를 쳐다보는 것보다 포도밭을 쳐다보는 편이 유쾌하다"라고 할 정도로 와이너리 소유가 취 미를 넘어 투자와 절세까지 가능한 흥미로운 분야 인 것은 확실하다.

세계적인 명품회사인 LVMH 사의 2021년 와인 매 출은 무려 59.7억 유로(8조 3천억 원가량)에 달했으 며, 와이너리, 와인도 하나의 상품으로 인정받고 있 다. 매니지먼트 회사를 잘 만날수록 주가가 상승하 는 스타와 같이 거대 자본력 및 마케팅 및 세일즈 인프라를 갖춘 명품 기업이 와이너리에 투자하면 그 가치가 더 올라간다. 기업이 와인의 품질을 향상 시키고, 대대적인 마케팅을 통해 와인의 인지도와 가치를 높이는 여러 작업을 시도하기 때문이다.

명품 기업과 그들의 와인

🟥 아르테미스 그룹Groupe Artémis / 케링 그룹Kering Group

아르테미스 그룹은 구찌, 보테가 베네타, 입생 로랑 등을 소유한 프랑스 패션 유통 그룹인 케링 그룹(전 PPR 그룹)을 소유하고 있는 유명 기업이다. 보르도 그랑 크뤼 1등급 와인인 샤토 라투르Château Latour 를 1993년 인수하였으며 본 로마네Vosne-Romanée 의 도멘 유제니Domaine d'Eugénie(전 Domaine René Engel), 포므롤Pomerol의 샤토 시오락Château Siaurac, 론Rhône의 샤토 그리예Château Grillet 및 나파 밸리 의 아이젤 빈야드Eisele Vineyard(전 Araujo Estate)를 소유하고 있다. 2017년에는 모레 상 드니Morey-Saint-Denis의 모노폴Monopole 포도밭인 도멘 클로 드 타 Domaine Clos de Tart의 소유권을 몽메상Mommesin 가 문으로부터 구입했고, 2021년에는 자크송Jacquesson 샴페인 하우스를 인수하였다.

🟥 루이 비통 모엣 헤네시LVMH, Louis Vuitton Moët Hennessy

LVMH 그룹은 루이 비통Louis Vuitton, 크리스찬 디올Christian Dior, 베루티Berluti, 펜디Fendi, 불가리Bvlgari, 지방시Givenchy 등을 소유하고 있는 세계적인 명품 기업이다. 또한 LVMH는 21개에 달하는 강력한 음료 브랜드들을 보유하고 있으며 그중 모엣 샹동Moët & Chandon, 뵈브 클리코Veuve Clicquot, 루이나Ruinart, 돔 페리뇽Dom Pérignon 및 크루그Krug과 같은 세계 최고의 샴페인도 소유하고 있다.

또한 보르도의 슈발 블랑Cheval Blanc, 샤토 디켐Château d'Yquem, 부르고뉴의 클로 데 람브레Clos de Lambrays뿐만 아니라 샹동Chandon의 브랜드로서 호주, 미국, 브라질, 인도 및 중국에도 진출하고 있다. 특히 뉴질랜드의 클라우디 베이Cloudy Bay, 아르헨티나의 슈발 데 안데스Cheval des Andes, 중국의 아오 윤Ao Yun 등이 유명하다. 증류주 브랜드인 벨베데레Belvedere 보드카, 글렌모란지Glenmorangie 및 아드벡Ardbeg 위스키는 물론 헤네시Hennessy 코냑Cognac도 소유하고 있다. 2022년 7월, 미국의 인시그니아Insignia로 유명한 조셉 펠프스Joseph Phelps 와이너리를 인수하는 등 와인에 꾸준히 투자를 하고 있다.

🟥 샤넬CHANEL

샤넬은 보르도 좌안 마고 지역의 그랑 크뤼 2등급인 샤토 로장 세글라Château Rausan Ségla와 보르도 우안의 생 테밀리옹 프르미에 그랑 크뤼 클라세 B인 샤토 카농Château Canon, 샤토 마트라스Chateau Matras의 세컨드 와인, 생 테밀리옹의 샤토 벨리케Château Berliquet를 소유하고 있다. 그 밖에 프로방스Provence의 도멘 드 릴Domaine de L'Ile, 미국 캘리포니아 나파 밸리의 세인트 수페리 에스테이트 빈야드St. Supéry Estate Vineyards를 소유 중이다.

🟥 에드몬드 드 로칠드 그룹Edmond de Rothschild Group

1868년에 샤토 라피트Château Lafite를 인수한 제임스 드 로칠드James de Rothschild의 증손자인 에드몬드 드 로칠드Edmond de Rothschild는 1973년에 크뤼 부르주아인 샤토 클라케Château Clarke와 샤토 말메종Château Malmaison을 인수했다. 1997년에는 남아프리카에서 루퍼트 & 로칠드Rupert & Rothschild 프로젝트를 시작하고, 1999년 아르헨티나에서 플레차스 데 로스 안데스Flechas de los Andes를 설립하여 포트폴리오를 다각화했다. 2003년에는 생 테밀리옹의 샤토 로레Château Laurets를 인수했으며 2009년부터 스페인에 '마칸'이라는 순수한 템프라니요 와인을 생산하기 위해 베가 시실리아Vega Sicilia와 협력했다. 2012년에 그는 소비뇽 블랑과 약간의 피노 누아를 생산하기 위해 말보로에서 26헥타르의 포도밭을 구입하였으며, '리마페레Rimapere'라는 이름으로 출시하였다. 샴페인 바롱 드 로칠드Champagne Barons de Rothschild 또한 소유 중이다.

🟥 갤러리 라파예트 그룹Galeries Lafayette Group

갤러리 라파예트 그룹의 소유주 물린Moulin은 샤토 스미스 오 라피트Château Smith Haut Lafitte의 소유주인 카티아르Daniel & Florence Cathiard와 파트너십을 맺고 포므롤의 샤토 보르가르Château Beauregard,

르 파빌리옹 드 보르가르Le Pavillon de Beauregard, 소테른의 샤토 바스토르 라몽탄Château Bastor-Lamontagne, 그라브의 샤토 생 로베르Château Saint-Robert 등 4개 와이너리를 인수하면서 와인 사업에 투자하기 시작하였다. 현재 포므롤의 비유 샤토 세르탕Vieux Château Certan과 라 콩세이양트La Conseillante 등 유명 와이너리도 소유하고 있다.

🟥 다쏘 그룹Groupe Industriel Marcel Dassault

다쏘는 항공 사업으로 유명한 그룹으로, 생 테밀리옹의 샤토 다쏘Château Dassault를 소유하고 있다. 다쏘 와인 에스테이트Dassault Wine Estates는 생 테밀리옹에서 2013년과 2002년에 샤토 포리 드 수샤르Château Faurie de Souchard와 샤토 라 프뤠르Château La Fleur도 인수하였다.

🟥 페르노리카Pernod Ricard

페르노리카는 1973년 프랑스 최고의 아니스 기반 증류주 생산자인 페르노Pernod와 리카Ricard가 1973년에 합병하면서 설립되었다. 세계적인 프랑스 주류 기업으로 위스키, 스피릿, 리큐르, 샴페인, 와인 등 업계에서 가장 다양한 브랜드 포트폴리오를 보유하고 있는 기업이다.

파스티스 브랜드인 리카 파스티스Ricard pastis, 1988년에는 아일랜드 증류주(제임슨 제조사)를 인수했다. 제이콥스 크릭Jacob's Creek, 캄포 비에호Campo Viejo, 브란코트 에스테이트Brancott Estate 및 켄우드Kenwood와 같은 와인 포트폴리오도 있다. 2001년에는 시그램Seagram 사업의 40%를 인수하면서 시바

스Chivas, 마텔Martell 및 글렌리벳The Glenlivet이 포트폴리오에 포함되었다. 샴페인 브랜드는 2005년 얼라이드 돔크Allied Domecq 인수와 함께 시작했으며, 프리미엄 샴페인 페리에 주에Perrier-Jouët와 멈Mumm 등을 소유하고 있다.

세계적인 스카치 위스키 브랜드 발렌타인Ballantine's, 시바스 리갈Chivas Regal, 로열살루트와 싱글 몰트 위스키 글렌리벳, 아벨라워Aberlour, 프리미엄 화이트 스피릿 앱솔루트 보드카Absolut, 글로벌 1위 커피 리큐르 칼루아Kahlua, 하바나 클럽Havana Club이 핵심 증류주 브랜드로, 코코넛 럼 말리부Malibu, 슈퍼 프리미엄 진 몽키47, 프리미엄 드라이 진 비피터Beefeater, 아이리쉬 위스키 제임슨Jameson, 데킬라 올메카Olmeca, 마르텔 코냑Martell Cognac도 소유하고 있다.

🟥 에르메스 Hermes

보르도 리스트락-메독의 샤토 푸르가-호스텐Chateau Fourcas-hostein을 소유하고 있다.

그 밖의 명품가의 와인

페레가모 일 보로Il Borro

토즈 피아니로시Pianirossi

람보르기니 람보르기니Lamborghini, 토라미Torami 와인과 트레스코네Trescone, 캄폴레오네Campoleone 등

스와로브스키 노통Norton

로칠드 은행 샤토 라피트 로칠드Château Lafite Rothschild

룩셈부르그 왕가 샤토 오 브리옹-Château Haut Brion

AXA 그룹 샤토 피숑 롱그빌 바롱Château Pichon

Longueville Baron

크레디 아그리콜 그룹 샤토 그랑 퓌 뒤카스Château Grand Puy Ducasse

부이그 텔레컴 샤토 몽로즈Château Montrose

푸조 샤토 귀로Château Guiraud(소테른의 프르미에 그랑 크뤼 클라세)

산토리 샤토 라 그랑쥐Château La Grange

오츠카 리지 몬테벨로Ridge Monte Bello

신세계 셰이퍼Shafer

유명인의 와인

브래드 피트와 안젤리나 졸리 샤토 미라발Miraval(프로방스 로제, 현재 소유권 소송 중)

미국 영화감독 프란시스 포드 코폴라 루비콘 에스테이트Rubicon Estate

안토니오 반데라스 안타 반데라스Anta Banderas(스페인)

드류 베리모어 카멜로드Camel Road

도널드와 에릭 트럼프 트럼프 와이너리Trumph

로버트 M. 파커 주니어 보 프레레Beaux Fréres

7

와인 투자

최근 고급 와인에 대한 투자가 자산의 포트폴리오를 다양화할 수 있는 방법으로 각광받고 있다. 지구 온난화 등 기후 변화로 인해 와인의 생산량이 매년 불안정해지고 있고, 미래의 경기 예측이 어려운 시장 속에서도 고가 와인은 안정적이고 지속적으로 가격이 상승하고 있기 때문이다. 또한 와인 거래 및 인덱스 작업을 제공하는 글로벌 플랫폼인 〈런던 인터내셔널 빈트너스 익스체인지London International Vintners Exchange(일반적으로 리벡스Liv-ex라 부름)〉가 설립되면서 와인의 가격 및 정보 역시 더욱 투명해졌다. 세계에서 가장 활발하게 거래되는 1,000개 와인의 최근 가격 변동을 추적한 Liv-ex Fine Wine 1,000 지수를 살펴보면, 와인 투자의 수익률은 47%를 넘어섰으며 이는 그동안 안전 자산이라 여겨진 금보다 변동성이 낮은 것으로 나타났다.

와인 투자 방법

와인 투자의 방법으로는 와인을 직접 또는 옥션 등을 통해 구매하여 저장 및 판매하거나, 와인 생산과 제조 및 유통과 관련된 회사의 주식에 투자하는 방법, 그리고 와인을 증권화하거나 NFT, 와인 투자 옵션 및 관리 서비스를 하는 회사와 협력하는 방법이 있다. 또 다른 방법으로는 엉 프리뫼르En Primeur라는 와인의 선물 구매 제도를 통해, 와인이 아직 병입되지 않고 배럴에서 숙성되는 동안 미리 투자가 가능하다. 하지만 때때로 와인의 절대적 가치는 보장되지 않으며, 여러 변수로 인해 구매 시점과 판매 시점 사이에 가격이 하락할 수 있는 리스크가 있다는 점에 주의해야 한다.

투자를 위한 좋은 와인

고급 와인은 숙성하면 더 맛있어질 뿐만 아니라, 그 가치가 계속해서 올라가는 상품이기 때문에 투자를 고려해볼 수 있다. 유망한 투자를 위한 고급 와인은 와인이 가진 숙성 능력, 시장에서의 유통 가치, 생산자의 우수성, 희소성, 구매 수요, 빈티지 등에 따라 평가할 수 있다. 그중에서도 유망한 투자 지역을 보면 프랑스 보르도의 특등급 와인들, 부르고뉴, 론의 유명한 와인들과 샴페인, 그 외에도 미국 나파 밸리의 카베르네 소비뇽, 이탈리아의 바롤로와 슈퍼 투스칸 등을 꼽을 수 있다. 와인을 구입할 때 그 와인의 생산 연도인 빈티지를 고려해보는 것도 추천한다. 본인 또는 자녀 등이 태어난 특별한 해의 그랑 크뤼 와인 등은 명성이 높은 와인에 투자하면서 즐길 수 있다는 장점이 있기 때문이다.

하지만 **와인 투자는 일반적으로 중장기적 경향이 있으며, 투자자는 구입한 와인의 적절한 보관 및 취급, 보험 및 기타 위험에 따른 고려 사항을 숙지하고 신중히 판단해야 한다.**

다행스럽게도 와인 투자에 관심 있는 대부분의 사람들은 와인 애호가들로, 단순한 투자의 목적보다는 내가 좋아하는 와인에 투자를 함으로써 인생을 풍부하게 만들고 즐기는 데 목적이 있다. 미래의 투자 가치에 대한 개인적인 만족감뿐 아니라, 좋아하는 와인의 실물을 소유함으로써 언젠가 내가 투자한 와인을 직접 맛보는 즐거움까지 경험할 수 있는 매력이 있기 때문이다.

와인 옥션

와인 옥션, 와인 경매의 장점은 시중에서 구하기 쉽지 않은 희귀 와인이나 오래된 빈티지 와인들을 구매할 수 있고, 유통 시장보다 저렴한 가격으로 구매가 가능하다는 것이다. 옥션에 나오는 와인은 전문가들의 검증을 받아 출품되고는 있으나, 와인의 레이블이나 코르크 등의 상태도 꼼꼼히 살펴봐야 한다. 하지만 아직까지 한국의 와인 옥션은 초기 단계에 있다. 대신 해외 옥션 사이트 등에서 와인 구매가 가능하나, 비딩된 가격이 최종 가격은 아니며 옥션에 따른 수수료, 한국에 통관할 때의 세금 및 배송, 보관 비용을 고려한다면 신중히 구매해야 할 부분이기도 하다.

8
세계적인 와인 평론가들

전문적인 와인 평가에 대한 수요는 지속적으로 증가하고 있으며, 전문가들은 좋은 품질의 와인을 선택하려는 소비자에게 참고할 수 있는 정보를 제공하고 있다. 또한 아직 숨겨진 지역과 새로운 스타일의 와인을 소개하며, 애호가는 물론 일반인에게도 다양한 시도를 제안하는 전문가들이 많이 있다.

와인 평론가의 점수로 와인이 평가되고, 이 숫자를 소비자가 와인 구매 시에 참고하는 것은 어느덧 일반적인 일이 되었다. 와인의 점수화의 장점으로는 자신의 스타일에 맞는 와인 평론가를 찾아 그의 점수를 참고한다면 도움이 된다는 것이다. 반면 점수화의 도입으로 로버트 파커의 점수에 따라 와인 가격이 요동치던 시기도 있었다. 그들의 평가로 스타 와인이 탄생하기도 하고, 와인의 명성을 좌지우지하는 일들이 벌어지기도 한다.

전 세계를 흔드는 가장 영향력 있는 미국 와인 평론가, 로버트 파커(Robert M. Parker Jr)

메릴랜드 출신 전직 변호사로, 1967년 대학생일 무렵 프랑스인 여자친구와 처음으로 파리 여행을 가서 와인에 매료되었다. 1975년부터 《와인 바이어 가이드Wine Buyer's Guide》에 와인 칼럼 기고를 시작으로 1978년에는 《와인 애드보케이트The Wine Advocate》를 창간하였다. 최초로 와인에 점수를 매기는 100점 평가제를 창안하였고, 1982년 보르도 와인에 대한 정확한 판단으로 유명해졌다. 그때부터 이미 통합된 와인 품질 평가 기준을 가지고 있었으며, 첫 100점 와인은 '1985 그로스 빈야드 리저브 카베르네, 나파Groth Vineyards Reserve Cabernet, Napa'다. 그의 '코(시음 능력)'는 백만 달러짜리 보험에 들기도 했으며, 그는 '백만 달러의 코The Million Dollar Nose' 또는 '와인 교황'이라고도 불렸다. 파커의 점수를 위해 와이너리들이 풀보디하고 파워풀한 와인을 선호하는 그의 스타일에 맞춰 '파커화된Parkerized' 와인을 만든다는 말까지 나오며 그의 와인 업계 영향력은 최고에 달했다. 2003년에는 전통에서 벗어나 새로운 스타일로 단장한 샤토 파비Chateau Pavie에게 파커가 99점을 주면서, 영국을 대표하는 와인 평론가 잰시스 로빈슨과 뜨거운 논쟁을 벌이기도 하였다. 그의 점수에 따라 신흥 스타가 된 와인들도 많았다. 반면 피해를 입기도 한 여러 와이너리에서 그의 와인에 대한 독립성과 공정성에 의문을 제기하며 시비와 소송이 끊이지 않기도 했다.

로버트 파커는 2013년 《와인 애드보케이트》의 주식을 싱가포르 투자자 그룹에 매각하고, 그의 후임자로 미국 언론인 리사 페로티-브라운Lisa Perrotti-Brown을 두고 2019년 5월 공식 은퇴하였다.

Robertparker.com

잰시스 로빈슨 Jancis Robinson

현재 가장 유명한 영국 와인 평론가인 잰시스 로빈슨은 스스로를 와인 작가라고 부를 만큼 와인 관련 방대한 저서를 냈다. 1975년 《와인 & 스피릿 Wine & Spirit》 매거진의 에디터로 시작하여, 1984년엔 첫 번째 마스터 오브 와인(MW)을 취득하였고, 엘리자베스 여왕 2세의 와인 셀러를 관리하기도 하였다. 방대한 와인 사전인 『옥스포드 컴패니언 투 와인 The Oxford Companion to Wine』의 저자이며, 와인 산지와 특성, 전반적인 테루아를 다룬 『월드 아틀라스 와인 The World Atlas of Wine(2013)』을 휴 존슨과 함께 출판하였다. 와인 초심자를 위한 잰시스 로빈슨의 가이드 『더 24아워 와인 엑스퍼트 The 24-Hour Wine Expert』를 출간하고 매년 개정판을 출시하고 있다. 20점 만점으로 평가하는 그녀의 와인 평가는 샤토 파비 Château Pavie 2003년 빈티지에 대해 로버트 파커와 매우 다른 의견을 냈고, 언론은 두 평론가 논쟁을 '평론가들의 전쟁'이라는 타이틀로 다루기도 하였다.

Jancisrobinson.com

휴 존슨 Hugh Johnson

영국의 저널리스트, 작가, 편집자 및 와인 전문가. 『월드 아틀라스 와인』의 공동 저자로 그는 세계에서 가장 많이 팔린 와인 책 작가이다. 그가 1964년에 시음한 독일 와인 뷔르츠부르거 슈타인 Würzburger Stein은 1540년에 생산된 것으로 지금까지 시음된 와인 중 가장 오래된 것으로 유명하다.

제임스 서클링 James Suckling

1981년 《와인 스펙테이터》 매거진에서 커리어를 시작해 2010년에 그의 웹사이트를 오픈했다. 홍콩을 베이스로 한 Jamessuckling.com을 운영하며 블로그, 비디오 테이스팅, 인터뷰 등 여러 미디어 채널을 이용해 현대적인 방식의 와인 평가 방식을 선보이며 로버트 파커의 뒤를 이어 와인 업계에 큰 영향을 미치는 평론가로 부상하였다.

Jamessuckling.com

안토니오 갈로니 Antonio Galloni

미국인 와인 평론가이자 바이너스 Vinous의 CEO인 안토니오 갈로니는 《와인 애드보케이트》에서 이탈리아 와인 평가를 하며 알려졌고, 이후 캘리포니아 와인, 샴페인, 부르고뉴 와인의 평가에 주력하는 회사 바이너스를 설립하였다. 와인 컬렉션 평가에 도움을 주는 툴인 셀러 워치 Cellar Watch와 함께 평가를 공유하고 있다.

Vinous.com

리처드 줄린 Richard Juhlin

스웨덴 태생으로 1만 3,000가지가 넘는 샴페인을 테이스팅한 풍부한 경험과 지식을 자랑하는 샴페인 전문가다. 2013년에는 프랑스 전 대통령 프랑수아 올랑드 François Hollande로부터 레지옹도뇌르 Légion d'honneur 훈장을 수여받았고, 『샴페인 하이킹 Champagne Hiking』, 『더 그레이트 테이스팅 The Great Tasting』을 비롯한 8권의 샴페인 관련 책을 집필한 작가이기도 하다.

스파클링와인과 관련된 영화, 샴페인을 마시기에 최적화된 글라스, 리처드 줄린의 블랑 드 블랑이라는 무알코올 와인을 만들며 《디캔터》의 심사위원으로 다방면에서 활발히 활동하고 있다.

Champagneclub.com

알렌 메도우즈Allen Meadows

프랑스 부르고뉴 와인을 위주로 와인 평가를 하는 유명 와인 평론가. 2000년 《버그하운드》를 창간하였고, 부르고뉴, 샴페인, 미국 피노 누아만을 다루며 그의 점수는 애호가들에게 중요한 지표로 여겨지고 있다.

www.burghound.com

지니 조 리Jeannie Cho Lee

2008년 동양인 최초로 마스터 오브 와인 자격을 획득하고 활발하게 활동을 하고 있다. 그녀는 서울 출생으로 하버드대 공공정책학 석사, 프랑스의 요리학교 르 코르동 블루와 세계적인 와인 전문 교육기관 WEST(Wine&Spirit Education Trust)를 졸업하고 홍콩에서 와인·음식 전문 칼럼니스트로 활동했다.

"와인은 최고의 음료다.
물보다 순수하고, 우유보다 안전하고, 청량음료보다 산뜻하고,
독주보다 순하고, 맥주보다 생기 넘칠 뿐만 아니라,
우리 인간이 알고 있는 어떤 음료보다 예리한 시각, 후각, 미각에 큰 즐거움을 주기 때문이다.
마실 와인도 없고, 화제로 삼을 만한 와인도 없이
식사를 할 때보다 더 지루한 순간은 없다."
– 앙드레 시몽 / 작가 겸 Wine & Food Society의 창시자

와인 전문 잡지들

미국의 유명한 와인 잡지로는 《와인 스펙테이터(The Wine Spectator)》가 있다. 1976년 창간하여 1985년 와인의 100점 평가 제도를 만들었고, 매년 '와인 스펙테이터 100대 와인(Wine Spectator TOP 100)'을 선정 및 발표하여 와인 업계에 영향력을 행사하고 있다. 그밖에도 《와인 애드보케이트》, 《와인 엔서지애스트(Wine Enthusiast)》 등의 잡지가 있으며, 영국의 《디캔터(Decanter)》, 《와인 & 스피릿》, 프랑스 《라 르뷰 드 뱅(La Revue du Vin de France)》 등이 유명하다.

The Essential Guide to Wine

Part 2

유럽의 와인

와인의 세계는 어떻게 나누어질까?

구세계 와인 vs 신세계 와인

와인은 지역에 따라 유럽 대륙의 구세계 와인과 신대륙의 발견과 함께 발전한 신세계 와인(유럽 외의 지역에서 만든 와인), 두 가지의 세계로 구분된다. **구세계 와인의 대표적인 국가는 프랑스, 이탈리아, 스페인, 독일 등으로 유럽 지역의 국가들이다.** 기후는 대체로 서늘한 편이나 최근 지구 온난화와 기후 변화로 포도 재배에 최적화된 지역이나 그 지역에 맞는 품종이 변화하고 있다. 지역별로 법률의 제약이 까다로운 편으로 생산자 이름과 테루아를 중시하며, 레이블, 산지 이름 등이 어려워 소비자의 접근이 쉽지 않다. 또한 전통을 중시하며 와인의 맛과 향이 복합적이고 섬세하다. 다양한 가격대의 와인을 만들며 구하기 어려운 희소성 있는 와인은 가격이 높은 편이다.

신세계 와인의 대표적인 국가는 미국, 호주, 뉴질랜드, 칠레, 아르헨티나, 남아공 등으로 유럽 지역 외의 국가들을 말한다. 기후가 따뜻한 편으로, 지역에 따른 와인의 개성은 부족한 경향이 있으나 와인 레이블에 포도 품종의 이름을 표기하기 때문에 소비자의 접근이 쉬운 편이다. 와인의 당도와 알코올 도수가 높은 편으로 오크를 많이 사용하며 과일 캐릭터를 극대화한 와인들을 생산한다. 신세계 와인은 다양한 혁신을 중시하며, 가격 대비 좋은 품질의 와인이 생산된다.

구세계 와인의 특징

구세계 국가로 불리는 대표적인 국가별 와인의 특징이다.

	프랑스	이탈리아	스페인	독일
와인 산업 특징	고급 와인의 명산지, 등급 와인	나라 전체가 포도밭, 다양하고 개성 있는 와인	세계 최대의 포도 재배 면적, 셰리의 나라	화이트와인의 천국, 주로 강 주변에 와인 산지 분포
대표 생산지	-보르도 -부르고뉴 -코트 뒤 론 -샹파뉴	-토스카나 -피에몬테 -베네토 -시칠리아	-리오하 -리베라 델 두에로 -헤레스	-라인 -모젤
대표 품종	카베르네 소비뇽, 피노 누아, 샤르도네, 메를로, 소비뇽 블랑	산지오베제, 네비올로, 피노 그리지오, 트레비아노	템프라니요, 가르나차, 알바리뇨, 파레야다	리슬링, 슈페트 부르군더 (피노 누아)
대표 와인	샴페인, 그랑 크뤼 최고급 와인들, 로마네 콩티, 페트뤼스	바롤로, 슈퍼 투스칸, 키안티 클라시코	카바, 셰리, 리오하	슐로스 요하니스베르그 리슬링, 아이스바인

신세계 와인의 특징

신세계 국가로 불리는 대표적인 국가별 와인의 특징이다.

	미국	호주	뉴질랜드	칠레	아르헨티나	남아공
와인 산업 특징	캘리포니아 집중, 컬트 와인, 파리의 심판	이질적인 블렌딩, BIN 시리즈	그린 마케팅, 스크류 캡 와인	최고의 가격 경쟁력, 안정된 품질	고지대 지역, 청정 지역	개방의 물결, 희망과 봄의 상징
공통 품종	국제 공인 품종: **카베르네 소비뇽, 피노 누아, 메를로, 쉬라즈, 샤르도네, 소비뇽 블랑**					
대표 품종	진판델	쉬라즈	소비뇽 블랑	카르메네르	말벡	피노타지
대표 생산지	캘리포니아, 오리건, 워싱턴	서호주, 뉴 사우스 웨일즈, 남호주	말보로, 혹스베이, 기즈번	마이포 밸리, 라펠 밸리	멘도사	스텔렌보시, 콘스탄티아, 팔
대표 생산자	로버트 몬다비, 켄달잭슨, 베린저	펜폴즈, 하디, 린더만, 로즈마운트	빌라마리아, 클라우드 베이	몬테스, 콘차 이 토로	트라피체, 테레자즈	니더버그, 투 오션스

1
France

프랑스

프랑스는 세계 최고의 와인 명산지로, 전국이 와인 생산지이며 남부의 지중해성 기후, 대서양의 영향을 받은 서부의 해양성 기후, 북부의 대륙성 기후, 동부의 고산성 기후 등 다양한 기후대와 토양에서 지역별로 다른 스타일의 개성 있는 와인이 생산된다. 규모 면에서는 이탈리아, 스페인, 미국 등과 함께 세계에서 가장 큰 와인 생산국 중 하나다.

프랑스는 전 세계의 주요 포도 품종인 카베르네 소비뇽, 샤르도네, 피노 누아, 소비뇽 블랑, 시라 등의 원산지로도 유명하다. 전통적으로 여러 가지 포도 품종을 블렌딩하여 와인을 만들며, 최고급부터 저렴한 와인까지 다양한 가격대의 와인을 만든다. 또

한 질병 퇴치 연구 및 포도 품종의 개발, 블렌딩 기술 등의 선구자로 와인 양조법과 와인 스타일의 전통과 정석을 제공하는 나라이기도 하다. 와인 등급 제도의 기초를 쌓았고, 철저한 등급 관리로 세계 최고의 와인 강국으로 자리 잡았다.

일부 생산자들은 최근 몇 년간의 부르고뉴와 보르도의 고급 와인 가격 상승과 수요 증가로 인해 혜택을 입었지만, 프랑스의 와인 산업은 자국 내 소비가 감소하고 국제적으로 많은 와인과 경쟁하며 수입이 줄어들고 있어 어려운 상황에 있었다. 그럼에도 최근에는 유기농과 내추럴 와인 등 새로운 와인 산업의 물결을 주도하며 도약을 하고 있다.

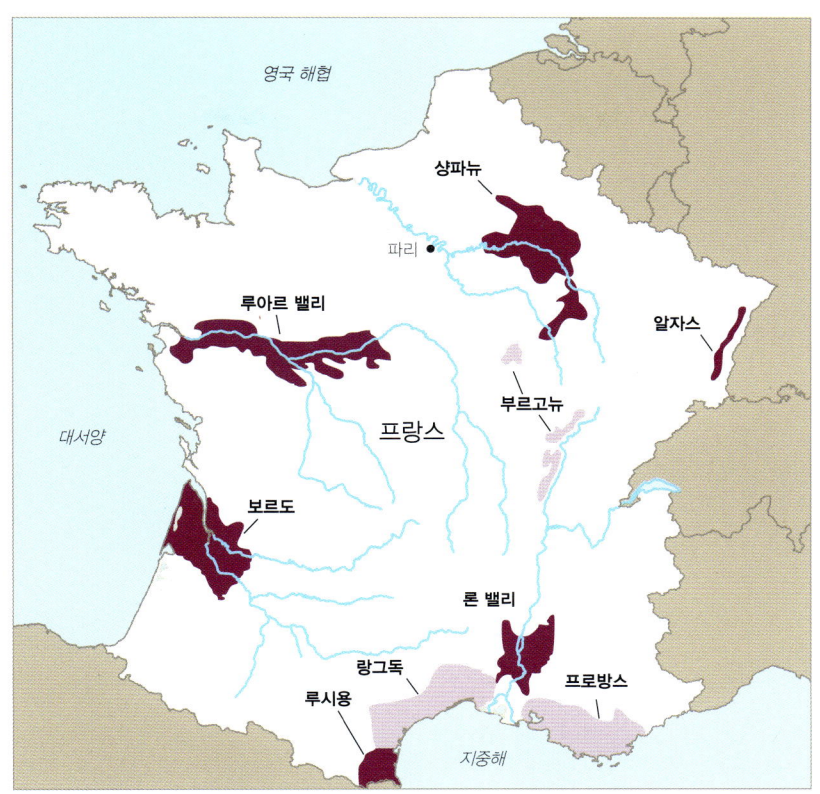

프랑스 와인의 등급

1935년 세계대전 직후 포도의 작황이 좋지 않아 생산량이 급감했을 때, 남부 지역의 와인을 보르도 와인과 섞어 팔거나 가짜 와인이 대량 유통되는 것을 막기 위해 원산지 품질관리 제도가 탄생했다. 이것이 바로 'AOCAppellation d'Origine Contrôlée' 제도이며 와인 생산지의 지역성 강화 및 생산량 제한을 통해 와인의 가격 폭락을 막고 고급화를 유도하는 것이 목적이다.

와인 레이블에 AOC가 표시되는 경우 가운데 'Origine' 자리에 원산지 명칭을 붙이는데, 이때 지역 이름이 좀 더 세분화되어 더 구체적으로 표시될수록 독특한 지역적 특성을 지닌 고급 와인으로 분류된다. 예를 들어 보르도 지역에서 생산된 AOC 와인일 경우, Appellation Bordeaux Contrôlée라고 표기한다.

2009년에는 EU의 새로운 이사회 규칙을 반영하여 AOP라는 새로운 품질 분류가 도입되었다. 이 법은 와인, 치즈, 육가공품, 해산물, 올리브, 맥주, 식초, 과일 등에 적용되며, 2011년 11월 15일부터 효력이 발생되었다.

AOP Appellation d' Origine Protégée

가장 높은 단계인 AOC 와인을 대체하는 등급

IGP Indication Géographique Protégée

지역 와인을 나타내는 뱅 드 페이를 대체하는 중급 등급

뱅 드 프랑스 Vin de France

뱅 드 타블Vin de Table을 대신하며, 포도 품종과 빈티지를
레이블에 표시할 수 있는 테이블 와인 등급

유럽에서의 와인과 식품의 결속력을 다지고자 10
여 년 전 등급 제도의 개정을 하는 등 노력을 했음
에도 불구하고, 각 지방 고유의 특징과 복합성을 표
기하기에는 여전히 어려움이 있어 현재도 기존의
등급 와인들은 AOC 등급 기준으로 레이블에 표기
하며 사용하고 있다.

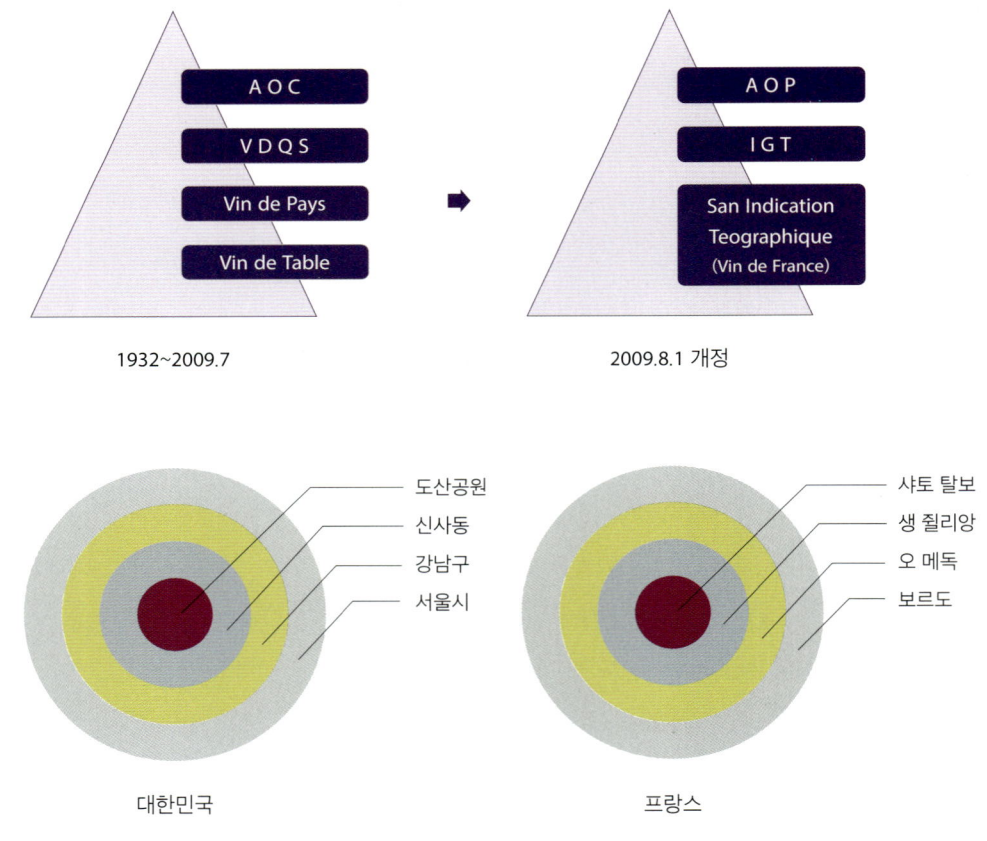

지역이 구체화될수록 더 고급 와인의 성격을 갖는다.
큰 지역보다 세분화된 지역에서 더 관리를 하고 있다는 의미이기도 하다.

프랑스의 대표 와인 산지와 품종

지역	레드	화이트	특징
보르도 -좌안: 메독 -우안: 리부르네(생 테밀리옹, 포므롤) -그라브/페삭 레오냥 -앙트르 두 메르 -소테른	카베르네 소비뇽, 카베르네 프랑, 메를로, 프티 베르도, 카르메네르	세미용, 소비뇽 블랑, 뮈스카데	-오랜 포도 재배 역사와 전통을 가진 세계 최고의 와인 산지로 양조의 기틀을 다진 뛰어난 와인 컨설턴트들의 고향 -포도를 블렌딩하여 만들며, 묵직한 느낌의 풀 보디 와인, 타닌이 강한 와인 생산 -1855 그랑 크뤼 클라세 등의 등급 와인 -포이약, 마고 등이 있는 메독 지역의 등급 와인들(5대 샤토) -소테른 디저트 와인(샤토 디켐), 생 테밀리옹, 포므롤(페트뤼스) 등이 유명
부르고뉴 -샤블리 -코트 도르/코드 드 뉘 -코트 도르/코드 드 본 -코트 샬로네즈 -마코네 -보졸레	피노 누아, 가메	샤르도네, 알리고테	-단일 품종으로 프랑스 최고의 테루아를 살린 우아하고 세련된 와인을 생산 -레드 품종은 피노 누아, 화이트 품종은 샤르도네가 대표적이며 와인에 타닌이 적고, 섬세하고 매끄러우며 복잡미묘한 것이 특징 -보르도와 더불어 프랑스의 2대 와인 명산지로, 와이너리를 뜻하는 '도멘'이라는 용어를 주로 쓰며, 각 포도밭이나 마을의 이름을 표기 -세계에서 가장 비싼 와인인 로마네 콩티와 가장 뛰어난 와인들을 생산하는 유명한 와인 산지
론 -북부 론 -남부 론	시라, 생소, 무르베드르, 그르나슈	비오니에, 마르산, 루산	-북부 론과 남부 론으로 나뉘며, 지역에 따라 포도 품종과 다른 스타일의 와인 생산 -시라의 고향으로 다양한 품종을 블렌딩하여 와인 생산 -'론 블렌딩'이란 그르나슈, 시라, 무르베드르를 블렌딩한 것으로 'GSM 블렌딩'으로도 불림 -레드와인을 만들 때 화이트 품종을 소량 함께 넣어 발효시키기도 함

지역	레드	화이트	특징
샹파뉴 -코트 데 블랑 -몽타뉴 드 랭스 -발레 드 라 마른 -코트 데 바 -코트 샹프누아	피노 누아, 피노 뫼니에	샤르도네	-샴페인은 최고급 스파클링와인의 대명사로, 프랑스 샹파뉴 지방에서 생산된 스파클링와인만 샴페인이라 부를 수 있음 -프랑스의 와인 생산지 중 최북단에 위치한 서늘한 지방으로 백악질 토양을 파내 만든 지하 동굴은 샴페인 숙성에 최적임 -피노 누아, 피노 뫼니에, 샤르도네 3가지 품종만을 사용하며, 이 품종들을 블렌딩해 만들기도 함
루아르 -투렌 -앙주-소뮈르 -낭트 -중부 지역 -상세르	카베르네 프랑, 가메, 피노 누아	슈냉 블랑, 소비뇽 블랑, 샤르도네	-프랑스에서 가장 긴 루아르강에 인접하여 계단식 밭을 이루고 있으며, 다양한 토양을 형성 -화이트와인이 주로 생산되며(약 54%), 로제, 스파클링 및 디저트 와인과 함께 여름의 피크닉 와인으로 유명 -파리와 가까운 위치로 파리지앵들의 사랑을 받는 가성비 좋은 와인 -최근에는 내추럴 와인 생산자들의 성지로 매해 내추럴 와인 살롱을 개최
알자스	피노 누아	리슬링, 게뷔르츠트라미너, 뮈스카 달자스, 실바너, 토카이 피노 그리, 피노 블랑	-프랑스 북동부에서 독일과 국경을 접하며, 좁고 길게 이어져 있는 서늘한 와인 산지로 프랑스이면서 와인은 독일의 성격을 지님 -화이트와인의 본고장으로, 세계에서 가장 유명한 드라이 리슬링과 향이 개성 있는 게뷔르츠트라미너 와인이 유명
쥐라-사부아 -아르부아 -샤토 샬롱 -레투알	풀사르, 트루소, 피노 누아	샤르도네, 사바냥	-부르고뉴와 스위스 사이에 위치하며 반 대륙성 기후 -근대 양조학의 아버지 파스퇴르의 고향 -뱅 존과 뱅 드 파이유 같은 개성 있는 와인을 만들며, 최근에는 품질 좋은 레드, 로제, 당도가 있거나 드라이한 화이트, 스파클링을 생산

지역	레드	화이트	특징
랑그독-루시용 -코르비에 -테라스 뒤 라작 -미네르부아 -생 시니앙 -포제르 -뱅 뒤 나튀렐	시라, 생소, 무르베드르, 그르나슈	클레레트, 위니 블랑, 그르나슈 블랑 비오니에, 마르산, 루산	-남프랑스의 지중해 연안에 위치하며, 기원전 5세기경 와인이 재배됐다는 기록이 있는 프랑스에서 가장 오래된 와인 산지 -와인 스타일은 레드, 로제와 화이트와인부터 스파클링와인, 그리고 이 지역의 특산품인 천연 스위트와인 뱅 뒤 나튀렐(VDN)까지 다채롭게 생산 -비약적 발전의 변화를 거듭하며 와인이 업그레이드되고 있는 지역
남서부 지방 -베제락 & 뒤라 -미디-피레네 -피레네	타나, 말벡, 카베르네 소비뇽, 메를로	세미용, 뮈스카데, 프티 망생	-보르도의 상인들이 질투할 만큼 품질이 좋은 고지대 와인이 생산되던 곳 -총 500km에 달하는 보르도 가론강으로부터 바스크 지방, 피레네산맥, 툴루즈까지를 포함하는 광대한 지역으로 대서양 기후의 영향으로 일조량이 풍부 -옛 포도 품종과 현대적인 품종이 공존하며 다양한 와인을 생산
프로방스 -방돌 -코트 드 프로방스 -팔레트	시라, 생소, 무르베드르, 그르나슈	클레레트, 위니 블랑, 그르나슈 블랑, 세미용, 소비뇽 블랑, 부르블랑, 롤	-지중해성 기후로 뜨거운 태양과 더불어 일조량이 많고 저녁에 서늘함 -로제와인이 처음 만들어지기 시작한 프랑스 최대 로제와인 생산지이며, 프로방스 포도밭의 1/5이 유기농법으로 재배됨
코르스섬 -파트리모니오 -아자시오 -머스캣 뒤 캅 코르스	시아카렐로, 니에루시오 (이탈리아의 산지오베제)	베르멘티노	-지중해에서 네 번째로 큰 섬으로 나폴레옹의 탄생지로 유명 -지중해성 기후로 농축된 풍미의 토착 품종으로 달거나 상큼하거나 짭조름한 와인을 생산

1
Bordeaux
보르도

보르도의 어원은 '물의 가장자리'란 뜻으로, 프랑스 와인 문화의 메카로 로마 정복기부터 오랜 포도 재배 역사와 전통을 가진 세계 최고의 와인 산지다. 보르도의 포도밭은 약 11만 헥타르 면적으로 지롱드Girond강을 중심으로 발달해 있고, 메독 지구를 포함한 지롱드강의 좌측을 좌안, 생 테밀리옹 등 가론Garonne강의 우측을 우안이라고 한다. 연평균 530만 헥토리터에 해당하는 와인을 생산하며, 레드와인 86%, 화이트와인 10%, 로제와인 4% 정도의 비율이다.

보르도에는 '샤토Chateaux'라고 불리는 와인 양조장이 6,000개 이상 있으며, 값싼 와인부터 최고급 와인까지 다양한 품질의 와인이 생산된다. 특히 블렌딩의 미학을 보여주는 곳으로, 섬세한 블렌딩 비율에 따라 복합미가 뛰어난 다양한 스타일의 와인을 생산하고 있다. 또한 와인 양조의 기틀을 다진 최고의 와인 컨설턴트들의 고향이며, 끊임없는 연구와 실험 정신의 본거지로 표준 오크통(225L)을 개발하기도 했다. 프랑스에서 최초로 스테인리스 저장고를 사용하였고, 지금까지도 여러 신세계 와인의 벤치마킹 대상인 명산지다.

🍷 **WINE NOTE**

프랑스 2대 와인 명산지, 보르도 vs 부르고뉴

보르도는 와이너리를 '샤토'라는 명칭으로 부르며, 대규모로 와인을 생산하는 샤토가 많다. 레드 품종은 카베르네 소비뇽, 메를로, 카베르네 프랑이, 화이트 품종으로는 소비뇽 블랑, 세미용이 대표적이며, 다양한 포도를 블렌딩하여 와인을 만든다. 묵직한 느낌의 풀보디 와인, 타닌이 강한 와인이 특징이다.

부르고뉴는 와이너리를 '도멘'이라 부르며, 포도밭의 단위가 모자이크화 되어 있고, 소규모 밭의 포도 생산자가 많아 네고시앙이 발달해 있다. 레드 품종은 피노 누아, 화이트 품종은 샤르도네가 대표적이며, 단일 품종만을 사용한다. 와인의 타닌이 적고 섬세하고 매끄러우며 복잡미묘한 것이 특징이다.

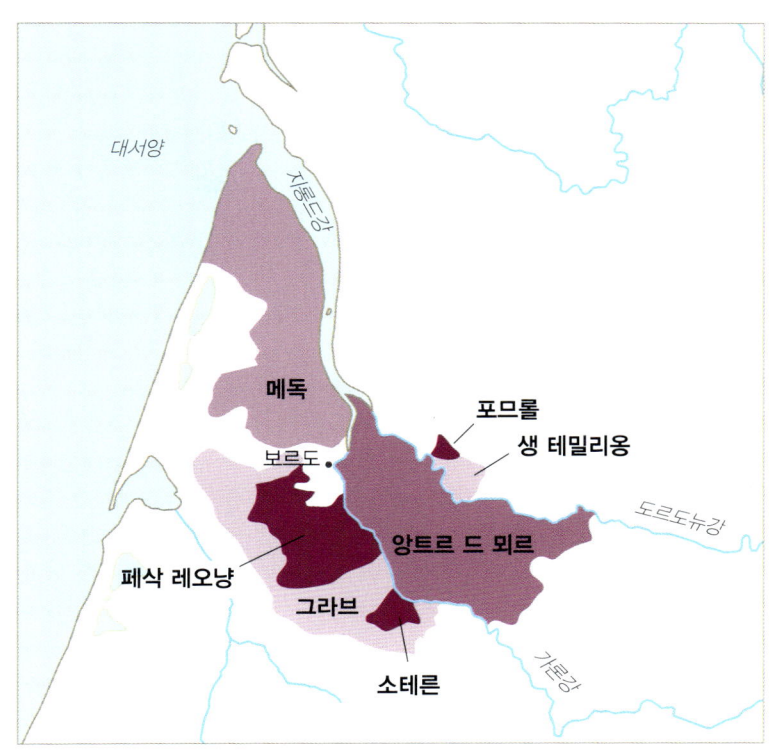

대서양

지롱드강

메독

포므롤

생 테밀리옹

보르도

도르도뉴강

페삭 레오냥

앙트르 드 뫼르

그라브

소테른

가론강

보르도의 포도 품종

보르도 지역에서는 8가지 주요 포도 품종을 사용하며, 여러 품종을 블렌딩하여 사용하므로 보르도 와인은 '블렌딩의 미학'이라고도 불린다. 다양한 포도 품종을 블렌딩하는 양조법은 각 포도의 장점을 살리고 단점을 보완하며, 와인의 복합성을 증가시킨다. 이를 통해 각 샤토의 개성이 담긴 독창성 있는 와인을 생산하고 있다.

보르도의 좌안(메독 지구 등)에서는 카베르네 소비뇽을 주 품종으로 하여 메를로와 카베르네 프랑 등을 블렌딩해 장기 숙성이 가능한 골격 있는 와인을 생산한다. 최근에는 와인의 빠른 소진을 지향하는 상업적인 이유와 고객들의 취향을 반영해 바로 오픈해서 마시기 쉽도록 메를로 품종의 함량을 높여 블렌딩하고 있다.

🍇 레드 품종

카베르네 소비뇽

보르도의 대표적인 적포도 품종으로 메독과 그라브 지구 레드와인의 주 품종으로 사용된다. 현재 전 세계에서 사랑받는 적포도 품종으로서 재배 면적도 가장 넓은 품종이다. 타닌이 풍부하여 강건한 스타일의 와인을 만들며 장기 보존에도 적합하고, 와인에 구조감과 복합성을 준다.

메를로

보르도에서 가장 많이 재배되는 품종으로 보르도 우안의 생 테밀리옹과 포므롤에서 주로 쓰는 적포도 품종이다. 과실 향이 풍부하고 부드러우며 유연성 있는 우아한 와인을 만든다.

카베르네 프랑

보르도 우안 생 테밀리옹의 최고급 와인을 만드는 품종으로 무게감과 타닌이 약한 편이지만 보르도 블렌딩의 핵심 품종이다. 메를로 품종보다는 늦게 익고, 카베르네 소비뇽보다는 일찍 익는다.

프티 베르도

와인에 색, 타닌과 다양한 향신료 풍미를 제공하는 포도 품종이다.

말벡

프랑스 남부 카오르가 고향이며, 와인에 과실 향과 복합적인 풍미, 짜임새를 준다.

🍇 화이트 품종

세미용

보르도 지방에서 가장 널리 재배되며 드라이 및 스위트 화이트와인에 사용되는 청포도 품종이다. 포도 껍질이 얇아 귀부와인에 적합하며, 소테른 지구에서는 스위트와인 생산의 주 품종으로 사용하고 있다. 열대 과일 향을 내고 와인에 무게감과 부드러움을 제공하며 숙성 능력이 좋다.

소비뇽 블랑

생산성이 높지는 않지만 드라이 화이트와인을 만들 때 세미용과 함께 블렌딩되는 품종이다. 풀 향기와 레몬 등의 향이 두드러지며 청량감과 지속성이 좋다. 주로 스위트와인을 만들 때 세미용의 낮은 산도를 보완하기 위해 함께 사용된다. 최근에는 보르도 지방에서 소비뇽 블랑을 단일 품종으로 만드는 생산자들도 증가하고 있다.

뮈스카데

전통적인 보르도의 화이트 품종으로, 스위트 및 드라이 화이트와인 생산에 소량 사용되며 향긋한 꽃 향기를 낸다. 질병에 민감하여 멸종 위기에 처한 귀한 품종이다.

보르도의 등급 제도: 1855 그랑 크뤼 클라세
(Grand Cru Classe in 1855)

파리국제박람회가 개최된 1855년 나폴레옹 3세의 명에 의해 메독상공회의소 주관으로 와인의 등급이 분류되었다. 당시의 와인 유통 가격과 인지도를 중심으로 보르도 메독 지역 와인만 박람회에 출품하였으나, 유일하게 그라브에 위치했음에도 샤토 오브리옹이 출품하여 1등급을 획득했다. 이때 61개의 그랑 크뤼를 5개의 등급으로 구분하였다. 현재까지 유지되고 있는 등급으로, 유일하게 1973년 샤토 무통 로칠드만 2등급에서 1등급으로 승격되었다. 1855년에 지정된 메독의 크뤼 등급을 시작으로 현재 보르도에는 대략 5,300헥타르에 약 171개의 크뤼 클라세가 있다.

메독 지구의 등급 제도

보르도의 등급 제도 중 가장 대표적인 것이 메독 Médoc 지구의 등급 제도이다. 그중에서도 포이약은 1등급과 5등급 샤토를 가장 많이 보유한 지역이다. 마고는 3등급 14개의 와인 중 10개의 샤토가 속해 있고, 61개의 그랑 크뤼 샤토 중 31개로 가장 개수가 많으며, 등급별로 골고루 샤토가 선정되어 있는 마을이다. 생 쥘리앙은 1등급이나 5등급은 한 곳도 없지만 2등급과 4등급에서는 강세를 나타낸다. 생 테스테프는 가장 북쪽에 위치하며 1등급은 없고, 나머지 등급이 소량 분포되어 있다.

WINE NOTE

세컨드 와인Second Wine이란?

'세컨드 와인'이란 최고 등급을 위한 품질에는 충족되지 않지만, 샤토가 가진 오랜 양조 노하우를 담아 만든 와인을 말한다. 세컨드 와인은 포도나무의 연령이 조금 어린 밭에서 수확한 포도를 사용하거나, 새 오크통의 비율을 낮춰서 숙성해 만든다. 세컨드 와인은 보르도 그랑 크뤼 1등급 샤토뿐 아니라 대부분의 보르도 그랑 크뤼 샤토들이 만들고 있으며, 가격 대비 품질이 우수하고 1등급 와인에 비해 시음 적기가 빨라 많은 애호가에게 큰 인기를 끌고 있다. 보르도의 많은 명문 샤토들은 다양한 등급별 브랜드를 개발하고 있으며, 세컨드에 이어 세 번째, 네 번째 와인 등도 출시하고 있다.

메독 그랑 크뤼 와인들과 세컨드 와인

1등급 프르미에 크뤼Premiers Grands Crus(5곳)

AOC	Premiers Grands Crus	Second wine
포이약 **Pauillac**	샤토 라피트 로칠드 **Château Lafite-Rothschild**	카뤼아데 드 라피트 로칠드 **Carruades de Lafite-Rothschild**
	샤토 무통 로칠드 **Château Mouton-Rothschild**	르 프티 무통 드 무통 로칠드 **Le Petit Mouton de Mouton Rothschild**
	샤토 라투르 **Château Latour**	레 포르 드 라투르 **Les Forts de Latour**
마고 **Margaux**	샤토 마고 **Château Margaux**	파비용 루즈 드 샤토 마고 **Pavillon Rouge de Château Margaux**
페삭 레오냥 **Pessac-Léognan**	샤토 오 브리옹 **Château Haut-Brion**	르 클라랑스 드 오 브리옹 **Le Clarence de Haut-Brion**
		(전) 샤토 바앙 오 브리옹 **Château Bahans Haut-Brion**

2등급 두지엠 크뤼|Deuxièmes Grands Crus(14곳)

AOC	Deuxièmes Grands Crus	Second wine
생 테스테프 Saint-Estèphe	샤토 코스 데스투르넬 Château Cos d'Estournel	레 파고데 드 코스 Les Pagodes de Cos
	샤토 몽로즈 Château Montrose	라 담 드 몽로즈 La Dame de Montrose
포이약	샤토 피숑 롱그빌 바롱 Château Pichon-Longueville Baron	레 투렐 드 롱그빌 Les Tourelles de Longueville
	샤토 피숑 롱그빌 콤테스 드 랄랑드 Château Pichon-Longueville Comtesse de Lalande	리저브 드 라 콤테스 Reserve de la Comtesse
생 쥘리앙 Saint-Julien	샤토 레오빌 라스 카즈 Château Léoville-Las Cases	르 프티 리옹 뒤 마르키 드 라스 카스 Le Petit Lion de Marquis de las Cases (전) 클로 뒤 마르퀴 Clos du Marquis
	샤토 뒤크뤼 보카이유 Château Ducru-Beaucaillou	라 크루아 드 보카이유 La Croix de Beaucaillou
	샤토 그뤼오 라로즈 Château Gruaud-Larose	사르제 드 그뤼오 라로즈 Sarget de Gruaud-Larose
	샤토 레오빌 바르통 Château Léoville-Barton	라 리저브 드 레오빌 바르통 La Réserve de Léoville Barton
	샤토 레오빌 프와페레 Château Léoville-Poyferré	샤토 물랭 리슈 Château Moulin Riche
마고	샤토 라스콩브 Château Lascombes	슈발리에 드 라스콩브 Chevalier de Lascombes
	샤토 로장 가시 Château Rauzan-Gassies	슈발리에 드 로장 가시 Chevalier de Rauzan-Gassies
	샤토 로장 세글라 Château Rauzan-Ségla	세글라 Ségla
	샤토 브란 캉트냑 Château Brane-Cantenac	바롱 드 브란 Baron de Brane
	샤토 뒤포르 비방 Château Durfort-Vivens	비방 드 뒤포르 비방 Vivens de Durfort-Vivens

3등급 트루와지엠 크뤼 Troisièmes Crus(14곳)

AOC	TroisièmesCrus	Second wine
생 테스테프	샤토 칼롱 세귀르 Château Calon-Ségur	샤토 마르퀴스 드 칼롱 Château Marquis de Calon
생 쥘리앙	샤토 라그랑쥬 Château Lagrange	레 피에프 드 라그랑쥬 Les Fiefs de Lagrange
	샤토 랑고아 바르통 Château Langoa-Barton	레이디 랑고아 Lady Langoa
마고	샤토 키르완 Château Kirwan	레 샤름므 드 키르완 Les Charmes de Kirwan
	샤토 디상 Château d'Issan	블라송 디상 Blason d'Issan
	샤토 지스쿠르 Château Giscours	라 시렌 드 지스쿠르 La Sirène de Giscours
	샤토 말레스코 생텍쥐페리 Château Malescot Saint-Exupéry	르 담 드 말레스코 La Dame de Malescot
	샤토 보이드 캉트냑 Château Boyd-Cantenac	쟈크 보이드 Jacques Boyd
	샤토 캉트냑 브라운 Château Cantenac-Brown	브리오 뒤 캉트냑 브라운 Brio de Cantenac-Brown
	샤토 팔머 Château Palmer	알터 에고 드 팔머 Alter Ego de Palmer
	샤토 데스미레일 Château Desmirail	이니샬 드 데스미라이 Initial de Desmirail
	샤토 페리에르 Château Ferrière	레 랑파르 드 페리에르 Les Remparts de Ferrière
	샤토 마르퀴스 달렘므 베케르 Château Marquis d'Alesme-Becker	마르퀴스 달렘므 Marquise d'Alesme
오 메독 Haut-Médoc	샤토 라 라귄 Château La Lagune	물랭 드 라 라귄 Moulin de la Lagune

4등급 카트리엠 크뤼|Quatrièmes Crus(10곳)

AOC	Quatrièmes Crus	Second wine
생 테스테프	샤토 라퐁 로쉐 Château Lafon-Rochet	레 펠레렁 드 라퐁 로쉐 Les Pélerins de Lafon-Rochet
포이약	샤토 뒤아르 밀롱 로칠드 Chateau Duhart-Milon-Rothschild	물랭 드 뒤아르 Moulin de Duhart
생 쥘리앙	샤토 생 피에르 Château Saint-Piere	생산하지 않음
	샤토 탈보 Château Talbot	코네타블 드 탈보 Connétable de Talbot
	샤토 브라네르 뒤크뤼 Château Branaire-Ducru	뒤뤽 드 브라네르 뒤크뤼 Duluc de Branaire-Ducru
	샤토 베이슈빌 Château Beychevelle	아미랄 드 베이슈벨 Amiral de Beychevelle
마고	샤토 푸제 Château Pouget	앙투완 푸제 Antoine Pouget
	샤토 프리외레 리신 Château Prieuré-Lichine	라 클롸트르 프리외레 리신 La Cloître Prieuré-Lichine
	샤토 마르키 드 테름 Château Marquis de Terme	레 공다 드 마르키 드 테름 Les Gondats de Marquis de Terme
오 메독	샤토 라 투르 카르네 Chateau La Tour-Carnet	레 두브 드 카르네 Les Douves de Carnet

5등급 생퀴엠 크뤼Cinquièmes Crus(18곳)

AOC	Cinquièmes Crus	Second wine
생 테스테프	샤토 코스 라보리 **Château Cos-Labory**	르 샤름 라보리 **Le Charme Labory**
포이약	샤토 퐁테 카네 **Château Pontet-Canet**	레 피에프 드 라그랑쥬 **Les Fiefs de Lagrange**
	샤토 바타이 **Château Batailley**	리옹 드 바타이 **Lions de Batailley**
	샤토 오 바타이 **Château Haut-Batailley**	샤토 오 바타이 베르소(2017년 출시) **Château Haut-Batailley Verso** (전) 샤토 라 투르 라스픽 **Château La Tour l'Aspic**
	샤토 그랑 퓌 라코스트 **Château Grand-Puy-Lacoste**	라코스트 보리 **Lacoste-Borie**
	샤토 그랑 퓌 뒤카스 **Château Grand-Puy-Ducasse**	프렐뤼 드 아 그랑 퓌 뒤카스 **Prélu de à Grand-Puy Ducasse**
	샤토 린치 바쥐 **Château Lynch-Bages**	에코 드 린치 바쥐 **Echo de Lynch-Bages**
	샤토 린치 무사스 **Château Lynch-Moussas**	레 조 드 린치 무사스 **Les Hauts de Lynch-Moussas**
	샤토 다마이약(1989년부터 명칭 변경) **Château d'Armailhac** (전) 샤토 무통 바롱 필립 **Château Mouton-Baron-Philippe**	생산하지 않음
	샤토 오 바쥐 리베랄 **Château Haut-Bages-Libéral**	라 샤펠 드 바쥐 **La Chapelle de Bages**
	샤토 페데스클로 **Château Pédesclaux**	썽 드 페데스클로 **Sens de Pédesclaux**
	샤토 클레르 밀롱 **Château Clerc-Milon**	파스투르렐 드 클레르 밀롱 **Pastourelle de Clerc Milon**

	샤토 크루와제 바쥬 **Château Croizet-Bages**	라 투렐 드 크루와제 바쥬 **La Tourelle de Croizet-Bages**
마고	샤토 도작 **Château Dauzac**	라바스티드 드 도작 **Labastide de Dauzac**
	샤토 뒤 테르트르 **Château du Tertre**	레 조 뒤 테르트르 **Les Hauts du Tertre**
오 메독	샤토 벨그라브 **Château Belgrave**	디안느 드 벨그라브 **Diane de Belgrave**
	샤토 드 카망삭 **Château de Camensac**	라 클로즈리 드 카망삭 **La Closerie de Camensac**
	샤토 캉트메를르 **Château Cantemerle**	레 잘레 드 캉트메를르 **Les Allées de Cantemerle**

생 테밀리옹Saint-Émilion 그랑 크뤼 클라세

1936년 생 테밀리옹 AOC의 탄생 이후, INAO에서 1955년에 처음으로 12개의 프르미에 그랑 크뤼 클라세와 63개의 그랑 크뤼 클라세Grand Cru Classé를 선정하였다. 이후 계속해서 등급 선정을 하고 있으며, 10년마다 갱신이 가능하다. 다섯 번째인 2006년 등급과 관련한 여러 분쟁이 있어 여섯 번째 등급 산정은 6년 후인 2012년에 진행됐고, 일곱 번째로 2022년에 등급 제정이 있었다.

2022년 등급에 포함된 샤토는 총 85개이며, 그중 2개 샤토는 프르미에 그랑 크뤼 클라세 A, 12개 샤토는 프르미에 그랑 크뤼 클라세로 선정됐다. 2022년 등급 제정 시에 샤토 오존Château Ausone, 샤토 슈발 블랑Château Cheval Blanc, 샤토 앙젤뤼스Château Angélus 등 기존 프르미에 그랑 크뤼 클라세 A등급 샤토들이 등급 참여를 포기하였고, 샤토 피작Château Figeac이 프르미에 그랑 크뤼 클라세 A로 승급됐다. 이외에 샤토 라 가플리에르Château La Gaffelière는 프르미에 그랑 크뤼 클라세 등급에 참여하지 않았다.

그 외 지역의 등급 제도

소테른 바르삭 지구Sauternes-Barsac

소테른 바르삭은 유일하게 1855년 메독 지구와 함께 스위트 화이트와인 26개에 크뤼 등급이 부여되었다. 특 1등급에 해당하는 프르미에 크뤼 슈페리외Premier Cru Superieur 1개(샤토 디켐Chateau d'Yquem)와 1등급인 프르미에 크뤼 11개, 2등급인 두지엠 크뤼 14개가 있다.

그라브 지구Graves

그라브는 1959년 INAO에 의해 와인 등급 체계가 개정되었고, 16개의 샤토가 크뤼 클라세 드 그라브 **Cru Classe de Graves**로 선정되어 레이블에 표기할 수 있다.

페삭 레오냥 지구Pessac-Léognan

페삭 레오냥의 등급은 1987년 앙드레 뤼통**Andre Lurton**과 함께 창시되었다. 앙드레 뤼통은 페삭 레오냥의 아버지로 불리우며, 프랑스 보르도의 와인메이커이자 와이너리 소유주로 농업 및 와인 양조 단체에서 적극적인 역할을 하였다. 1987년에 그의 노력으로 그라브와 분리된, 고급 와인을 생산하는 지역을 위한 별도의 명칭을 획득하였다.

포므롤Pomerol

포므롤은 유일하게 공식적인 등급은 없지만 특등급 대우를 받는 곳이다. 이곳에서는 보르도에서 가장 고가 와인인 페트뤼스와 르팽이 생산된다.

크뤼 부르주아Crus Bourgeois

1920년에 처음 제정된, 1855년 메독 그랑 크뤼 클라세에 들어가지 않은 좋은 와이너리들의 등급이다. 크뤼 클라세와 크뤼 아티장 사이의 계급으로 볼 수 있다. 1932년 444개에서 1962년 94곳으로 줄었고, 2020년 2월에는 179곳의 크뤼 부르주아, 56곳의 크뤼 부르주아 슈페리외**Crus Bourgeois Supérieurs** 및 14곳의 크뤼 부르주아 엑셉시오넬**Crus Borugeois Exceptionnels**을 포함한 새로운 크뤼 부르주아 분류를 발표하였다. 매년 포도 수확 후 2년 후에 독립적인 시스템에 의해 통제되고 등급을 부여하고 있으며 가성비 좋은 와인들이 많은 편이다. 유명한 샤토들은 다음과 같다.

샤토 소시앙도 말레|Château Sociando-Mallet(2003년까지)

샤토 오 마르뷔제|Château Haut-Marbuzet

샤토 퐁탕삭|Château Pontensac

샤토 푸조|Chateau Poujeaux

샤토 당글뤼데|Châteaud'Angludet

샤토 레 조름 드 페즈|Château Les Ormes-de-Pez

샤토 마르뷔제|Château Marbuzet

샤토 샤스 스플린|Château Chasse-Spleen

샤토 쿠프랑|Chateau Coufran

샤토 펠랑 세귀르|Château Phélan-Ségur

샤토 푸르카 오스탕|Château Fourcas-Hosten

크뤼 아티장Crus Artisan

아티장은 '장인'이라는 뜻으로, 가족 규모로 포도의 재배부터 양조 및 판매까지 모든 과정을 책임지는 와이너리들의 등급이다. 메독에 위치한 36개의 샤토가 제정되었다. 1994년에 유럽은 주요 레이블에 크뤼 아티장이라는 이름을 새기는 것을 승인했고, 2017년부터는 새로운 기준으로 5년마다 순위를 재검토한다.

보르도의 와인 산지

메독 지구Médoc

생 테스테프Saint-Estephe

생 테스테프는 메독의 가장 북쪽에 위치하고 있으며, 진흙 같은 점토를 베이스로 배수가 느리며 차가운 성질의 토양이 특징이다. 특유의 흙 향과 미네랄이 풍부하고, 타닌이 강하며 거친 느낌의 풀보디 와인을 생산한다. 대표적인 와인으로는 샤토 코스 데스투르넬(2등급), 샤토 몽로즈(2등급), 샤토 칼롱 세귀르(5등급) 등과 총 5개의 그랑 크뤼 클라세 와인들이 있다.

샤토 코스 데스투르넬Château Cos d'Estournel

인도와의 무역에서 부를 쌓은 루이 가스파르 데스투르넬이 동양적 정취를 풍기는 장엄하면서도 이국적인 샤토를 만들어 '보르도의 타지마할'로 불린다. 메독의 최북단 생테스테프의 가장 중요한 포도원이며 보르도를 통틀어 Top 10에 꼽히는 포도원으로, 1855년 메독 등급 분류 시에 그랑 크뤼 2등급을 받았으나, 1등급 못지않은 품질을 자랑하는 '슈퍼 세컨드Super-Second'의 와인 선두 주자로 등급 재분류 시 유력한 1등급 후보로 거론되는 와인이다.

샤토 칼롱 세귀르Château Calon Ségur

보르도 최북단 생 테스테프에서도 오랜 역사를 지닌 칼롱Calon 지역의 가장 핵심에 위치한다. 17세기 말, 칼롱은 샤토 라피트 로칠드와 샤토 라투르를 소유하고 있는 '포도의 왕자Prince of Vines' 니콜라 드 세귀르Nicolas de Segur의 소유가 되었다. 그는 "라피트와 라투르에서 와인을 만들지만, 내 마음은 칼롱에 있다"라고 했으며 샤토를 사랑한 백작의 마음을 담은 하트 레이블이 유명하다. 특별한 의미를 담아 사랑을 기념하는 날에 마시는 와인으로도 유명하다.

포이약Pauillac

자갈이 많고 척박한 환경의 배수가 잘되는 토양으로, 블랙커런트, 삼나무, 향신료 향 등과 함께 남성적인 견고함이 있으면서도 섬세함이 살아 있는 장기 숙성용 와인을 생산하는 지역이다. 샤토 무통 로칠드, 샤토 라피트 로칠드, 샤토 라투르 3곳의 1등급 와인과 총 18개 그랑 크뤼 클라세의 격조 있는 와인들이 생산되는 명산지이다.

샤토 라피트 로칠드Château Lafite Rothschild

라피트란 이름은 '작은 언덕Small hill'을 의미하는 가스코뉴의 고어 'La hite'에서 유래하고, 레이블에는 예술을 사랑한 독일의 루트비히 11세가 17년에 걸쳐 지은 꿈의 궁전이자 '백조의 성'인 '노이슈반슈타인 성'이 그려져 있다. 루이 15세의 애첩으로 정치에도 참여하며 막강한 권력을 누린 퐁파두르 부인이 당시 유명하던 부르고뉴의 로마네 콩티를 손에 넣으려 했으나 실패한 후 만찬에 사용할 만큼의 매력적인 와인을 찾아낸 것이 샤토 라피트 로칠드였다. 그후 "나는 라피트만 마신다"라고 선언하며 궁정 만찬이 열릴 때면 항상 이를 내놓았다고 한다. 또한 젊음을 되찾아 주는 회춘의 묘약으로도 유명하다.

1855년 보르도 그랑 크뤼 선정 시 가장 먼저 1등급에 선정된 와인으로, '1등급 중의 1등급(the First of the Firsts)'이란 별명으로 현재 전 세계 와인 경매 시장에서 다른 1등급보다 2배 이상 비싼 가격에 거래되는 와인이다. 창립 이후 약 150년간 연속 적자였으나, 최근 중국에서의 흥행 덕에 흑자 전환이 되었다. 로칠드 가문Rothschild Family은 1868년 이래로 보르도의 포도밭을 경영해왔으며, 지금까지 5세대 동안 이어져 오고 있다. 직원 중에는 5대째 일하는 가족도 있을 정도다. 매년 성탄절이 되면 직원들에게 성탄 보너스로 가족 당 6병의 라피트를 선물한다.

마고처럼 우아하지도 라투르처럼 강인하지도 않아 뭐라고 딱히 특징을 규정 지을 수는 없지만, 1815년 기욤 로턴 Guillame Lawton은 라피트를 두고 '가장 우아하고 오묘한 맛'이라 표현하였다. '라피트의 위대한 와인을 맛보지 못한 사람은 완전한 와인 맛을 알 수 없다'고 할 정도로 예술적인 풍미를 인정받는 와인이다.

가장 남성적인 1등급 와인, 샤토 라투르Château Latour

샤토 라투르La Tour=The Tower는 레이블의 탑이 샤토의 상징이다. 47헥타르의 밭에서 연간 약 17만 5,000병을 생산하며, 이는 보르도 1등급 와인들 가운데 가장 적은 생산량이다. 안정된 품질과 희귀성으로 유명한 와인으로, 1993년 구찌와 크리스티의 오너인 프랑수아 피노(현 케링 그룹)의 소유가 되며 풍부한 자금력으로 최신 설비를 갖췄다.

2012년에는 보르도의 엉 프리뫼르En Primeur(와인 선물 거래, 숙성 단계의 와인 판매)를 탈퇴하며 마시기 적당한 시기까지 와인을 숙성시켜 출하하겠다는 뜻을 밝혔다. 2015년부터 막대한 경비를 들여 100% 유기농 양조를 실시하였고, 2018년산부터 유기농 포도 와인을 출시하였다.

'슈퍼 5등급', 샤토 린치 바쥐Château Lynch Bages

1749년 아일랜드 이민자 가문으로 보르도의 상인이었던 토마스 린치Thomas Lynch는 포이약의 남부에 위치한 바쥐 Bages 지역의 대규모 포도원을 소유하면서 자신의 이름과 지역의 이름을 붙여 샤토 린치 바쥐라고 이름 짓고 와인을 생산하기 시작하였다. 1939년에 와이너리를 카즈Cazes 가족이 인수하여, 장 미셸 카즈Jean Michel Cazes(1935~2023)의 대를 이어 현재 장 샤를 카즈Jean Charles Cazes가 운영하고 있다. 같은 곳에서 운영하는 샤토 코데이앙 바쥐

피카소의 그림이 레이블인 와인이 있다고?

샤토 무통 로칠드의 아티스트 레이블

1973년은 샤토 무통 로칠드가 프랑스 보르도 메독 지방의 그랑 크뤼 2등급에서 1등급으로 승격한 해이면서, 스페인 출신의 현대 미술 거장 피카소가 와인 레이블을 그려준 해라 더욱 유명하다. 샤토 무통 로칠드는 1945년 이래 매년 동시대 최고의 아티스트에게 레이블 작업을 의뢰해 전 세계 와인 애호가들과 컬렉터들의 이목을 집중시켜 왔다. 기존 샤토 무통 로칠드의 레이블 컬렉션에는 피카소, 샤갈, 달리, 프랜시스 베이컨, 앤디 워홀 등 세기의 거장들의 작품이 총망라되어 현대 회화의 걸작선이라 일컬어지기도 한다. 현재까지도 매해 당대 최고의 예술가들이 와인 레이블에 들어갈 그림을 그려주고, 보수로 샤토 무통 로칠드 5 케이스, 즉 60병을 받는다. 하지만 지금까지 이러한 거래를 거부한 화가는 한 명도 없었다고 한다. 예술가들은 이런 역사적인 와인에 자신의 작품이 들어간다는 것만으로도 영광이라 생각하기에 그럴 수 있지 않나 싶다.

특히 2013년 레이블에는 한국인 작가 최초로 이우환 화백의 작품이 선정됐다. 국내 작가로는 최초로 샤토 무통 로칠드의 레이블 작업을 한 이우환 화백은 뉴욕의 구겐하임 미술관, 파리 베르사유 궁전 등에서 전시를 할 만큼 세계적으로 인정받는 예술가다. 작품 한 점당 판매 금액은 수억에서 수십억 원에 달하며, 자연적이고 심플한 소재로 조화와 절제를 예술적으로 표현해내어 보는 사람들을 명상의 세계로 인도한다. 이우환 화백의 샤토 무통 로칠드 2013 레이블은 자주색이 점점 풍부하게 색감을 이루어가는 모습으로, 마치 훌륭한 와인이 오크통 안에서 서서히 완성되어 가는 듯한 느낌을 자아낸다.

샤토 무통 로칠드는 안주하려 하지 않고, 끊임없이 새로운 시도를 하며 와인에서 창의성을 발휘한다. 그 덕분에 1855년 제정되어 단 한 번도 변화가 없었던 와인 등급에서도 유일하게 1등급으로 승격하였고, 현재까지 창의력과 변화의 상징으로 남아 있다. 또한 캘리포니아의 아버지라고 불리는 로버트 몬다비와 함께 구세계와 신세계의 융합이라고 할 수 있는 와인 오퍼스 원을, 칠레에서는 콘차이 토로와 합작하여 칠레 최고의 와인인 알마비바를 탄생시켰다.

Château Cordeillan-Bages 호텔과 레스토랑도 유명하다. 이 레스토랑은 미슐랭 3스타로, 티에리 막스라는 스타 쉐프를 배출하기도 하였다. 샤토 린치 바쥐는 그랑 크뤼 5등급이지만 위대한 슈퍼 5등급이란 평을 받고 2등급의 가격으로 거래되고 있다. 또한 카즈 가족은 1939년에 생 테스테프의 샤토 옴드페즈Château Ormes De Pez, 2017년에 포이약의 샤토 오바타이Château Haut-Batailley를 인수하여 소유 중이다.

생 쥘리앙Saint-Julien

메독의 AOC 중에서 가장 작은 마을로, 생산량도 가장 적지만 면적 대비 가장 많은 비율로 그랑 크뤼 클라세 샤토가 위치해 있다(11곳). 포이약과 마고 사이에 위치하고 있어 절충적인 스타일을 띤다. 마고 보다는 강하고, 포이약보다는 부드러워 균형감 있는 중용적인 맛과 복합적인 향이 특징이다. 대표적인 와인으로는 샤토 탈보(4등급), 샤토 레오빌 라스 카스(2등급)와 레오빌 3형제의 와인 등이 있다.

생 쥘리앙의 레오빌 3형제

생 쥘리앙 마을 북부에는 샤토 레오빌 라스 카스Château Léoville-Las Cases, 샤토 레오빌 바르통Château Léoville-Barton과 샤토 레오빌 프와페레Château Léoville-Poyferré라는 레오빌 3형제가 있다. 원래 이곳은 도멘 드 레오빌

Domaine de Léoville이라는 한 개의 샤토였으나, 프랑스 혁명(이주민 재산의 몰수 및 평등주의적 헌법 재배포)으로 영토가 셋으로 나뉘었다. 그 후 설립된 것이 이 3개의 샤토이며, 1855년의 메독 등급 선정에서 3개 샤토 모두 2등급을 획득하기도 했다.

샤토 레오빌 라스 카즈는 슈퍼 세컨드의 대표 격으로 1등급에 뒤지지 않는 품질로 유명하다. 생 쥘리앙 마을의 가장 좋은 땅에 있으며, 보르도 좌안의 샤토 중에서 8번째로 높은 가격에 거래되는 것으로 밝혀졌다. 1982년산과 1986년산이 특히 유명하다.

샤토 레오빌 바르통은 2등급 샤토로는 드물게 독자적인 샤토를 소유하지 않고, 소유자인 바르통가가 소유한 샤토 랑고아 바르통의 일부를 빌려 와인을 양조한다. 안정된 품질과 합리적인 가격으로 와인 애호가에게 인기가 많은 샤토다.

샤토 레오빌 프와페레는 19세기 후반부터 세 형제 샤토 중 가장 높은 품질의 와인을 양조하였으나, 제2차 세계대전 후 경영 악화로 그 명성을 잃었다. 하지만 1979년에 디디에 퀴블리에Didier Cuvelier가 인수한 뒤 대대적으로 개선되었고, 1994년부터는 유명 와인 컨설턴트인 미셸 롤랑Michel Rolland의 컨설팅으로 품질이 대폭 향상되어 생 쥘리앙 고유의 캐릭터를 나타내고 있다.

마고Margaux

마고에서는 메독의 와인 중 가장 여성적인 와인이 생산된다. 과실 향이 풍부하면서도 우아하고 조직이 치밀한 타닌, 부드러운 볼륨감과 향기로운 여운이 특징이다. 대표적인 와인으로는 샤토 마고(1등급), 샤토 팔머(3등급) 등이 있으며 총 21개의 그랑 크뤼 클라세 와인들을 생산하는 명산지다.

샤토 마고Château Margaux

보르도에서 가장 여성적인 와인으로 유명한 샤토로 '메독의 베르사이유 궁전'이라고 불린다. 와인의 레이블에 그려져 있는 마고 성은 현재 프랑스의 국가 중요 기념 건축물로 지정되어 있을 정도로 심미적 가치를 인정받는 건물이다. "프랑스인들의 마음 한가운데 보르도가 있고 보르도 한가운데 샤토 마고가 있다"고 하여, 1949년 2차 대전 이후 서독 총리(아데나워)가 사죄 장소로 샤토 마고를 택하기도 하였다. 일본 영화 〈실락원〉에서 남녀 주인공이 샤토 마고에 청산가리를 넣어 함께 마시고 자살한 장면도 유명하다. 그리스인 억만장자인 안드레 멘첼로풀로스의 딸로 샤토를 물려받은 코린느Corinne 여사가 샤토를 잘 재정비하여, 2018년 기준 가장 적은 인원(81명의 직원)으로 1,000억 이상을 버는 기업으로 알려져 있다.

소비뇽 블랑 품종으로 샤토 파비옹 블랑 뒤 샤토 마고라는 드라이하고 독특한 맛을 내는 화이트와인도 생산하며, 1900년산 마고의 품질은 100년이 넘은 지금도 그 신선함이 살아 있어, 시음 적기를 2030년까지 볼 정도로 경이롭다.

샤토 팔머Chateau Palmer

그랑 크뤼 클라세 3등급이지만 슈퍼 2등급의 대우와 가격을 받는 와인이다. 19세기 초 샤를 팔머Charles Palmer 장군이 팔머 농장을 세우며 역사가 시작되었다. 1856년 파리 출신 은행 가문인 페레이르Pereire 가문이 인수하여 운영하고 있다. 1961년이 최고의 빈티지로 꼽으며, 만화 『신의 물방울』을 통해 더욱 유명세를 타게 되었다. 이 와인에서 메를로는 와인에 원만함과 과실의 풍요로움을, 카베르네 소비뇽은 와인에서 가장 중요한 뼈대와 지속성과 우아함을, 프티 베르도는 색과 충실한 보디감을 부여한다.

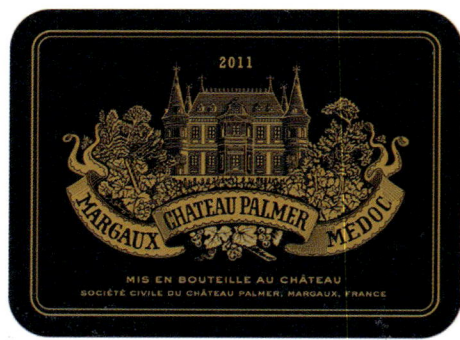

그라브 지방과 보르도 우안

그라브Graves, 페삭 레오냥Pessac-Léognan

그라브는 자갈Graves이라는 뜻을 가진 지명이다. 페삭 레오냥은 그라브에 속해 있었으나, 1987년 그라브와 분리되며 별도의 명칭을 획득하였다. 현재 페삭 레오냥은 우수한 화이트와인을 생산하는 것으로도 유명하며 고급 와인 산지로서의 이미지를 높이는 중이다.

그라브 와인은 메를로를 베이스로 카베르네 소비뇽을 블렌딩하여, 메독 와인보다 더 부드럽고 숙성된 맛을 낸다. 개성이 강하면서도 품격이 있는 와인이 특징이다. 레드와인은 스모키, 농익은 과일, 구운 아몬드, 바닐라, 커피 등의 향을 지니며, 대표 와인으로는 샤토 오 브리옹Château Haut-Brion(1등급)이 있다. 다음은 그 밖의 그라브의 유명한 샤토들이다.

도멘 드 슈발리에Domaine de Chevalier
샤토 라 미숑 오 브리옹Château La Mission-Haut-Brion
샤토 스미스 오 라피트ChâteauSmith-Haut-Lafitte
샤토 올리비에Château Olivier
샤토 파프 클레망Château Pape-Clément
샤토 부스코Château Bouscaut
샤토 오 바이Château Haut-Balilly
샤토 카르보니외Château Carbonnieux
샤토 라루비에르Château La Louvière

샤토 오 브리옹Château Haut-Brion

포도가 재배되었다는 가장 오래된 기록이 있는 샤토로 유명하다. 그라브 지역에 속해 있으나 유서 깊은 샤토의 명성을 통해 메독 지방이 아님에도 1855년 메독 1등급으로 지정되었다. 나폴레옹 집정 당시 1801년에 외무장관이었던 타레이란이 이 샤토의 소유주가 되면서 외교의 자리에 반드시 제공되는 와인이었다. 와이너리의 본명은 호 브라이언Ho Bryan으로, 현재는 룩셈부르크 로버트 왕자와 장 필립 델마의 소유다.

생산량은 연간 1만 1,000병 정도로 경매에서도 고가로 거래된다. 특히 1989년 빈티지는 최고의 찬사를 받았으며 (Wine Spectater 100점), 보르도 최고급 화이트와인인 샤토 오 브리옹 블랑Château Haut-Brion Blanc도 유명하다. 샤토 내에서 오크통을 제작하며, 메를로 함량이 카베르네 소비뇽보다 조금 높아 메독 1등급 와인 중 가장 마일드하다. 세련된 오크 향과 함께 스모키함이 특징이다.

생 테밀리옹Saint-Émilion

생 테밀리옹은 프랑스에서 가장 아름다운 마을 중 하나로 유네스코가 지정한 세계 문화 유산 지역이다. 리부른에 속한 지역으로 AOC의 분류를 보면 생 테밀리옹, 생 테밀리옹 그랑 크뤼, 그리고 4개의 생 테밀리옹 위성 도시가 있다. AOC 와인은 레드 와인만 허가하며, 메를로를 주 품종으로 사용한다. 타닌이 벨벳 같이 부드럽고 볼륨감이 뛰어나며 검붉은 과실류, 향신료(계피), 제비꽃 향과 복합적이며 농축된 향이 난다.

1990년대부터 외부 투자자들이 생 테밀리옹에 투자하여, 그 결과 생 테밀리옹은 캘리포니아 나파 밸리 와인 같이 강렬하고 농축미 있는 와인을 추구하는 것처럼 보였다. 그러나 2010년대에 들어서 고

전적인 생 테밀리옹 와인으로 돌아가려는 움직임이 나타나고 있다. 대표적인 와인으로는 샤토 슈발 블랑Château Cheval Blanc, 샤토 오존Château Ausone, 샤토 앙제뤼스Château Angélus와 샤토 파비Château Pavie, 샤토 피작Château Figeac 등이 있다.

샤토 슈발 블랑Chateau Cheval Blanc

카베르네 프랑 65%, 메를로 35%의 블렌딩으로 '카베르네 프랑의 향연'을 보여주는 와인이다. '백마Cheval Blanc' 양조장이란 애칭을 가지고 있으며, 앙리 4세(나바라의 왕, 여왕 마고의 남편)가 파리를 탈출하여, 고향 피레네산맥의 베아른으로 돌아갈 때 백마를 타고 가다가 이곳에 묵어서 지어진 이름이라고 한다. 〈사이드웨이Sideways〉라는 영화에서 주인공 마일즈가 실연을 겪은 저녁, 자신이 가장 아끼던 와인인 샤토 슈발 블랑 1961년산을 햄버거와 함께 일회용 컵에 마시는 장면이 유명하다. 세상에서 가장 관능적인 와인으로 샹베르탱과 오 브리옹의 블렌딩 같다는 칭송이 있다. LVMH가 소유한 샤토이며, 최근에는 크리스티앙 드 포르장파르크Christian de Portzamparc가 설계하여 새로운 디자인을 입은 샤토로 재탄생하였다. 샤토와 완벽하게 조화된 아방가르드 스타일의 건물, 와인과 관광을 접목한 프로그램으로 와인 애호가들 사이에서 호평을 얻고 있다.

샤토 파비|Château Pavie

2012년 AOC 생 테밀리옹 프르미에 그랑 크뤼 클라세 B에서 A로 승격된 와인으로, 샤토 앙젤루스와 함께 유일하게 승격한 와인이다.

1997년 제라드 페르스Gerard Perse가 인수한 후 엄청난 투자를 감행해 테루아를 잘 반영하여 뛰어나게 섬세하고, 풍부하면서 잠재력을 지닌 와인을 만들어냈다. 메독의 라피트 로칠드라 불리며, 우아함과 엄청난 힘의 결합으로 메독 지방의 1등급에 준하는 품질로 평가받고 있다.

기타 유명한 생 테밀리옹 와인들

샤토 라 가플리에르Château La Gaffelère

샤토 카농Château Canon

샤토 트로프롱 몽도Château Troplong Mondot

샤토 발랑드로Château Valandraud

샤토 보세쥐르 베코Château Beau-Séjour-Bécot

샤토 카농 라 가펠리에르Château Canon-La-Gaffelère

샤토 트로트 비에유Château Trottevielle

포므롤Pommerol

포므롤은 보르도에서 희귀하며 최고가인 와인들을 생산하는 작은 와인 산지로, 메를로를 주 품종으로 레드와인만 등급 인정을 받고 있다. 철분이 풍부한 진흙 토양에서 개성 있고 관능적인 와인이 생산되며, 농축미 있고 부드러운 와인으로 부르고뉴의 우아함, 메독의 섬세함, 생 테밀리옹의 유연함을 동시에 가졌다는 평이 있다.

농익은 과실 향, 복합적이고 이국적인 향신료, 송로버섯, 감초, 제비꽃, 사냥고기, 초콜릿 등의 아로마가 풍부한 것이 특징이다. 대표적인 와인으로는 페트뤼스, 르팽 등이 있다. 최상급 포므롤 와인들은 다음과 같다.

비유 샤토 세르탕Vieux Château-Certan

샤토 네냉Château Nénin

샤토 레글리즈 클리네Château L'Église Clinet

샤토 가쟁Château Gazin

샤토 라 콩세이앙트Château La Conseillante

샤토 라 플뢰르 페트뤼스Chateau La Fleur-Pétrus

샤토 라 플뢰르ChâteauLafleur

샤토 레방질ChâteauL'Évangile

샤토 보르가르Château Beauregard

샤토 클리네Château Clinet

보르도에서 가장 값비싼 와인 페트뤼스Petrus

페트뤼스란 이름의 기원은 예수의 첫 번째 제자인 베드로(피터)에서 유래하여, 레이블에는 예수에게 받은 천국 열쇠를 들고 있는 베드로의 얼굴이 표현되어 있다. 철분이 많이 포함된 점토질의 독특한 토질이며 보르도에서 유일하게 메를로 95%, 카베르네 프랑 5%를 블렌딩하는 와인이다. 페트뤼스의 양조 책임자이자 사장을 겸하고 있는 크리스티앙 무엑스Christian Moueix는 천재 양조가로 유명하며, 전설적인 와인들을 수차례 내놓았다. 현재는 3대 오너인 에두아르 무엑스를 중심으로 최고의 와인을 생산하고 있다.

약 11헥타르의 밭에서 연간 4,500케이스가 생산된다. 보르도 1등급 와인보다 고액으로 거래되며, 보르도 와인 중에서도 최고가를 경신하고 있다. 영국의 엘리자베스 2세 여왕의 결혼식에 소개된 와인이기도 하다. 2001년에는 영국 증권사의 간부 4명이 페트뤼스 버티컬('45, '46, '47), 로마네 콩티, 디켐을 마시며 약 8,000만 원을 경비 처리한 후 해고된 사건이 유명하다.

르 팽Le Pin

보르도의 컬트 와인으로 차고에서 탄생한 가라지 와인Garage Wine의 원조다. 르 팽은Le Pin은 소나무란 뜻으로 인근 소나무를 보고 이름을 지은 소박한 샤토다. 1978년에 비유 샤토 세르탕을 소유한 티앙퐁Thienpont 가문이 100만 프랑으로 포므롤에 1헥타르의 작은 밭을 구입한 것을 시작으로, 차고와 같은 좁은 곳에서 양조 작업을 했고 오크통도 비유 샤토 세르탕에서 오래 사용한 낡은 프렌치 오크통을 재활용해서 농기구 사이에 두고 숙성시켰다고 한다.

메를로를 주 품종으로 와인을 만들며, 첫 빈티지인 1979년산은 저가로 출시하였으나 1982년산 르 팽이 파커 포인트 100점 만점을 획득했고, 그 결과 82년산 와인 1병에 약 1,700만 원 이상으로 낙찰되었다. 온난화로 인해 포도 재배에 차질이 생긴 2003년에는 생산을 하지 않는 등 장인 정신을 보여주기도 했다. 또한 어느 빈티지든 연간 600~700케이스(7,200~8,400병)만 소량 생산을 하기 때문에, 경매에서도 보기 어려운 진귀한 와인이다. 빈티지에 따라 페트뤼스보다 더 비싸게 팔리기도 한다.

소테른Sauternes

소테른은 세계 최고의 스위트와인(귀부와인)을 생산하는 지역이다. 수온이 낮은 시론강과 가론강이 합류하는 지점의 안개가 자주 발생하는 마이크로 기후로, 귀부와인을 생산하기에 최적의 지역이다. 아침 안개로 습도가 높은 환경에서 포도 껍질을 보트리티스 시네레아Botrytis Cinerrea라는 잿빛 곰팡이가 갉아먹어 포도의 껍질이 얇아지고 한낮의 태양에 의해 수분이 빠져나가 쪼그라들면서 당분과 풍미가 농축된다. 이 귀부병에 걸린 포도로 생산된 와인은 고품질의 스위트와인을 만들고 이 와인을 귀부와인이라고 한다.

소테른 지역의 대표 품종은 세미용, 소비뇽 블랑으로, 세미용은 포도의 성숙이 늦지만 껍질이 얇고 탱글탱글하여 귀부 현상이 발생하기 좋은 품종이다. 산미가 살아 있으면서 당도 있는 와인을 표현하며, 열대 과일, 오렌지, 꿀, 헤이즐넛, 향신료 향 등이 풍부하다. 대표 와인으로는 샤토 디켐이 있으며, 그밖에 최상급 귀부와인들은 다음과 같다.

- **특1등급: 프르미에 크뤼 슈페리에**
  샤토 디켐Château d'yquem
- **1등급: 프르미에 크뤼**
  샤토 드 레인 비노Château de Rayne-Vigneau
  샤토 기로Château Guiraud
  샤토 라 투르 블랑슈Château La Tour Blanche

샤토 리외섹Château Rieussec

샤토 쿠테Château Coutet(바르삭)

포도나무 한 그루에서 와인 한 잔이 나오는 샤토 디켐

포도나무 한 그루에서 와인 한 잔 밖에 나오지 않는다고 알려진 귀한 와인. 샤토 디켐은 귀부병에 의해 만들어지는 와인으로 세계 최고의 스위트와인으로 꼽힌다. 세기의 바람둥이 카사노바가 여성을 유혹할 때, 달콤한 샤토 디켐과 로크포르 치즈와의 환상적인 궁합을 활용해 유혹한 일화도 유명하다.

보르도 소테른 지역에서 생산되며, 1855년에 소테른의 최고 등급인 프르미에 크뤼 슈페리에 등급의 유일한 와인으로 지정되었으며 세미뇽 80%, 소비뇽 블랑 20% 두 가지

품종으로 와인을 빚는다. 그리고 포도의 상태가 좋지 않은 해에는 와인을 만들지 않는다. 현재 LVMH 그룹의 소유로 그룹 회장(베르나르 아르노Bernard Arnault)의 자녀의 결혼식 피로연을 디켐의 샤토에서 하기도 했다. 1787년산 와인은 3병만 존재하며 금액은 10만 달러(약 1억 원)에 이른다.

보르도를 대표하는 명물

보르도의 대표 빵인 카눌레

보르도에 가면 카눌레(Canelé)라는 작은 왕관 모양의 디저트가 있다. 겉면은 캐러멜화되어 짙은 갈색을 띠며 바삭하고, 속은 촉촉하고 푹신한 커스터드 빵이다. 와인을 만드는 과정 중 포도주를 깨끗한 액체로 만들기 위해서는 중간에 달걀흰자를 넣어 불순물을 제거하는 콜라주(Collage)라는 청징 과정을 거치는데, 이 과정에서 남은 달걀 노른자를 활용하는 방법을 고민하다가 만들어진 것이 바로 카눌레.

보르도 시테 뒤 뱅 와인 박물관

2016년에 개관한 시테 뒤 뱅(Cité du Vin)은 대담한 건축 디자인, 다양한 프로그램, 흥미로운 방문 코스와 개방적인 분위기를 자랑하는 명소다. 이곳은 새로운 와인 박물관이자 전 세계 와인 문화를 자유롭게 경험할 수 있는 복합 라이프스타일 공간이다. 들어가면 바로 보이는 현대적인 와인 샵에서는 미래와 현재를 잇는 보르도 와인의 역사를 느낄 수 있다.

보르도 와인의 판매는 어떻게 이루어질까?

네고시앙Negociant

보르도의 샤토들은 대개 1차 도매상과 같은 네고시앙을 통해 와인을 판매한다. 예전의 샤토에서는 귀족 가문의 사람들이 많아서 직접 와인을 판매하는 것을 꺼려하였고, 대리인이 필요하여 네고시앙 시스템을 만들게 되었다. 각 샤토는 네고시앙과 거래함으로써 스스로 마케팅이나 영업을 하지 않아도 세계 시장에 와인을 유통할 수 있을 뿐만 아니라 고품질의 와인 생산에만 집중할 수 있는 장점이 있다. 네고시앙은 도매상, 소매상, 해외 수입업자를 대상으로 하며 프랑스 내 시장을 포함해 전 세계 다양한 국가와 거래를 하고 있다.

쿠르티에Courtier

샤토가 네고시앙에 와인을 판매할 때 교섭 조건이나 서류 등의 사무를 담당해주고 수수료를 받는 중개 상인이다. 이들은 와인 시장 상황을 파악하여 생산자와 네고시앙에 조언하면서 거래가 원만히 이루어질 수 있도록 하고 중개 수수료를 받는다.

엉 프리뫼르En Primeur

보르도 지방의 고급 샤토들은 수확한 포도를 발효시켜 숙성 중인 와인을 다음 해 봄에 오크통 상태로 선물 거래를 한다. 이를 엉 프리뫼르**En Primeur**(새로운, 첫 번째)라고 부른다. 이는 생산자 입장에서는 자금의 유통이 더 원활해지고, 소비자 입장에서는 더 저렴하게 와인을 구입할 수 있다는 장점이 있

으므로 보르도 지방의 샤토들은 1970년대부터 생산량의 70~80% 가량을 엉 프리뫼르를 통해 거래하고 있다. 매해 출시 가격은 와인의 품질에 대한 평론가의 평가, 빈티지, 소비자의 수요 및 세계의 시장 상황을 바탕으로 샤토에서 발표한다. 품질이 검증되지 않은 숙성 단계에서 와인의 가격이 매겨지기 때문에 미래 가치에 대한 불확실성이 함께 공존하는 리스크가 있다.

2012년부터 샤토 라투르는 엉 프리뫼르 거래 방식을 탈퇴하였다. 네고시앙을 통하지 않고 수입업자나 소비자에게 직접 와인을 판매하기로 결정하여, 모든 와인을 충분히 숙성시킨 후에 출시하기로 한 것이다. 이는 자금력이 약하고, 막대한 와인 저장 시설이 없는 영세한 샤토들과는 달리 거대 그룹의 자금력(구찌 등을 소유한 명품기업인 케링 그룹 소유)이 뒷받침된 샤토이기에 가능하다고 보고 있다.

와인 컨설턴트를 아시나요?

프랑스의 각 와이너리마다 내부적으로 와인을 만드는 양조 전문가가 있지만, 최근에는 전문 와인 컨설턴트의 컨설팅을 받아 와인의 품질을 향상시키는 경우가 많아졌다. 아래는 보르도의 유명 와인 컨설턴트들이다.

에밀 페이노(Émile Peynaud, 1912 ~2004)

전통 방식에 근거해서 만들어지던 와인을 과학으로 바꾼 현대식 와인 양조의 아버지. 말로락틱 발효의 조절, 완숙한 포도를 따는 방법, 포도의 선별 방법, 발효 온도의 관리, 와인 양조의 위생 관리 등에 대한 연구 업적을 남겼으며, 현대식 레드와인 양조 기술의 기초를 닦았다.

와인 컨설턴트라는 직업의 원조인 그는 1970년부터 100개가 넘는 샤토를 지도하였으며, 품질 평가가 낮아지던 샤토 마고를 1978년 빈티지부터 극적으로 부활시킨 유명한 일화도 있다. 은퇴 후에도 그는 스페인, 이탈리아, 그리스, 멕시코 등 여러 와이너리에 계속해서 자문 역할을 담당하였다. 미셸 롤랑도 그의 제자 중 한 명이다.

미셸 롤랑(Michel Rolland, 1947~)

전 세계 250개의 와이너리를 순회하며 와인을 컨설팅하는 플라잉 와인메이커Flying winemaker. 프랑스 포므롤 지방에서 가족 대대로 내려오는 와이너리인 샤토 르 봉 파스퇴르Château Le Bon Pasteur에서 태어났으며, 대학에서 에밀 페이노 교수를 사사했

다. 현재 그는 전 세계에서 가장 유명하고 바쁜 와인 컨설턴트다. 그는 전 세계 와인의 품질을 높였다는 명성을 얻었지만, 일부는 전 세계 와인의 다양성을 소멸시켜 개성을 없애고 평준화시켜 '와인 세계화Wine Globalization의 원흉'이라는 비난이 동시에 존재한다.

드니 뒤부르디외(Denis Dubourdieu, 1949~2016)

화이트와인으로 가장 유명한 과학자이자 소비뇽 블랑의 아버지로 불리며, 보르도 대학 양조학부의 가장 유명한 교수로 여러 포도원을 컨설팅하였다. 그는 1960년대 말에 달콤하고 품질이 낮은 보르도 화이트와인의 개선에 주도적인 역할을 하여 중후하고 깊은 드라이 화이트와인을 만들었다. 그는 유기농업, 공기 접촉을 확장한 오크통 발효 및 병입 기술을 혁신적으로 발전시켜 1997년에는 와인 양조 분야에서는 처음으로 '파리 과학 아카데미상'을 수상하기도 했다.

자크 & 에릭 브와스노(Jacques & Eric Boissenot)

최근 가장 영향력 있는 와인 컨설턴트인 브와스노Boissenot 부자. 현대 와인 양조의 아버지인 에밀 페이노의 오른팔로 유명했던 자크 브와스노는 작고하였지만, 그의 아들 에릭 브와스노가 메독 지구 그랑 크뤼 1등급 중에 4개 샤토를 비롯해 수많은 보르도의 와이너리 그리고 세계의 유명 와이너리를 컨설팅하고 있다. 그들은 명확한 스타일보다는 각 와이

너리의 특징에 맞게 테루아를 특별한 것으로 바꾸는 최적의 블렌딩 작업을 해주는 것으로 유명하다. 아직 젊은 에릭 브아스노는 보르도 최고의 라이징 스타 와인 컨설턴트이다.

2

Bourgogne
부르고뉴

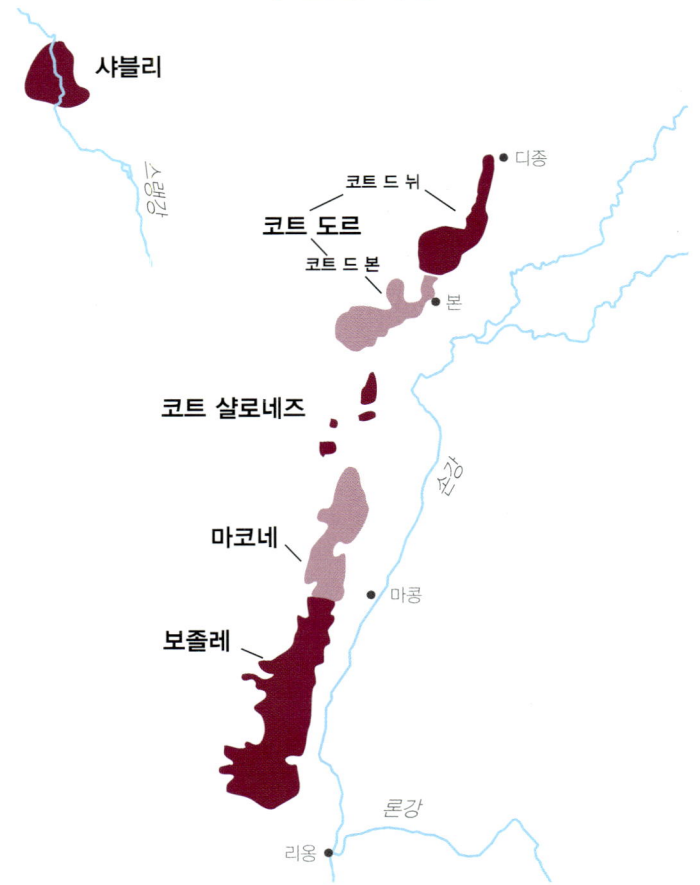

부르고뉴는 영어로는 버건디Burgundy라고 불리며 보르도와 더불어 프랑스의 2대 와인 명산지다. 부르고뉴 지역은 소규모의 포도밭에서 단일 품종으로 와인을 생산하며, 세계에서 가장 비싼 와인인 로마네 콩티는 물론 프랑스에서 가장 뛰어난 와인을 생산하는 와인 산지 중 하나다. 부르고뉴에서는 와이너리를 뜻하는 도멘Domaine이라는 용어를 쓰며,

레이블에 포도밭이나 마을의 이름을 표기한다.
부르고뉴의 포도 산지 면적은 약 2만 9,000헥타르로 전체 프랑스 포도밭 중 약 4% 규모에 해당하며, 연간 140만 헥토리터를 생산한다. 부르고뉴는 프랑스 중동부에 위치하며, 위도가 높고 서리가 자주 내린다. 여름에는 덥고 겨울에는 추운 대륙성 기후지만, 남동향의 구릉 지대가 서리와 서풍으로부터

포도밭을 보호한다.

유네스코 세계문화유산으로 등재(2015년)된 독특한 개념인 클리마Climat가 특징이다. 일조량, 토양의 특징에 따라 포도밭을 클리마로 세분화해서 지역 등급부터 그랑 크뤼까지 4개 카테고리로 나눠 품질 인증을 하고 있다. 100여 개의 AOC 산지가 모자이크 같은 개성과 다양성을 잘 나타내고 있는 지역이다.

부르고뉴의 포도 품종

부르고뉴는 단일 품종으로 와인을 생산하는 것이 특징으로 레드 품종은 피노 누아, 화이트 품종은 샤르도네가 대표적이다. 타닌이 적고 섬세하고 매끄러우며 복잡미묘하다는 장점이 있으며, 테루아, 양조 및 숙성 방법에 따라 맛과 향이 각기 다른 와인을 만든다.

🍇 레드 품종

피노 누아

서늘한 기후와 석회질 토양과 잘 맞고 병충해에 취약해 재배가 까다로운 품종으로 가장 값비싼 품종으로도 유명하다. 섬세하고 실크 같은 타닌이 우아하고 여운이 긴 장기 숙성 와인을 생산하며, 특히 코트 도르 지역의 그랑 크뤼 테루아에서 최상의 와인을 만든다.

가메

생산성이 좋고, 가볍고 신선한 와인을 만든다. 산출량 조절과 숙성을 통해 코트 도르의 피노 누아 와인들과 견줄 만한 와인을 만들기도 한다. 최근에는 보졸레에서 유명한 내추럴 와인들이 나오기도 하며 점점 가치를 높여가고 있다.

🍇 화이트 품종

샤르도네

우아하면서 신선함이 살아 있는 와인을 만들며, 뛰어난 품질과 적응력이 좋아 대표적인 국제 화이트 품종이다. 오크통에서 숙성한 와인에서는 구운 토스트 향과 버터의 향이 나는 것이 특징이다.

알리고테

수확량이 많고, 산도가 있으면서 가볍고 드라이하며 부담 없이 마시기 좋은 와인을 생산한다. 부즈롱Bouzeron에서 생산된 알리고테는 깊이감과 복합성이 있다.

🍷 **WINE NOTE**

부르고뉴에서 단일 품종을 쓰지 않는 지역은?

AOC 파스투그랭은 피노 누아 1/3, 가메 2/3를 블렌딩하고, AOC 크레망 드 부르고뉴는 샤르도네, 피노 블랑, 알리고테, 믈롱 드 부르고뉴 등을 블렌딩하여 와인을 만든다.

부르고뉴의 등급 제도

부르고뉴에는 100여 개의 AOC가 존재하고, 포도밭의 입지나 테루아에 따라 피라미드 형태로 된 총 4단계의 등급 체계가 있다.

그랑 크뤼|Grand Cru

전 생산량의 1.5%로 최상급의 명성과 훌륭한 품질의 포도밭으로 인정받은 클리마로, 샤블리에는 7개의 클리마가 있고 코트 도르Côte d'Or에 33개의 클리마가 있다.

프르미에 크뤼|Premier Cru

전 생산량의 10% 정도를 차지하며, 독특한 품질과 우아한 개성을 지닌 635개의 클리마로 마을 명과 포도밭의 이름을 붙여 표기한다.

코뮈날|Communales(마을 등급 명칭)

전 생산량의 37% 정도로, 40여 개의 AOC가 인정되고 있다. 입지 조건이 좋고 양질의 일관적인 와인을 생산하는 빌라주급 와인으로 마을 이름이 표기된다.

레지오날|Regionales(광역 지방 명칭)

전 생산량의 50% 정도로 부르고뉴, 보졸레, 마콩 지구 등 부르고뉴 전역 지역에서 생산되는 가장 큰 단위이다. 7개의 지방 단위가 있다.

레지오날　　　코뮈날　　　그랑 크뤼

네고시앙이란?

부르고뉴에는 소규모 포도 재배자가 많다. 이들에게서 포도나 와인을 사서 양조, 병입, 판매하는 와인 중개회사를 네고시앙(Negociant)이라고 한다. 부르고뉴의 대표적인 네고시앙으로는 조셉 드루앵(Joseph Drouhin), 페블레(Faiveley), 루이 라투르(Louis Latour) 등이 있다.

모노폴이란?

부르고뉴 와인 레이블에 모노폴(Monopole)이라고 쓰여 있는 것을 종종 볼 수 있다. 부르고뉴는 프랑스 혁명 이후 소작농들에게 밭을 나눠주었기 때문에 특급 포도밭의 소유주가 여러 명인 경우가 많다. 모노폴은 독점이라는 뜻으로, 지역 이름을 독점으로 소유하는 것을 말하며 포도밭의 소유주가 단독으로 포도밭을 관리하고 와인을 만든다는 뜻이 된다. 모노폴 와인은 이름을 걸고 그 와인의 특성을 제대로 표현할 수 있는 와인메이커가 만든 와인인 만큼 당연히 더 높은 가격과 인지도를 가진다.

부르고뉴의 와인 산지

코트 도르Côte d'or

'황금의 언덕'이란 뜻의 코트 도르는 부르고뉴의 심장과 같은 곳이다. 수확기에 황금빛으로 물드는 언덕과 황금과 같이 귀한 최상급 와인을 생산하는 것을 빗대어 붙인 이름이라고 한다. 코트 도르는 '코트 드 뉘'와 '코트 드 본' 두 지역으로 나뉜다.

코트 드 뉘Côte de Nuits

코트 드 뉘는 대부분의 그랑 크뤼급 밭이 모여 있는 곳으로 세계 최고의 레드와인을 생산하는 지역이다.

주브레 샹베르탱Gevrey Chambertin

나폴레옹의 와인으로 불리며, 코트 드 뉘 지역 내 최북단에서 최대 면적을 가진 레드와인만 생산하는 지역이다. 보디감이 있는 강건한 타입의 와인이 특징이다. 유럽을 제패했던 나폴레옹Napoléon Bonaparte, 1769-1821은 원래 술을 잘 못했는데, 샹베르탱만큼은 전장에서 즐겨 마셔 더 유명해졌다. 주브레 샹베르탱은 코트 도르 전 지역 중에서도 가장 유명한 와인 산지 중 하나로, 이 지역은 점토질이 지표를 덮고 있는 백악질의 토양을 가지고 있는데 이 점이 와인에 힘과 부드러움을 부여한다. 블랙커런트, 블랙체리가 느껴지는 강한 향을 지니며 부드러운 타닌과 조화를 이루는 것이 특징이다. 26개의 프르미에 크뤼와 9개의 그랑 크뤼가 있으며 그중 샹베르탱Chambertin, 샹베르탱 클로 드 베즈Chambertin Clos de Beze가 유명하다.

대표 와인(그랑 크뤼)

샹베르탱Chambertin, 샹베르탱 클로 드 베즈Chambertin-Clos de Beze, 마지 샹베르탱Mazis-Chambertin, 샤펠 샹

코트 드 뉘

디종
주브레 샹베르탱
픽생
샹볼 뮈지니
모레 생 드니
부조
본 로마네
뉘 생 조르주

코트 드 본

알록스 코르통
본
포마르
볼네
뫼르소
퓔리니 몽라셰
샤사뉴 몽라셰
상트네

베르탱Chapelle-Chambertin, 샤름 샹베르탱Charmes-Chambertin, 마주아예르 샹베르탱Mazoyeres-Chambertin, 그리오트 샹베르탱Griotte-Chambertin, 라트리시에르 샹베르탱Latricieres-Chambertin, 뤼쇼트 샹베르탱Ruchottes-Chambertin

"샹베르탱 한 잔을 통해 미래를 생각하는 것만큼 미래를 장밋빛으로 보게 만드는 것은 없습니다."

-알렉상드르 뒤마

샹볼 뮈지니Chambolle Musigny

코트 드 뉘에서 가장 여성적이고 우아한 레드와인을 생산하는 지역이다. 뮈지니와 본 마르 2개의 그랑 크뤼가 있고, 25개의 프르미에 크뤼가 있으며 레 자무뢰즈와 레 샤름이 유명하고 그랑 크뤼에 버금가는 품격이 있는 와인을 생산한다.

대표 와인

그랑 크뤼: 뮈지니Musigny, 본 마레Bonnes Mares (본 마레의 90%)

프르미에 크뤼: 레 자무뢰즈Les Amoureuses, 샤름Charmes

모레 생 드니Morey Saint Denis

주브레 샹베르탱과 샹볼 뮈지니 와인 사이 중간적인 성격을 지니고 있고, 레드와 화이트와인을 모두 생산한다. 20개의 프르미에 크뤼와 5개의 그랑 크뤼가 있으며 그중 클로 드 라 로슈Clos de la Roche가 구조감이 좋고 수명이 긴 최상급의 와인으로 꼽힌다.

대표 와인(그랑 크뤼)

클로 드 라 로슈Clos de la Roche, 클로 생 드니Clos St. Denis, 클로 데 람브레이Clos des Lambrays, 클로 드 타Clos de Tart, 본 마레Bonnes Mares(본 마레의 10%)

부조Vougeot

주로 레드와인을 생산하며, 4개의 프르미에 크뤼와 클로 드 부조Clos de Vouget라는 1개의 그랑 크뤼가 있다. 클로 드 부조Clos de Vougeot는 현재 80명 정도의 소유주가 있고, 다양한 토양과 생산자가 있는 만큼 테루아와 품질이 다양하다.

본 로마네Vosne Romanee

코트 드 뉘 지구에서 가장 귀하고 훌륭한 와인을 생산하는 마을이다. 본 로마네에는 총 8개의 그랑 크뤼가 있으며, 그중 6개의 그랑 크뤼가 최고로 평가받는다. 15개의 프르미에 크뤼도 유명하다.

대표 와인

로마네 콩티Romanée-Conti, 라 타슈La Tache는 도멘 드 라 로마네 콩티의 모노폴이고, 라 그랑드 뤼La Grande Rue는 도멘 라마르슈Domaine Lamarche의 모노폴, 라 로마네La Romanée는 콤트 리제 벨에르Comte Liger-Belair의 모노폴이다. 그 외에 리쉬부르Richebourg, 로마네 생 비방 Romanée-St-Vivant이 유명하고, 플라제 에세조Flagey-Échezeaux에는 2개의 그랑 크뤼인 에세조Echézeaux와 그랑 에세조Grands Échezeaux가 있다.

세상에서 가장 희귀한 와인, 로마네 콩티

전 세계적으로 가장 유명하고, 비싼 와인으로 손꼽히는 부르고뉴 지방의 최고급 와인이다. 1.8헥타르에 불과한 땅에서 1년에 약 5,000~6,000병만 소량 생산하여 그 희소성과 최고의 가치로 유명하다. 로마네 콩티는 도멘 드 라 로마네 콩티Domain de la Romanee-Conti, 즉 DRC사의 소유이며, 로마네 콩티 한 병을 구입하기 위해서는 라 타슈와 로마네 생 비방, 리쉬부르, 에세조, 그랑 에세조를 2~3병씩 섞은 11병과 함께 12병이 든 케이스를 구입해야 한다. 현 소유주인 오베르 드 빌렌은 "비바람에 쏠려온 포도밭의 한 줌의 흙조차 버리지 않는다"며 그만큼 귀하게 와인을 양조하고 있다. 영국 작가 로알드 달은 "로마네 콩티를 마시는 것은 입과 코로 동시에 오르가즘을 느끼는 것과 같다"고 표현하였다.

뉘 생 조르주Nuits St. Georges

코트 드 뉘 지구의 최남단에 위치하며 레드와 화이트와인 생산이 가능한 지역이다. 그랑 크뤼는 없지만 41개의 프르미에 크뤼가 있고, 코트 드 뉘 지구의 와인 산업을 관리하는 네고시앙 회사가 많이 있는 지역이다.

코트 드 본Côte de Beaune

코트 드 본 지역은 2/3가 피노 누아로 만든 레드와인, 1/3이 샤르도네로 만든 화이트와인을 생산한다. '부르고뉴 화이트와인의 심장'이라고 불릴 만큼 최고급 화이트와인을 생산하는 지역으로 8개의 그랑 크뤼 중 7개의 화이트와인 그랑 크뤼가 있는 곳이다.

알록스 코르통Aloxe Corton

코트 드 본 지구의 가장 북단에 위치하며 유일하게 레드와인을 생산하는 5개의 그랑 크뤼가 있다. 화이트와인은 그랑 크뤼인 코르통 샤를마뉴Corton-Charlemagne에서 생산된다. 대표 와인으로는 알록스 코르통Aloxe-Corton, 코르통Corton, 코르통 샤를마뉴Corton-Charlemagne가 있다.

퓔리니 몽라셰Puligny Montrachet & 샤사뉴 몽라셰 Chassagne Montrachet

세계 최고의 화이트와인을 생산하는 명산지로, 5개의 그랑 크뤼와 67개의 프르미에 크뤼가 있다. 퓔리니 몽라셰 그랑 크뤼는 슈발리에 몽라셰Chevalier Montrachet, 비앙브뉴 몽라셰Bienvenues-Montrachet가

부르고뉴의 전설적인 양조자, 앙리 자이에(1922~2006)

앙리 자이에(Henri Jayer)는 부르고뉴 와인 양조에 혁신을 도입한, '와인의 신'이라 불리는 프랑스의 전설적인 와인메이커다. 본 로마네 마을에서 태어난 그는 1940년대에 디종 대학교에서 양조학 학위를 받았고 1950년대부터 자신의 레이블로 와인을 생산하기 시작했다.

그는 포도밭에서 화학 물질의 사용을 반대했고 쟁기질을 하는 것을 옹호했다. 또한 현재 전 세계 와인 생산자들이 대다수 사용하고 있는 저온 침용을 개발하여 보급시켰다. 이는 약 10℃의 온도에서 1~4일 정도 짧은 기간 동안 자연 발효를 피해 포도를 저온에 담그는 기법으로 와인에 더 깊은 색상, 우아한 타닌 및 풍부한 과실의 아로마를 부여한다.

1978년에 품질에 대한 확신을 갖고 첫 크로 파랑투(Cros Parantoux) 와인을 생산하기 시작했고 현재 이 와인은 전설이 되었다. 프랑스 디종에서 84세 나이에 암으로 사망하기 전까지, 그는 모든 와인을 연간 약 3,500병 한정 수량으로 만들었다. 2001년 그의 마지막 빈티지였던 앙리 자이에 본 로마네 크로 파랑투(Henri Jayer Vosne Romanée Cros Parantoux)는 약 1만 달러 이상에 팔려 가장 구하기 어려운 와인이기도 하며, 그의 와인 중에는 빈티지에 따라 로마네 콩티보다 더 비싸게 경매되는 와인도 있다.

부르고뉴의 거성, 르루아Leroy

르루아는 1868년 옥세 뒤레스(Auxey-Duresses)에 메종 르루아(Maison Leroy)를 설립하며 네고시앙 사업을 시작하였다. 1933년에 태어난 현 소유주 랄루-비즈 르루아 여사는 세계 와인 산업에서 가장 영향력이 큰 여성으로 꼽히며, '태어난 지 15분만에 입술에 뮈지니 와인을 대고, 3살 때부터 와인을 마시기 시작했'라는 일화가 있을 정도로 천재적인 미각과 테이스팅 능력으로도 유명하다. 르루아 와인의 대표적인 특징인 바이오다이내믹 와인 메이킹은 포도 자체가 가지고 있는 풍미를 극대화하는 방식으로, 자연스럽게 살아 숨 쉬는 유기산 성분이 많아 산미가 뛰어나며, 필터링을 하지 않아 투명도는 떨어지지만 자연의 깊은 풍미를 온전히 담고 있다. 또한 와인 병입 시 병에 와인이 가득 차 있는 상태로 코르크를 타전해 그 순간 와인이 흘러 넘치며 병목 주변에 엉겨 붙어 캡슐이 씌워지고 나서 산소 침입을 막는 역할을 한다. 이렇게 흘러 넘친 와인 때문에 숙성 기간이 지나면서 병목 주변에 곰팡이가 생기게 되는데 이는 자연주의와 품질에 대한 르루아의 남다른 집착과 열정의 산물로, 이를 결함으로 오해해선 안 된다고 한다. 아직도 르루아 여사는 DRC에 25%의 지분을 가지고 있으며, 도멘 도브네(Domaine D'Auvenay)를 운영하고 있다.

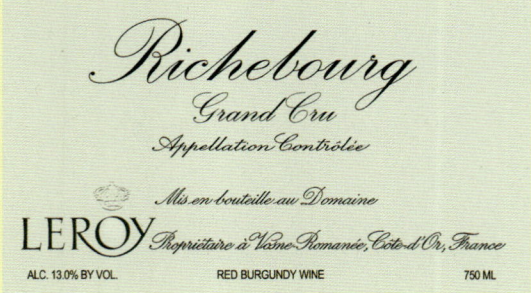

있고, 이 두 마을의 경계에 위치하는 그랑 크뤼로는 몽라셰Montrachet와 바타르 몽라셰Bâtard Montrachet가 있다. 온전히 샤샤뉴 몽라셰Chasssagne Montrachet에 속하는 그랑 크뤼로는 크로와 바타르 몽라셰Criots-Batard-Montrachet가 있다.

본Beaune

코트 드 본의 중심지역으로, 11월에 열리는 와인 경매가 유명한 지역이기도 하다. 그랑 크뤼는 없으나 40여 개의 프르미에 크뤼가 있으며 약 85%가 레드와인을 생산한다.

포마르Pommard

강건한 스타일의 피노 누아 레드와인만을 생산하며, 28개의 프르미에 크뤼가 있다. 콤트 아르망Comte Armand의 모노폴 와인인 클로 데 제프노Clos des Epeneau 프르미에 크뤼가 유명하다.

볼네Volnay

본의 샹볼 뮈지니라 불릴 만큼 여성적인 우아함이 살아 있는 레드와인을 생산하며, 29개의 프르미에 크뤼가 있다. 그중 상트노Santenots, 카이유레Caillerets 등이 유명하다.

뫼르소Mersault

이곳에서 생산되는 와인의 98%가 샤르도네로 만든 화이트와인이며, 그랑 크뤼는 없으나 18개의 프르미에 크뤼가 있다. 뫼르소는 '생쥐의 점프'라는 뜻으로 생쥐가 포도밭을 뛰어다니며 묘목을 해쳤다고 하여 유래되었다.

코트 샬로네즈Cote Chalonnaise

코트 샬로네즈는 코트 드 본 지역과 마코네 지역 사이에 있으며, 코트 드 본 지역과 테루아도 비슷하고 같은 품종을 생산하지만 포도가 조금 빨리 숙성되

🍷 **WINE NOTE**

155년 전통의 와인 경매, 부르고뉴 오스피스 드 본

1443년 부르고뉴 공작인 니콜라 롤랭 총재의 명으로 지어진 오스피스 드 본(Hospices de Beaune)의 설립 목적은 빈곤한 이들에게 쉼터를 제공하는 것으로 본래는 병원이었다. 오스피스 드 본은 설립 초기부터 병원 내 기부금으로 운영되는 특별한 포도원을 소유하고 있었는데, 매년 11월 셋째 주 일요일에 열리는 와인 경매가 바로 이곳 포도원에서 제조되는 와인들을 판매하는 자리다. 오늘날에는 약 60헥타르의 면적을 자랑하는 이곳의 포도원은 본,

코트 드 뉘, 마코네의 프르미에 크뤼와 그랑 크뤼 와인을 생산한다. 와인 경매로 모인 기금은 자선 활동에 쓰이며, 모금의 주 목표는 치료 장비의 품질 향상과 인프라 개선이다. 경매 수익금은 본 빈민 구제 병원의 역사적 유물들을 보존하는 데도 사용된다. 1945년부터 오스피스 드 본은 피에스 데 프레지당(Pièce des Présidents)이라는 구호단체도 매년 지원하고 있다.

는 경향을 보인다. 와인의 가격도 더 저렴한 편으로 가격 대비 좋은 품질의 와인이 많다. 포도 품종은 피노 누아와 샤르도네를 주로 재배하며, 알리고테와 가메도 재배하고 있다. 그랑 크뤼는 생산되지 않으며, 여러 지역에서 프르미에 크뤼가 생산된다. 5개의 AOC 마을이 있다.

륄리Rully

23개의 프르미에 크뤼가 있으며, 부르고뉴 스파클링와인인 크레망 드 부르고뉴Cremant de Bourgogne의 중심 산지이다.

메르퀴레Mercurey

가장 넓은 면적의 포도밭에 30개의 프르미에 크뤼가 있으며, 보디감이 적고 가벼운 스타일의 레드와인을 주로 생산한다.

지브리Givry

17개의 프르미에 크뤼가 있으며, 레드와인 생산 위주이나 화이트도 생산하고 있다.

몽타니Montagny

남쪽에 있는 작은 마을로 화이트와인만 생산하며 49개의 프르미에 크뤼가 있다.

부즈롱Bouzeron

부르고뉴 제3의 포도 품종이라 불리는 알리고테의 재배지로 유명하며, 알리고테로 AOC를 받은 지역은 부즈롱이 유일하다.

마코네|Maconnais

마코네는 부르고뉴의 화이트와인 생산지 중 최남단에 위치하며, 대부분이 화이트와인을 생산하고 가메로 만든 레드와인과 로제와인도 30%가량 생산한다. 샤르도네로 만든 화이트와인 푸이 퓌세 Pouilly Fuisse가 가장 유명하고, 마코네의 와인은 주로 프레시한 특징을 가진다. 마코네 지역의 마을 중 '마콩 샤르도네Mâcon Chardonnay'라는 마을이 있는데, 포도 품종인 샤르도네가 바로 이 마을의 이름에서 유래되었다고 한다.

샤블리|Chablis

샤블리는 부르고뉴의 최서북단에 위치하며, 토양은 키메르지안Kimmerridgian(쥐라기 시대 바닷속의 화석화된 굴 껍질)으로 점토와 석회암이 섞여 있다. 복합적인 미네랄 성분이 살아 있는 세계 최고 화이트와인을 생산하는 지역이다.

샤블리 화이트와인의 포도 품종은 샤르도네이며 오크통 사용을 자제하는 와인이 많고, 시트러스와 광물질 특유의 깊은 풍미, 발랄한 신선함과 복합미가 있는 드라이 와인이다. 최근 샤블리 지역의 가장 큰 문제점은 겨울철의 서리로, 이를 방지하기 위해 포도밭에 스프링클러를 가동하기도 한다.

샤블리의 등급 제도

샤블리는 품질에 따라 샤블리 그랑 크뤼Chablis Grand Cru, 샤블리 프르미에 크뤼Chablis Premier Cru, 샤블리 Chablis, 프티 샤블리 Petit Chablis의 4가지 등급으로 나뉜다.

샤블리에서 배수가 잘되고, 햇빛을 가득 받을 수 있는 지형이며, 서리 피해로부터 보호받을 수 있는 곳에 위치한 7개의 포도밭이 그랑 크뤼로 지정되어 있다. 대부분의 샤블리는 오크 숙성을 하지 않지만, 샤블리 그랑 크뤼에서는 오크 향과 풍부함을 느낄 수 있고 장기 숙성도 가능하다. 7개의 샤블리 그랑 크뤼로는 보데지르Vaudesir, 그르누이Grenouilles, 블랑쇼Blanchot, 부그로Bougros, 레 프뢰즈Les Preuse, 레 클로Les Clos, 발뮈르Valmur가 있다.

보졸레Beaujolais

보졸레는 부르고뉴의 가장 남쪽에 위치하며, 2만 3,000헥타르 면적에서 레드와인을 생산하는 지역이다. 레드와인은 100% 가메 품종으로 만들고, 샤르도네로 만든 화이트와인은 전체 생산량의 1%에 불과하다. 가메는 비교적 저렴한 편에 속하는 품종으로 탄산 침용을 통해 프레시한 레드와인을 만든다. 타닌이 약하고 신선한 체리, 딸기 향, 바나나 껍질 향과 솜사탕 향이 풍부한 와인이다. 늦가을의 이벤트성 와인인 보졸레 누보 때문에 대중적이고 저렴한 산지의 이미지가 있었다. 현재는 내추럴 와인과 더불어 새롭게 각광받고 있는 지역이다.

보졸레의 등급 제도

보졸레의 등급은 보졸레 슈페리외르Beaujolais Superieur, 보졸레 빌라주Beaujolais Villages, 보졸레 크뤼Beaujolais Crus로 나뉘며, 보졸레 크뤼는 화강암 언덕에 자리 잡은 10개 지역에 존재한다.

보졸레의 10개 크뤼Crus Beaujolais

브루이Brouilly

셰나Chenas

시루블Chiroubles

코트 드 브루이Cote de Brouilly

플뢰리Fleurie

쥘리에나Juliena

모르공Morgon

물랭 아 방Moulin-a-Vent

레니에Regnie

생 타무르Saint-Amour

이 크뤼 와인 중 물랭 아 방과 모르공은 풀보디하며 맛이 가장 강한 편이고, 브루이는 가장 큰 면적으로 대량 생산되는 와인이다. 보졸레의 아버지로 불리는 조르주 뒤뵈프Georges Duboeuf의 네고시앙 와인이 유명하다.

 WINE NOTE

보졸레 누보Beaujolais Nouveau

1985년부터 매년 11월 셋째 주 목요일 자정이 되면 와인통을 깨며 보졸레 누보의 시음이 시작된다. 이때 사람들은 음악에 맞춰 춤도 추며 축제를 벌인다. '보졸레의 꽃'이라 할 수 있는 보졸레 누보 와인은 주로 AOC 보졸레에서 생산되며 1/3 정도가 보졸레 빌라주에서 생산된다. 전 세계가 동시에 보졸레 햇포도주를 마시게 하려는 마케팅 전략으로 와인 애호가들의 호기심을 자극하여 결국 오늘날과 같은 세계적인 '보졸레 누보 축제'가 되었다. "보졸레 누보가 도착했다!(Le Beaujolais Nouveau est arrivé!)" 하지만 최근에는 좀 시들해진 추억의 축제이기도 하다.

3
Rhone
론

론 지방은 BC 600년경부터 포도가 재배되기 시작한 지역으로 추측되며, 14세기에 로마 교황청이 아비뇽으로 옮겨지면서 더욱 발전되었다. 약 200km를 따라 흐르는 론강을 중심으로 펼쳐지는 포도 재배 지역으로 프랑스 와인의 약 14%를 생산하며, 시라 품종의 고향으로도 유명하다.

론은 크게 북부 론과 남부 론으로 나뉘며, 프랑스의 다른 생산지와는 다른 포도 품종과 스타일의 와인을 만든다. 론 지방 전체 와인 생산량의 5% 정도가 세계 최고의 프리미엄 와인이다. 론 지방에서는 레드와인을 만들 때 소량의 화이트 품종을 함께 넣어 발효시킨다. 일반적으로 진하고 강건한 스타일로, 알코올 도수가 높은 편이다. 코트 뒤 론 AOC가 대중적이고, 북부 론에는 8개, 남부 론에는 15개의 AOC가 있다.

론의 포도 품종

🍇 레드 품종

시라 Syrah

론 지방이 원산지인 품종으로 '시라'라는 이름은 중동 이란의 시라즈 Schiraz 라는 도시명에서 유래한다. 서리와 추위에 강하고, 척박한 토양에서도 적응력이 강해 전 세계에서 재배되며, 따뜻한 지역에서 생산된 시라 와인일수록 스위트한 잼류의 스파이스 향미가 강하게 배어 나온다. 가장 남성적인 와인을 만드는 품종으로도 유명하며, 타닌이 풍부하여 힘 있고 강렬한 풀보디 와인을 생산한다. 검은 과일류의 맛과 스파이시한 맛이 특징이며 와인의 장기 숙성이 가능한 품종이다.

그르나슈 Grenache

포도 껍질이 얇아 타닌 성분은 적지만 보디감이 실키한 와인을 만들며, 당도와 알코올이 높고 산도는 낮은 편이다. 배수가 잘되는 덥고 건조한 지역에서 잘 자라며 생산량이 많은 품종으로, 좋은 품질의 와인을 생산하기 위해서는 생산량 제한이 필수적이다. 남부 론의 로제와인에 많이 사용되고, 스페인에서는 가르나차 Garnacha 라고 불린다. 딸기와 베리류의 붉은 과일 캐릭터와 허브, 스파이스 향이 풍성하며 숙성되면 가죽 향 뉘앙스로 발전된다.

무르베드르Mourvedre

스페인, 프랑스 남부 지방 같이 더운 지방에서 잘 자라며 늦게 익는 품종으로, 알코올 함유량이 높고 색이 진하며 구조감이 좋은 와인을 생산한다. 프랑스 론 지방에서 시라, 그르나슈와 함께 블렌딩되는 대표적인 품종으로 포도 재배가 어려운 남프랑스의 귀한 레드 품종이다.

생소Cinsaut

타닌은 약하지만 와인에 과일 향과 산도를 높여주는 품종이다.

🍇 화이트 품종

비오니에Viognier

북부 론에서 가장 훌륭한 화이트와인인 콩드리유 Condrieu와 샤토 그리예Château Grillet를 만들어내는 품종이다. 재배가 까다로운 편으로 품질과 생산량이 불규칙한 편이지만, 향이 매우 풍부하고 알코올이 높아 입안에서의 오일리한 볼륨감을 가득 느껴 볼 수 있다.

북부 론 지방의 코트 로티Cote Rotie에서는 레드와인을 만들 때 시라 품종과 함께 화이트 품종인 비오니에를 20%까지 블렌딩하는 것을 허용한다. 알코올이 풍부한 비오니에 품종은 볼륨이 있는 둥근 맛과 제비꽃, 산사나무꽃, 아카시아 향을 풍긴다. 숙성되면서 느껴지는 꿀, 사향, 복숭아, 건살구 향 등이 특히 매력적이다.

🍷 WINE NOTE

론 와인은 왜 블렌딩을 할까? GSM이란?

여러 품종을 섞어 와인을 만드는 것을 블렌딩이라고 한다. 단일 품종으로 와인을 만들 때보다 복합적인 풍미와 양조자의 개성을 살릴 수 있어, 블렌딩은 상호 보완적인 결혼에 비유될 수 있다. 남부 론 지방의 유명한 블렌딩은 GSM 블렌딩으로, 그르나슈, 시라, 무르베드르를 블렌딩하며, 이를 론 블렌딩이라고 부른다. 론 지방 와인 또는 호주 와인에서 GSM은 이들 세 가지 품종으로 블렌딩된 와인을 의미하며, 포르투갈과 호주에서는 무르베드르를 마타로(Mataro)라고 부른다.

론의 등급 제도

1937년 론 지역에 AOC가 처음 도입된 후 총 4가지 방법으로 등급을 매기고 있다. 먼저 론 지방 와인의 약 80%를 차지하는 코트 뒤 론과 한 단계 높은 기준인 코트 뒤 론 빌라주Côtes du Rhône Villages 와인이 있다. 그 위 단계로 18개의 마을에서 자신의 마을 명(Vinsobres, Cairanne, Chusclan 등)을 사용하며, 코트 뒤 론 빌라주에 마을의 구체적인 이름을 추가하는 코트 뒤 론 빌라주Côtes du Rhône Villages(아벡 멍시옹 드 빌라주Avec Mention De Village: 빌라주의 이름과 함께) 등급이 있다. 최상위 등급으로는 고유의 포도밭 이름을 표시하는 16개의 크뤼급 AOC가 지정되어 있다.

론의 와인 산지

론 지역은 크게 북부 론과 남부 론으로 나뉜다.

북부 론

론 계곡의 좁고 심한 계단식 밭으로 경사면에 위치하여 재배 면적이 작아 기계 수확이 불가능하다. 손 수확을 하여 와인의 품질은 좋은 편이지만 가격이 전반적으로 비싸다. 시라를 주 품종으로 사용하며, 코트 로티 지역은 '구운 언덕'이라고 불릴 정도로 일조량이 많다. 이곳의 레드와인은 매우 진하고, 빛깔과 강한 향기가 매우 독특하며 오랫동안 숙성시켜 야 그 진가를 알 수 있다. 북부 론 지역의 뛰어난 화이트와인으로는 비오니에 품종을 사용한 콩드리유, 샤토 그리예가 있다.

코트 로티Côte Rotie

코트 로티는 '구운 언덕'이라는 뜻으로, 강렬한 햇빛과 함께 일조량이 풍부하고, 론 최고의 명품 와인을 생산하는 지역이다. 시라와 함께 화이트 품종인 비오니에를 혼합하여 더 프레시하며 과일 향을 보강한 레드와인을 만든다. 와인에 비오니에를 20%까

지 블렌딩하는 것이 가능하나 일반적으로 5% 이상은 넣지 않는다.

론 지방 최고의 와인, 라라라 시리즈

코트 로티에 위치한 프랑스에서 가장 오래된 포도밭 중의 하나로, 론 지방에서 최고의 와인을 생산하는 이 기갈(E.Guigal) 사의 라라라 시리즈가 있다. 라라라는 라 튀르크(La Turque), 라 랑돈느(La landonne), 라 물린느(La Mouline) 와인을 말하며, 특히 2005년 빈티지는 세 와인 모두 로버트 파커 100점을 받기도 하였다.

로마 시대부터 2000년이 넘는 세월 동안 오직 포도만을 재배해온 계단식 포도밭에서 자란 시라 80%, 비오니에 20%를 블렌딩하여 생산되는 최고의 와인이다.

콩드리유Condrieu

비오니에 단일 품종을 사용하여 독특하고 강렬한 꽃 향, 복숭아와 말린 과일 향 등을 지닌 드라이 화이트와인을 생산하는 지역이다. 마찬가지로 화이트와인만을 생산하는 샤토 그리예Chateau Grillet 지역은 단일 포도밭으로 비오니에를 양조하여 최고급 화이트와인으로 유명하다.

에르미타주Hermitage

코트 로티와 함께 북부 론 지방에서 최고의 레드와인과 화이트와인 생산 지역으로, 프랑스 와인 가운데 가장 풀보디한 와인이자 장기 숙성이 가능한 와인을 생산한다. 레드와인은 주로 시라 품종으로 만들며, 발효 시에 마르산과 루산느 화이트 품종을 15%까지 첨가할 수 있는 것이 특징이다. 에르미타주에서는 농후하고 수명이 긴 화이트와인을 생산하기도 한다.

남부 론

지중해가 가까운 지역으로 온난한 겨울과 무더운 여름이 특징인 지중해성 기후를 보인다. 푸딩스톤이라는 작은 자갈이 토양에 섞여 있어 낮 동안 달구어진 자갈이 밤에도 포도밭의 온도를 유지시켜 포도 재배에 유리하며, 그르나슈 품종을 재배하기에 최적이기도 하다. 품질 좋은 레드와인으로 유명한 샤토뇌프 뒤 파프 마을이 위치하고 있으며, 코트 뒤 론 및 코트 뒤 론 빌라주 와인은 거의 남부 론에서 생산된다.

샤토뇌프 뒤 파프Chateaunef du Pape

남부 론에서 가장 명성이 뛰어난 와인을 생산하는 지역으로, 샤토뇌프 뒤 파프는 '교황의 새로운 성'이라는 뜻이다. 강렬하고 풍부한 일조량, 작은 돌과 자갈이 많은 토양으로 특색 있는 양질의 와인을 생산하며, 13가지의 포도 품종을 섞어서 만들기 때문에 각 품종이 갖는 포도의 향을 지닌다.

아비뇽 유수Avignon Papacy는 1303년 프랑스의 필리프 4세와 교황 보니파시오 8세가 대립하던 중 아나니 사건(프랑스군이 아나니의 별장에 있던 교황을 습격한 사건)이 터져 교황청을 프랑스 남부로 이주해, 1309년에 아비뇽에 거처를 두었던 사건을 말한다. 70년 후인 1377년, 교황 그레고리오 11세가 로마로 귀환함으로써 종식되었다.

이때 교황의 여름 별장을 샤토뇌프 뒤 파프에 세우며 포도밭을 조성하였다. 그래서 와인 병에 교황기가 새겨져 있고, 공식적으로 세례에 사용되었으며 현재 바티칸 교황청에서 마시는 와인으로도 유명하다. 와인이 점점 유명세를 얻게 되자 주변에서 상표를 도용하는 일이 생겨, 자체적으로 까다로운 규정을 만들었으며 프랑스의 AOC 개념이 처음 만들어진 곳이다.

샤토 하야스Chateau Rayas

1880년 알베르 레노(Albert Reynaud)가 프랑스 남부 론 계곡의 샤토뇌프 뒤 파프에 위치한 샤토 하야스를 매입했다. 그 후 루이 레노(Louis Reynaud)와 그의 아들 자크 레노(Jacques Reynaud)가 샤토 하야스 포도원을 물려받으며 최고급 와인을 극도로 적은 양만 생산하면서 세계에 알려지게 되었다. 그는 와인 레이블에 '프르미에 그랑 크뤼(Premier Grand Cru)'라고 표기하는데, 프랑스의 명칭법을 위반했음에도 불구하고 고급 와인으로 인정을 받았다. 자크 레노는 샤토뇌프 뒤 파프의 대부로 불리며, 론 와인의 인지도를 높인 공헌자이기도 하다. 로버트 파커는 저서 『론 계곡의 와인들』에서 하야스를 현대적인 양조 기법과는 정반대의 방법을 사용해 세계적으로 가장 주목받는 와인을 생산한다고 저술하였다.

지공다스Gigondas

로마인에 의한 흔적들이 남아 있으며 지중해의 좋은 날씨와 붉은 토양의 이점을 가지고 있는 지역으로 남부 론에서 샤토뇌프 뒤 파프 와인을 대체할 만한 와인으로 꼽힌다. 주로 그르나슈 품종을 사용해 와인을 만들고, 시라와 무르베드르 등의 토착 품종을 블렌딩(GSM 블렌딩)하여 레드와인과 약간의 로제와인을 생산한다. 진하고 타닌 성분이 많고, 향신료 풍미를 느낄 수 있으며 10~15년 정도의 보존력을 가진 와인이다.

타벨Tavel & 리락Lirac

남부 론의 최남단에 있는 마을이다. 프랑스 로제와인의 원조는 타벨과 리락으로 모두 크고 동그란 자갈 토양에서 생산된다. 그르나슈 품종이 60% 이상 들어가고, 최소 15%의 생소를 사용하여, 강한 구조감과 함께 로제와인의 명산지로 꼽히는 지역이다. 리락에서는 샤토뇌프 뒤 파프와 유사한 느낌의 레드와인이 생산된다.

♀ WINE NOTE

포도 수확기 공시 축제Côte du Rhône Wine Festival

1995년부터 9월 첫 번째 토요일(최근에는 8월 말) 코트 뒤 론의 수도인 아비뇽(Avignon)에서는 포도 수확 개시를 축하하는 행사를 한다. 수확의 즐거움과 함께 대표적인 유적지인 로세 데 돔(Rocher des Doms)에서 다양한 행사가 펼쳐진다. 이 축제는 와인 생산자 조합의 행진이 하이라이트이며, 이때 현장에서 갓 수확한 포도를 즉석에서 짠 포도즙도 맛볼 수 있다.

4
Champagne
샹파뉴

샴페인은 최고급 스파클링와인의 대명사로, 프랑스 샹파뉴 지방에서 생산된 스파클링와인만 샴페인이라 부를 수 있다. 샹파뉴 지방은 파리에서 동쪽으로 약 120km의 거리에 위치하며, 위도상으로 프랑스의 와인 생산지 중 최북단에 위치한다. 대륙성 기후로 연중 평균 기온 10℃ 이내로 프랑스 와인 산지 중 가장 서늘한 지방이다. 백악질 토양을 파내 만든 지하 동굴은 샴페인 숙성에 최적일 뿐 아니라, 중요 무역로로서 1,500년 동안 수많은 전쟁과 투쟁에도 이곳의 와인을 지켜왔다.

지난 200년 동안 샴페인 양조 방법이 개선되면서 '메소드 샹프누아즈Methode Champenoise'라는 2차 발효 기술과 코르크를 병입하는 기술 등 스파클링 와인 산지의 중심지로 자리 잡았다.

샹파뉴의 포도 품종

샹파뉴에서 샴페인을 만들 때는 아래의 3가지 포도 품종만을 주로 사용한다.

🍇 피노 뫼니에
레드 품종으로 유연하고 유순한 과일 향이 특징이다.

🍇 피노 누아
레드 품종으로 와인에 풍부한 과일 향과 구조감 및 깊이감을 제공한다.

🍇 샤르도네
화이트 품종으로 와인에 신선한 산미와 더불어 섬세함과 복합미, 장기 숙성력을 제공한다.

샹파뉴의 등급 제도

샹파뉴는 마을을 분리하여 비율별로 포도밭의 등급을 정하는 것이 특징이다. 샹파뉴에는 총 324개의 AOC가 있다. 그중 그랑 크뤼는 17곳, 프르미에 크뤼는 43곳, 크뤼 클라세는 264곳이다.

샴페인의 당도 표기

엑스트라 브뤼(Extra Brut): 가장 드라이함(1L당 6g 정도)

브뤼(Brut): 단맛이 거의 없음(1L당 15g 정도)

섹(Sec): 약간 단맛(1L당 17~35g)

드미 섹(Demi-sec): 단맛(1L당 33~50g)

두(Doux): 디저트용 단맛(1L당 50g 이상)

병입자 코드

NM(네고시앙 마니퓔랑, Négociant-Manipulant)
포도를 구매해 양조하는 샴페인으로, 모엣 헤네시로 유명한 LVMH, 페르노리카 등의 산하에서 대형 샴페인 하우스를 운영한다. 샴페인 총판매액의 약 3/4 정도를 차지하며, 수출량의 약 90%에 달한다.

RM(레콜탕 마니퓔랑, Récoltant-Manipulant)
자신이 소유한 밭에서 재배한 포도만으로 샴페인을 만드는 것으로, 대다수가 소규모 경영을 하고 있다.

그 밖에 **CM**(쿠퍼레이트 마니퓔랑, Coopérative de Manipulation: 조합이 양조하고 판매), **RC**(레콜탕 쿠퍼레이퇴르, Récoltant-Coopérateur: 조합이 만든 샴페인을 판매하는 재배자), **MA**(마르크 다쉐퇴르, Marque d'Acheteur: 구매자의 자체 브랜드)가 있다.

샹파뉴의 와인 산지

코트 데 블랑Côte des Blancs

주 품종으로 샤르도네를 사용하며, 랭스 산악 지대 바로 아래쪽에 위치한다.

몽타뉴 드 랭스Montagne de Reims

주 품종으로 피노 누아를 사용하고, 포도가 익는 데 이상적인 기후를 가진 지역이다.

발레 드 라 마른Vallee de la Marne

계곡의 단층이 드러난 곳에 넓은 포도원이 펼쳐져 있다. 피노 뫼니에를 키우기 적합한 지역으로, 과실향이 풍부하며 마시기 수월한 샴페인을 생산한다.

로제 데 리세Rosé des Riceys

오브 지방의 리세에서 생산되는 소량의 로제와인 AOC로 깊이가 있는 상큼함을 느낄 수 있다.

코토 샹프누아Coteaux Champenois

대부분이 스틸 화이트와인, 소량의 스틸 레드와인, 극소량의 스틸 로제와인을 생산한다.

다양한 샴페인의 종류

로제 샴페인Rose Champagne

핑크빛이 감도는 로제 샴페인은 피노 누아, 피노 뫼니에, 샤르도네의 블렌딩으로 레드와인을 섞거나, 또는 레드 품종으로 로제와인을 만드는 방식으로 만든다. 식전주, 가금류, 붉은 과일을 포함한 디저트와 어울린다.

빈티지 샴페인Vintage Champagne

샹파뉴 전체 생산량의 약 10%를 차지하는 빈티지 샴페인은 특별히 수확과 품질이 좋은 해에 제조업자들이 연도를 기재하여 생산한다. NV(넌 빈티지 Non Vintage) 샴페인은 멀티플 빈티지라고도 하며 여러 해의 와인을 섞어 만들었다는 의미다. 주로 최근 빈티지부터 3년 정도 숙성한 와인들을 블렌딩하여 만든다.

블랑 드 블랑Blanc de Blancs

직역하면 '화이트에서 얻은 화이트'란 뜻으로 100% 샤르도네 품종만을 사용해 만들어져 섬세하고 가벼우며 신선한 향이 특징이다. 입안에서 굉장히 깔끔하다.

블랑 드 누아Blanc de noirs

직역하면 '레드에서 얻은 화이트'란 뜻으로, 주 품종인 피노 누아와 피노 뫼니에 품종을 블렌딩해 사용하거나 한 가지 품종만을 사용하여 샴페인 특유의 화이트와인 색을 뽑아낸다. 레드 특유의 타닌이 풍부하고, 포도 향이 강하여 식사와 잘 어울린다.

🍷 WINE NOTE

샤브라주Sabrage란?

과거 프랑스 공화국 근위대의 경기병들이 승리를 자축하기 위해 검으로 샴페인 병의 목을 베어 술을 마신 것으로부터 유래된 방법이다. 이 기술은 나폴레옹 군대가 귀족의 영토를 방문 했을 때 특히 인기를 얻었다. 나폴레옹은 "샴페인! 승리하면 마땅하고, 패배하면 필요하다"라고 말하며 샤브라주를 장려했다. 한 손으로 병을 붙들고 다른 손으로는 세이버라는 칼날을 쥔 채 칼날을 가볍게 밀어내듯 병목의 볼록 튀어나온 부분을 치면 병 내부의 압력과 세이버의 전달된 힘으로 인해 5~10m의 거리로 병목을 날려 보낼 수 있다.

대표적인 샴페인

모엣 & 샹동Moët & Chandon

현재 LVMH 소속으로 세계 최대의 샴페인 하우스다. 1743년 마른 계곡의 포도원에 클로드 모엣Claude Moët이 메종 모엣Maison Moet을 창시한 후 아들 클로드 루이스 니콜스와 손자 장 레미에게 물려주었다. 1833년 장 레미의 사위인 피에르 가브리엘 샹동Pierre-Gabriel Chandon이 장 레미 모엣Jean-Remy Moët의 파트너로 회사에 합류하면서 회사 이름이 **모엣 샹동**Moët et Chandon으로 변경되었다.

모엣 샹동은 1971년에 헤네시Hennessy 코냑과 합병 후 모엣 헤네시Moët-Hennessy가 되었고, 1987년 루이 뷔통Louis Vuitton과 합병하여 LVMH(Louis-Vuitton-Moët-Hennessy)가 되었다. 1973년 당시 모엣 헤네시 사는 미국 최초의 프랑스 소유 스파클링와인 벤처로서 나파 밸리에 도멘 샹동Domaine Chandon을 설립하였다. 도멘 샹동은 1959년에 아르헨티나, 1973년에는 브라질의 가리발디 남부에 와이너리를 세웠고, 1986년에는 호주 빅토리아주 콜드스트림, 2013년에 중국 닝샤, 2014년에는 인도 나시크 지역에서 샹동의 이름으로 와인을 생산하고 있다.

1,190헥타르의 석회암 토양(그중 50%는 그랑 크뤼, 25%는 프르미에 크뤼)으로 된 샹파뉴에서 가장 큰 규모의 포도원과 28km 이상 뻗어 있는 미로 같은 지하 셀러를 가지고 있으며, 매년 약 2,800만 병의 샴페인을 생산하고 있다. 빈티지 샴페인인 돔 페리뇽이 가장 유명하다.

황제의 샴페인 크리스털, 루이 로드레Cristal, Louis Roederer

농노 해방을 통해 러시아 근대화에 큰 영향을 준 인물인 러시아의 황제 알렉상드르 2세Alexander II를 위한 황제의 샴페인! 프랑스 샹파뉴 지방의 루이 로드레Louis Roederer 사가 1876년에 황제를 위한 샴페인을 만들기 위해, 투명한 크리스털 병을 특별 주문했다고 한다. 반짝이는 조각의 와인 병 주위에는 황제의 문양을 넣었다. 밑바닥은 평평하게

 WINE NOTE

샴페인의 아버지, 돔 페리뇽Dom Pérignon(1668-1715)

"나는 지금 하늘의 별을 마시고 있다." 수도사 페리뇽은 우연히 병 속에서 발효가 일어나 탄산가스가 녹아 있는 와인을 마시고 이렇게 말했다고 한다. 그는 최초로 탄산가스의 압력을 버티는 병과 코르크 고정 철사를 고안하였고, 최초의 샴페인 포도 품종들을 블렌딩하기도 하여 샴페인의 아버지로 불린다. 모엣 샹동 사는 프랑스 에페르네(Épernay) 지방에 1743년 설립된 세계적 샴페인 전문 회사로 돔 페리뇽의 업적을 기리기 위해 돔 페리뇽 샴페인을 출시하여, 전통 방식으로 한정된 양만 생산한다. 현재 LVMH에 소속되어 고가에 팔리며 그 명성만큼이나 품질을 인정받고 있다. 돔 페리뇽 로제 샴페인은 이란 국왕의 주문으로 특별히 만든 것으로 1959년에 첫 빈티지가 탄생했다. 최근에는 돔 페리뇽 에노테크 라인을 출시하였다. 빈티지가 좋은 해에는 소량만 출시하고 나머지는 계속 비축하고 숙성을 연장하여 최소 7년(1단계: Plénitude)에서 15~20년(2단계: Plénitude, P2), 30년 이상(3단계: Plénitude, P3)으로 구분해 출시하고 있으며 최고급 샴페인의 명성을 지속적으로 유지하고 있다.

펀트가 없게 만들었으며 암살 방지를 위해 투명한 병에 병입하는 것이 특징이다.

샴페인의 어머니, 뵈브 클리코 퐁사르당Veuve Clicquot

'뵈브 클리코'는 프랑스어로 '미망인 클리코'라는 뜻으로, 27세라는 젊은 나이에 남편을 여읜 미망인 니콜 퐁사르당이 시댁의 사업을 물려받은 뒤 자신의 처녀 때 성인 퐁사르당을 덧붙여 '뵈브 클리코 퐁사르당'이라는 이름으로 출시하였다.

해외 시장 개척을 지향하며 오늘날 제품의 85% 이상을 프랑스 외 150여 개국에 수출한다. 마담 클리코의 발명품인 르뮈아주Remuage 방식은 샴페인 2차 발효 중 하는 침전물 제거 방법이다. 하루에 서너 번씩 거꾸로 세운 병을 돌려줌으로써 병의 목 부분에 침전물이 쌓이게 되는데, 1816년에 마담 클리코는 최초의 찌꺼기 제거 테이블을 발명하였다. 이 발명품은 오늘날 샹파뉴 지방 전역에서 사용되는 포도주 저장 선반의 전신이 되었다. 특허받은 옐로 레이블Yellow Label이 인상적이며, 현재 LVMH가 소유하고 있다.

처칠이 사랑한 샴페인, 폴 로저Pol Roger

처칠은 폴 로저 샴페인을 마셔본 후 첫 잔에 깊은 인상을 받아 평생 이 와인을 즐겼다고 한다. 퀴베 윈스턴 처칠이 특히 유명하다. 에페르네 계곡과 코트 데 블랑에 위치한 지역에서 생산된다.

영국 왕실의 공식 샴페인 볼링저Bollinger

1884년 빅토리아 여왕 시대 이래 현재까지 영국 왕실의 공식 샴페인으로, 영국의 비밀 요원 007 제임스 본드가 즐겨 마시는 샴페인이자 찰스 황태자와 다이애나 비 결혼식 연회에 쓰인 샴페인이다. 왕실에서 사냥 도중 목이 마를 때 'Give me my Bolly.'라 말한 것에서 유래하여 현재까지 영국인들에게 볼리Bolly라고 불리고 있다.

자크 셀로스Jacques Selosse

1949년대에 아비즈Avize 지역에 설립된 와이너리로 1980년부터 앙셀므 셀로스Anselme Selosse가 관리하였다. 1970년대까지만 해도 샹파뉴 지역 대부분의 포도는 거대 샴페인 하우스가 포도를 사서 만들어 샴페인의 개성이나 포도의 품종적 특징보다 브랜드의 영향력을 중시하고 있었다. 이러한 상황에 반대해 앙셀므 셀로스는 부르고뉴 지역에서 양조 경력을 쌓았다. 이곳에서 테루아에 대한 영감을 얻은 그는 아내와 함께 샴페인의 역사를 바꾸어 놓는 작업을 시작하며 지역 생산자들에게 영향을 미쳤다. 그들은 와인에 있어서 가장 중요한 것은 건강한 토양과 완벽한 품질의 포도라고 생각하였다. 건강한 토양을 위해 바이오다이내믹을 기반으로 한 포도밭 관리와 포도 자체의 집중도를 높이기 위한 산출량 조정을 함으로써 샹파뉴 지역에서 생물학적으로 가장 잘 익은 포도(가장 비싼)로 만든 와인을 생산하였다. 또한 토착 효모와 최소한의 이산화황으로 양조를 진행하며 모든 와인은 과도한 오크의 개입을 막기 위해 새 오크는 20% 미만으로 사용한다. 도멘 르플레브Domaine Leflaive에서 제공하는 작은 배럴을 사용해 발효를 진행한다.

크리아데라를 사용한 솔레라 시스템으로 와인을 숙성시키는 것이 가장 큰 특징이다. 이러한 숙성으로 인해 나타나는 산화된 향이 자크 셀로스만의 특징이며, 진저브레드 향과 사과 향으로도 유명하다.

주목받는 부티크 RM 샴페인, 제이 샤펑티에J. Charpentier

제이 샤펑티에는 와인 생산자가 자신의 소유한 밭에서 재배한 포도만으로 샴페인을 만드는 RM 샴페인으로, '월드 베스트 레스토랑 50'에서 다년간 1위를 차지했던 덴마크 코펜하겐의 노마Noma 레스토랑의 하우스 샴페인으로 선정될 만큼 세계적으로 인정받는 샴페인이다. 샤펑티에는 18세기에 샹파뉴 지역 주민들에게만 소량으로 와인을 판매했던 샴페인 하우스로 1960년대부터 대대적인 셀러 확장과 온도 조절 장비 등 아낌없는 투자와 연구에 열정을 쏟으며 신흥 샴페인 하우스로 자리 잡았다. 현재 5대째 오너이자 와인메이커인 장 마크Jean Marc는 와인 양조학 및

와인 분야 법률, 품질 및 경영 관리 마스터 학위를 딴 엘리트 와인메이커로써 랭스청년양조가협회의 회장도 역임 중이다. 자연에 대한 존중과 철학으로 모든 포도를 일일이 손 수확하며 만든 친환경 샴페인으로, 특유의 신선한 풍미와 섬세하고 우아한 버블 캐릭터로 여러 부티크 샴페인 브랜드 중에서도 큰 주목을 받고 있다.

 WINE NOTE

샹파뉴의 와인 축제, 생 티에리Saint Thierry 산악 지방의 포도 수확 행사

10월 중순에 개최되는 축제로 포도의 수확에서 압착, 양조, 오크통 제조 등 샴페인 양조의 전 과정을 지켜볼 수 있다. 마차를 타고 산책을 하거나, 민속 연주 등의 행사도 있다.

"샴페인은 아침, 점심, 그리고 저녁에 적합한 와인입니다."

– 매들린 푸케트, 2010

5
Loire
루아르

루아르는 100개가 넘는 아름다운 고성이 있는 지역으로 '프랑스의 정원'이라고 불린다. 프랑스에서 가장 긴 루아르강(중앙부에서 대서양까지 1,070km)에 인접하여 계단식 밭을 이루고 있으며, 서쪽에서 동쪽으로 갈수록 높은 지대와 다양한 토양을 형성하고 있다. 프랑스 서남쪽에 위치하며, 온화하고 습한 기후(낭트 지역 근방), 대륙성 기후(내륙 지방) 등 기후 조건이 다양하며, 일조량이 풍부하고 초봄과 늦가을에 많은 비가 내린다.

화이트와인이 전체 생산량의 54% 정도로, 스틸와인 외에도 로제, 스파클링 및 디저트 와인도 생산한다. 특히 여름의 피크닉 와인으로도 유명하다. 파리와 가까이 위치하여 파리지앵들의 사랑을 받는 가성비 좋은 와인으로 유명하며, 최근에는 내추럴 와인 생산자들의 성지로 매해 내추럴 와인 살롱을 개최하고 있다.

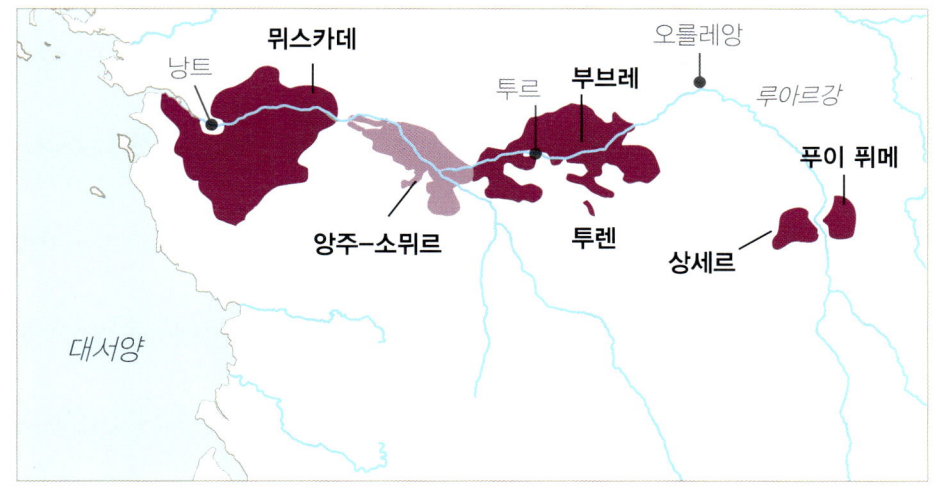

루아르의 포도 품종

🍇 화이트 품종

뮈스카데Muscadet

부르고뉴가 원산지로, 루아르에서는 믈롱 드 부르고뉴Melon de Bourgogne(부르고뉴의 멜론이란 뜻)라고 불린다. 낭트 지역의 동남쪽, 뮈스카데 세브르 에 멘이 가장 유명하다.

소비뇽 블랑

퓌메 블랑Fumé Blanc으로도 불리며, 토양과 기후에 아주 민감한 품종이다. 시원한 대륙성 기후의 상세르와 푸이 퓌메 지방에서 유명 화이트와인이 만들어진다.

슈냉 블랑

루아르가 고향인 품종으로, 플랑 당쥬Plant d' Anjou, 피노 드 라 루아르Pineau de la Loire로도 불린다. 드라이한 와인부터 달콤한 와인과 스파클링와인까지 생산 가능한 품종이다.

🍇 레드 품종

카베르네 프랑

루아르에서 가장 유명한 레드와인 품종으로, 브르통Breton(브르타뉴어)이라고도 불린다. 시농, 부르게이, 생 니콜라 드 부르게이, 소뮈르, 소뮈르 샹피니, 앙주, 앙주 빌라주의 AOC가 있다. 로제와인 양조와 투렌 AOC의 블렌딩 로제와인으로도 유명하다.

그롤로Grolleau

투렌이 원산지로 카베르네 프랑 다음으로 루아르 계곡에서 가장 많이 심는 품종이다. 가볍고 과일 향이 풍부한 로제와인을 만든다.

가메

투렌과 앙주에서 주로 재배하는 품종으로 루아르의 화강암 토양과 서늘한 동부 지역의 기후 조건이 보졸레의 토양과 유사하다.

피노 누아

중부 지구에서 재배되며, 상세르의 레드와인이 유명하다.

카베르네 소비뇽

앙주 빌라주 AOC와 브리삭 편암 위에서 재배되며, 와인에 훌륭한 타닌과 구조감을 준다.

코(말벡)Cot

말벡Malbe 품종을 '코'라고 부른다. 품질 좋은 와인의 생산을 위해 카베르네 프랑이나 가메와 블렌딩한다.

루아르의 와인 산지와 대표 와인

포도의 재배 면적은 프랑스 3위 정도로 넓고, AOC 와인의 생산량은 프랑스에서 4위를 차지한다. 포도원은 햇빛이 잘 드는 언덕과 강의 테라스에 발달해 있다. 루아르의 주요 와인 생산 지역은 투렌 Tourains, 앙주-소뮈르Anjou-Saumur, 낭트Nantes, 그리고 중부 지역Centre Nivernais이다.

상세르Sancerre

상세르는 580년경부터 포도가 재배되기 시작하였다는 기록이 있고, 11세기에 이미 유럽 전역에서 높은 품질로 명성을 얻었다. 화이트와인은 소비뇽 블랑으로 만들어지며, 과일 향이 풍부하고 신선하며 드라이한 와인으로 유명하다. 레드와인은 피노 누아로 만들며 붉은 과실류의 향과 더불어 장기 숙성이 가능한 와인으로 생산한다.

푸이 퓌메Pouilly-Fumé

100% 소비뇽 블랑으로 만든 신선하고 부드러우며 상큼한 화이트와인으로 유명하다.

투렌Touraine

주로 단일 품종으로 양조된 화이트와인을 생산한다. AOC로는 부르게이, 생 니콜라 드 부르게이 Saint-Nicolas-de-Bourgueil, 부브레, 몽루이Montlouis, 시농Chinon, 투렌, 슈베르니Cheverny, 쿠르 슈베르니 Cour Cheverny, 코토 뒤 루아르Coteaux de Loire, 자니에르Jasnières가 있다.

부브레Vouvray

슈냉 블랑 품종으로 만든 화이트와인과 발포성 와인이 유명하다. 부드럽고 신선한 와인이면서 시간이 경과되며 잘 익은 과일이나 벌꿀 향이 드러난다.

부르게이Bourgueil

카베르네 프랑으로 만든 레드와 로제와인이 유명하다. 붉은 과일 향이 특징인 우아한 와인을 생산한다.

앙주-소뮈르Anjou-Saumur

루아르 지방의 중심에 위치해 있다. 슈냉 블랑과 카베르네 프랑이 주 품종이며, 테루아와 미세 기후가 매우 다양하여 다채로운 스타일의 와인이 만들어진다.

로제 당주Rose d'Anjou

그롤로 품종을 사용해 감미 로제와인을 만들며, 신선하고 가벼운 과일 향의 단기 숙성 와인을 생산한다.

크레망 드 루아르Cremant de Loire

슈냉 블랑, 카베르네 프랑, 카베르네 소비뇽, 피노 도니스Pinot d'Aunis, 피노 누아, 샤르도네, 그롤로, 피노 뫼니에로 만든 스파클링와인이 유명하다. 미세한 거품과 섬세한 향이 특징이다.

낭트Nantes

뮈스카데의 본고장으로, 와인 효모의 앙금을 거르

지 않아 향과 깊이가 있는 화이트와인을 생산한다. 7세기에 네덜란드 와인 상인들이 낭트에 브랜디가 첨가된 와인 생산을 위해 조기 숙성용 뮈스카데(믈롱 드 부르고뉴) 포도를 심도록 장려하였다. 현재도 뮈스카데가 와인 생산량의 대부분을 점유하고 있다. 섬세하고 순하며, 우아함이 뛰어난 와인을 낭트의 23개의 마을에서 생산한다.

뮈스카데 세브르 에 멘Muscadet Sèvre et Maine

뮈스카데 품종으로 드라이한 화이트와인을 생산하는 지역. 양조 시 효모의 앙금을 거르지 않고 숙성하여 와인에서 더욱 풍부하고 다양한 신선함이 나타난다.

6

Alsace
알자스

알자스는 프랑스 북동부에 위치하며, 독일과 국경을 접한 스트라스부르Strasbourg에서 탄까지 170km에 걸쳐 좁고 길게 이어져 있는 서늘한 와인 산지이다. 축축한 비와 서쪽에서 불어오는 바람과 냉습을 막아주는 차단막 역할을 하는 보주산맥Vosges Mts.의 동쪽 구릉에 위치하며, 대륙성 기후다.

알자스는 '힘을 솟게 하고 기분을 좋게 해주는 와인'이라는 평을 듣는 화이트와인의 본고장이다. 30년 전쟁과 알퐁스 도데의 소설『마지막 수업』의 배경이 된 곳으로 알려져 있으며 게르만과 라틴 문화가 교차하며 라인강을 사이에 두고 독일과 국경을 이루며 끊임없이 분쟁이 일어난 지역으로 독일 문화의 영향을 많이 받은 곳이다.

세계에서 가장 유명한 드라이 리슬링과 개성 있는 향의 게뷔르츠트라미너 와인이 유명하다. 독일 와인과 같은 목이 긴 프뤼트 스타일의 와인 병Flûtes d' Alsace을 사용하고, 프랑스면서 와인은 독일 성격을 지녀 독특한 개성이 있다.

최근 알자스 포도밭의 약 14%인 2,200헥타르에서 280명의 포도 생산자가 유기농 또는 바이오다이내믹 농법으로 전환하였으며, 프랑스에서 유기농 전환이 가장 많이 진행된 지역 중 하나로 앞으로의 변화가 더욱 기대되는 산지다.

알자스의 포도 품종

알자스에서 재배가 인증된 8가지 포도 품종으로는 실바너, 게뷔르츠트라미너, 피노 블랑, 리슬링, 뮈스카, 피노 그리, 샤슬라, 오세루아가 있다. 다양한 토양과 와인 양조법에 따라 복합적이고 신선하면서도 다채로운 풍미가 담긴 와인을 생산하고 있다.

🍇 화이트 품종
리슬링Riesling

알자스 최고의 와인을 만드는 대표 포도 품종으로 매우 섬세하고 품격 있는 와인을 만든다. 미네랄과 휘발유(페트롤) 향이 특징이다.

게뷔르츠트라미너Gewurztraminer

알자스어로 '향신료 향이 나는 트라미너'를 뜻하며, 강렬하고 스파이시한 향, 장미, 리치, 열대 과일 향이 특징이다.

피노 그리Pinot Gris

복합미 있는 와인을 생산하는 품종으로, 스모키한 향과 스파이시함이 특징이다.

실바너Sylvaner

과일 향이 풍부하고 마시기 쉬운 상쾌한 와인을 생산하는 품종이다.

피노 블랑Pinot blanc

오래 숙성시키지 않고 신선할 때 즐기는 스타일의 와인을 만든다.

뮈스카Muscat

향기가 진하고 산뜻하며 우아한 스타일의 화이트 와인을 생산한다. 뮈스카 아 프티 그랭Muscat à Petits Grains, 뮈스카 드 프롱티냥muscat de Frontignan이라고 불리는 뮈스카 달자스Muscat d'Alsace와 뮈스카 오토넬Muscat Ottonel 두 가지 품종이 있는데, 대개 블렌딩에 사용된다. 이 품종들은 드라이하면서 신선한 포도의 강렬한 맛과 향이 난다.

🍇 레드 품종
피노 누아

알자스의 유일한 레드와인 품종으로 레드나 로제 와인을 만든다. 붉은 과일 향, 체리 향, 스파이시한 맛과 부드러운 타닌이 특징이다.

알자스의 등급 제도

알자스 AOC 와인 등급은 3가지로 나뉜다.

알자스Alsace AOC(1962년 제정, 생산량의 78%)

단일 품종으로 생산되며 포도 품종의 이름을 레이블에 표기한다. 화이트, 로제 및 레드와인을 생산하며, 복수 품종을 블렌딩한 경우 에델츠비커 Edelzwicker나 정티Gentil라고 표기한다.

알자스 그랑 크뤼Alsace Grand Cru AOC(1975년 제정, 생산량의 4%)

보주산맥 아래 해발 200~400m 높이의 가파른 언덕에 위치한 그랑 크뤼 산지에서 자라난 뛰어난 품질의 포도를 손으로 수확한 후 만든 화이트와인만 인정한다. 50개의 그랑 크뤼가 지정되었으나, 2006년 케퍼코프Kaefferkopf가 추가되면서 51개가 되었다. 그랑 크뤼에 허용된 포도 품종은 리슬링, 게뷔르츠트라미너, 뮈스카, 피노 그리 4가지다.

알자스의 유명 와이너리들

도멘 F.E 트림바흐Domaine F.E. Trimbach

도멘 휘겔에 피스Domaine Hugel & Fils

도멘 마르셀 다이스Domaine Marcel Deiss

도멘 바인바흐Domaine Weinbach

도멘 슐룸베르거Domaine Schlumberger

도멘 진트 훔브레이트Domaine Zind-Humbrecht

크레망 달자스Crémant d' Alsace AOC(1976년 제정, 생산량의 18%)

전통적인 샴페인 방식으로 최소 9개월 이상 2차 병 숙성하여 생산한 스파클링와인을 말한다. 로제 크레망은 피노 누아 단일 품종으로 만든다. 주로 피노 블랑, 피노 그리, 피노 누아, 리슬링, 오세루아 블랑, 샤르도네 품종을 사용한다.

클레베너 데 하일리겐슈타인Klevener de Heiligenstein AOC

알자스에서 유일한 지리적 AOC 명칭으로, 트라미너Traminer 계열의 품종인 사바냥 로즈Savagnin rose 포도로 만든 와인에 사용되는 명칭이다. 이 품종은 게뷔르츠트라미너보다는 향이 은은한 편이다.

기타 알자스 와인

방당주 타르티브Vandange Tardive

늦게 수확한 포도로 만든 와인Late harvest이란 뜻으로, 단맛의 화이트와인이다. AOC 알자스 또는 AOC 알자스 그랑 크뤼로 표기된다.

셀렉시옹 드 그랑노블Sélection de Grains Nobles

'고귀한 열매의 선택'이라는 뜻으로 선별 작업을 거친 귀부 포도로 만든 단맛의 화이트와인이다. AOC 알자스 또는 AOC 알자스 그랑 크뤼로 표기된다.

뱅 드 글라스Vins de Glace, 아이스바인

12월이나 1월에 영하의 기온에서 포도를 수확하여 양조한 와인이다. 프랑스의 와인 법령에는 포함되지 못했지만, 고가에 판매된다.

♟ WINE NOTE

알자스 와인 축제

알자스에서 생산되는 7가지 포도 품종과 여러 와이너리들을 소개하기 위해 매년 4월에서 10월 사이에 약 50여 개의 축제가 열린다. 4월의 마지막 주말을 시작으로 와인 시음회를 비롯해 온 가족이 즐길 수 있는 흥미로운 관심거리가 가득 찬 축제들이 계속해서 펼쳐진다.

7

Jura-Savoie
쥐라-사부아

쥐라는 근대 양조학의 아버지 파스퇴르의 고향으로 유명한 지역이다. 프랑스 부르고뉴와 스위스 사이에 위치하며 혹독한 겨울, 춥고 습한 봄, 무더운 여름, 햇볕이 풍부한 가을이 특징이다. 반 대륙성 기후로 포도나무의 성장과 성숙에 유리하다. 일반적으로 남서향을 바라보는 포도밭은 해발 200~500m의 산 경사면에 펼쳐져 있으며 매우 다양한 토양으로 구성되어 있다.

쥐라는 뱅 존과 뱅 드 파이유 같은 개성 있는 와인을 만들며, 최근에는 품질 좋은 레드, 로제, 당도가 있거나 드라이한 화이트, 스파클링도 생산한다. 최고의 요리를 위한 소스의 와인으로도 유명하다.

쥐라의 포도 품종

🍇 화이트 품종

사바냥Savagnin

쥐라를 대표하는 화이트 품종으로, 유명한 뱅 존 와인을 만든다. 단독 또는 샤르도네와 블렌딩하느냐에 따라 매우 개성이 뚜렷하고, 구조가 좋은 와인이 되며 장기 숙성에 적합하다.

샤르도네

믈롱 다르부아Melon d'Arbois라고도 불리며, 쥐라에서 화이트 품종 재배량의 약 50%를 차지한다. 풀사르, 사바냥과 블렌딩하기도 한다. 크레망 뒤 쥐라 스파클링와인을 만들 때 쓰며, 꽃과 과일의 아로마가 특징이다.

🍇 레드 품종

풀사르Poulsard

아르부아의 유명한 품종으로 쥐라 레드와인의 80%를 차지한다. 연붉은색을 띠고, 타닌이 부드러우며, 붉은 과일 향이 풍부하다. 스파이스와 숲속의 흙냄새로 표현된다. 트루소와 블렌딩하여 로제와인도 생산한다.

트루소Trousseau

강건함과 타닌감, 스파이시한 아로마와 검붉은 과일 향이 나고, 피노 누아, 풀사르 등과 함께 블렌딩한다.

피노 누아

풀사르, 트루소와 블렌딩하여 깊고 과실 향이 상큼한 레드와인을 만들며 산딸기, 블랙커런트, 향신료 등의 향이 난다.

쥐라의 와인 산지

쥐라는 전 지역에서 AOC 등급의 와인을 만들며, 총 7개의 AOC가 있다. 1936년 처음 아펠라시옹 지위를 획득한 아르부아Arbois, 샤토 샬롱Château-Chalon, 레투왈L'Étoile, 코트 뒤 쥐라Côte du Jura까지 4곳의 지역 AOC가 있다.

쥐라 전 지역에서 만들어내는 스파클링와인인 크레망 뒤 쥐라, 증류주를 섞어 만든 리큐르인 마크뱅 뒤 쥐라, 포도 껍질을 증류해 만든 마르 뒤 쥐라 등 3가지 생산 방식에 따른 AOC가 있다.

도멘 장 프랑수아 갸느바Domaine Jean-François Ganevat

샤사뉴 몽라셰의 장 마르크 모레이(Jean Marc Morey)의 양조자였던 장 프랑수아 갸느바는 1998년에 쥐라의 극남쪽에 위치한 로탈리에(Rotalier)에서 오랜 전통을 가진 와이너리 가문의 14번째 계승자가 되었다. 그는 거의 사라져버린 그 지역의 토착 품종을 재생해 와인을 생산한다는 철학을 가지고 유기농 양조 기법에 심혈을 기울였다. 바이오다이내믹 용법을 사용하는 갸느바의 포도밭은 땅에 있는 모든 에너지나 자원들이 훼손되지 않도록 매우 신중하게 자연을 대하며, 자연의 힘으로 뭐든지 가능하도록 환경을 지켜줄 뿐 인간의 간섭을 하지 않는 것이 철학이다. 현재 쥐라 지방을 넘어 가장 뛰어난 내추럴 와인을 만든다고 인정받는 생산자이기도 하다.

쥐라의 대표 와인

뱅 존Vin Jaune

'노란 와인Yellow Wine'이란 뜻으로, 사바냥 품종으로만 양조한다. 가능한 잘 익은 포도를 선별하여, 당도가 없으며 산화 숙성된 독특한 와인으로 양조된다. 228L 오크통에서 6년 3개월 동안 숙성하며 이 기간동안 우이야주Ouillage(와인 보충)나 수티라주Soutirage(옮겨넣기)를 실시하지 않아 와인의 표면에 효모의 얇은 막Fleure du Vin, Voile이 생긴다. 그 막의 아래에서 와인이 서서히 산화 숙성하여 노란색을 띤다. 1L의 와인을 숙성시키면 완성된 와인은 62%가 남을 정도로 줄어들기 때문에 620ml 용량의 클라블랭Clavelin 병에 담긴다. 너트 향과 향신료 향이 나며 다른 와인이 흉내 낼 수 없는 '뱅 존의 맛Goût de Jaune'을 지닌다.

샤토 샬롱Chateau Chalon 언덕 위에 위치한 작은 마을에서 생산된 와인이 최상이고, 레투왈L'Etoile 지역 등의 와인도 유명하다.

마크뱅 뒤 쥐라Macvin du Jura

발효한 포도 주스 2/3에 쥐라의 브랜디인 마르 뒤 쥐라Mare du Jura 1/3을 섞어 주정강화시킨 뱅 드 리쾨르Vin de Liqueur이다. 이 와인을 18개월간 오크통에서 숙성을 시키면 과일의 감미로움과 알코올의 힘이 좋은 균형을 이룬다.

뱅 드 파이유Vin de Paille

포도 수확기에 가장 잘 익은 포도송이만을 골라 짚 Paille 위나 발 위에서 최소 6주간 건조한Passerillage 포도로 만든 와인이다. 최근에는 통풍으로 포도를 말린다. 발효 후에는 1L당 3~4%의 천연 당분이 생기며, 오크통에서 2~5년간 숙성된다. 압착 후 3년은 판매할 수 없으며, 파츠Pots(375ml)에 담긴다. 복숭아와 살구 향이 가득한 달콤한 와인으로, 아르부아 지역에서 만들어진 것이 유명하다.

코트 뒤 쥐라Côtes du Jura

쥐라 지방 전역에서 생산되는 와인에 주어지는 AOC 명이다.

크레망 뒤 쥐라Cremant du Jura

쥐라의 스파클링와인을 말하며 풀사르, 피노 누아, 트루소, 샤르도네, 사바냥 5개의 대표 품종으로 만든다. 손으로 수확한 포도송이를 통째로 압착하고, 2차 발효는 18세기부터 전해 내려오는 전통 방식에 따라 와인 병 안에서 이루어진다. 드라이부터 미디엄 드라이 스타일까지 화이트와 로제 크레망으로 생산되며 아페리티프나 디저트 와인으로도 즐기기 좋다.

프랑스 혁명 전의 1774년산 뱅 존 와인

2018년 쥐라의 엉셰르 경매장에 1774년산 아르부아 뱅 존 와인이 3병 출품되었다. 아나투왈 베르셀(Anatoile Vercel, 1725~1786)의 후손에 의해 200년 이상 보관되었던 이 와인들은 각각 10만 3,700유로(약 1억 3천만 원), 7만 6,250유로, 7만 3,200유로에 낙찰되었다. 와인의 빈티지는 프랑스 혁명 15년 전으로, 현존하는 세계에서 가장 오래된 포도주 중 하나이며 예상 낙찰가보다 5배가 높은 가격이었다. 뱅 존은 200년 이상 수명을 유지할 수 있는 유일한 프랑스 와인으로 인정받고 있다.

뱅 존 축제: 페르세 뒤 뱅 존(Percée du Vin Jaune: 뱅 존 술통 깨기)

매년 2월 초 뱅 존 애호가들이 모여, 쥐라에서 뱅 존을 기념하는 축제가 2일간 열린다. 축제 기간 동안 주최 마을은 뱅 존의 색깔인 노란색으로 꾸미고 시음회, 빈티지 와인 경매, 요리 대회 등의 다양한 행사를 연다. 축제의 마지막은 '뱅 존 술통 깨기'라는 뜻의 이름에 맞게 6년 동안 오크통에 잘 숙성시킨 뱅 존 오크통을 깨는 행사로 대미를 장식한다.

사부아의 와인

사부아는 프랑스 중동부의 알프스산맥 아래 산악지대에 위치하여, 스위스, 북쪽의 쥐라, 이탈리아에 걸친 지역으로 레만 호수lac Léman가 둘러싼 곳에 위치한다. 대륙성 기후로, 빙하로부터 흘러온 충적토가 섞인 석회질 토양이 화이트와인을 생산하는 데 매우 좋다. 샤슬라, 알테스Altesse(루세트Roussette: 포도가 적갈색으로 숙성되는 것에서 유래), 자케르 품종으로 만든 화이트와인이 유명하다. 특색 있는 화이트와인이 생산되며 대부분은 현지에서 소비된다.

레드 품종은 몽되즈, 가메, 피노 누아 등이 있고, 아로마 와인인 베르무트Vermouth도 유명하다. 사부아Savoie, 오트 사부아Haute-Savole, 이제르Isére, 앵Ain 지역으로 나뉘며, 4개의 AOC가 지정되어 있다.

뱅 드 사부아Vin de Savoie AOC
루세트 드 사부아Roussette de Savoie AOC
세셀Seyssel AOC
크레망 드 사부아Crémant de Savoie AOC

8
Languedoc-Roussillon
랑그독-루시용

남프랑스의 지중해 연안에 위치하며, 기원전 5세기경 그리스인들이 나르본느Narbonne 근처에서 처음으로 와인을 만들었다는 기록이 있는 오래된 산지다. 프랑스 와인 생산량의 40%를 차지하는 최대 생산지이기도 하다. 랑그독-루시용 지역의 뱅 드 페이는 뱅 드 페이 독Vins de pays d'Oc(랑그독 지방의 지방 명 와인)이라고 불리며, 프랑스 전체 뱅 드 페이 생산량의 70%를 차지하고 주로 단일 품종으로 출시된다.

보통 랑그독-루시용을 붙여서 쓰지만 두 지역은 역사나 와인 생산 면에서 다른 특징을 지니고 있다. 와인 스타일은 레드, 로제와 화이트와인부터 스파클링와인, 그리고 이 지역의 특산품인 천연 스위트와인 뱅 뒤 나튀렐VDN까지 다양하게 생산된다.

랑그독-루시용은 150종 이상의 다양한 포도 품종이 자라는 산지였다. 하지만 필록세라의 재앙 이후 상품적으로 가치가 있는 품종만이 살아남았고, 현재 30여 종의 품종들이 주로 재배되고 있다. 화이트 품종은 클레레트Clairette, 루산느, 마르산느, 비오니에, 샤르도네, 위니 블랑Ugni Blanc, 부르불랑Bourboulenc 등이 있고, 레드 품종으로는 카리냥, 그르나슈, 시라, 생소, 메를로, 카베르네 소비뇽, 무르베드르 등이 유명하다.

뱅 뒤 나튀렐Vins Doux Naturels, VDN

루시용 지방에서 와인에 단맛을 더하기 위하여 와인 발효를 중단시키고 잔당을 남긴 후 브랜디를 첨가하여 만든 '천연 스위트와인'이다. 바뉼스(Banyuls) 지역이 프랑스 최고의 VDN 산지이다. 90%가 단일 포도 품종을 사용하며, 뮈스카, 그르나슈 등을 사용한다. 알코올은 약 16~17도가 된다. 큰 유리 항아리에 담아 햇볕에 노출시켜 장기간 숙성하며, 마데이라와 같은 짙은 색, 나무열매 향, 묵은 향 같은 강렬한 랑시오(Rancio) 풍미가 특징이다.

🍷 WINE NOTE

뮈스카 와인 축제

프롱티냥(Frontignan)에서 열리는 뮈스카 축제. 소설가 프랑수아 라블레는 그의 소설 『가르강튀아와 팡타그뤼엘』에서 이 와인을 칭송했고, 시인 볼테르는 뮈스카 와인을 자신의 생명의 은인이라고 불렀다. 뮈스카 와인의 병 모양은 현재 보르도 병의 시초가 되었다. 프롱티냥의 뮈스카는 연노란색을 띠며 잘 익은 과일 향이 난다. 7월 세 번째 일요일에 축제가 열리며 전시회와 콘서트, 시음회가 진행된다.

랑그독-루시용의 주요 와인 산지

랑그독의 주요 산지로는 코르비에르, 포제르, 피투, 리무, 미네르부아, 생 시니앙, 테라스 뒤 라작 등이 있다.

생 시니앙Saint-Chinian

약한 산도와 부드러운 타닌을 지닌 짜임새 있는 레드 및 로제와인을 만든다. 9세기부터 포도를 심은 지역이지만 14세기 이후 유명해지기 시작하였고, 일반 랑그독 와인보다 타닌이 풍부하다는 특징이 있다.

포제르Faugeres

원래 레드와인과 로제와인 AOC만 허용되다가 2005년부터 화이트와인 AOC가 허용되었다. 레드와 로제는 시라, 그르나슈, 무르베드르, 라이도네 펠루 품종을 사용하며 화이트는 부르블랑 품종을 주로 써서 양조한다. 붉은 과일 향, 후추, 연기 향, 부드러운 타닌과 함께 가볍고 섬세한 향이 특징이다.

피투Fitou

랑그독-루시용에서 가장 오래된 포도원이 있는 곳이다. 그리스인들이 이곳에 처음 포도를 심었고, 로마인에 의해 개발되었다고 한다. 대부분 레드와인을 생산하고 있다.

크레망 드 리무Cremant de Liomux

리무 마을을 중심으로 한 산지다. 최대 90% 샤르도네를 사용해서 스파클링와인만을 생산한다.

블랑케트 드 리무Blanquette de Limoux

최소 90%의 모작에 슈냉 블랑과 샤르도네를 최대 10% 사용한 스파클링와인만을 생산한다.

루시용의 주요 산지로는 바뉼스, 콜리우르, 뮈스카 드 리브잘트, 모리, 리브잘트 등이 있다.

바뉼스Banyuls, 모리Maury, 뮈스카 드 리브잘트Muscat de Rivesaltes

남부의 특산품이자 달콤한 디저트 와인을 위한 천연 스위트와인인 뱅 뒤 나튀렐(주정강화와인)을 생산하는 유명한 AOC들이다.

9
Sud Ouest
남서부 지방

남서부 지방은 보르도의 상인들이 질투할 만큼 품질이 좋은 와인이 생산되던 곳으로, 이곳의 와인은 보르도 항에 들어오는 것이 금지되어 있어서 가론 강을 이용할 수 없었으나 1776년 튀르고 칙령Edit de Turgot으로 프랑스 내 와인 운송에 대한 자유가 선포되었다. 이로써 보르도 와인에 대한 특권이 폐지되었으며, 가끔은 보르도 와인에 남서부 와인을 섞기도 하였다.

총 500km에 달하는 보르도 동쪽 가론강으로부터 로계곡Lot, 바스크 지방 le Pays Basque, 피레네산맥, 가스코뉴 지방Gascogne을 지나 툴루즈Toulouse까지 포함하는 지역으로 대서양 기후의 영향으로 일조량이 풍부하고, 토질과 기후가 다양한 12개의 지역이 위치한다.

옛 포도종과 현대적인 품종이 공존하며, 화이트 품종으로는 소비뇽 블랑, 세미용, 뮈스카데, 슈냉 블랑, 모작Mauzac, 쥐랑송 누아Jurancon Noir, 프티 망상Petit Manseng, 그로 망상Gros Manseng, 옹당Ondenc 등이 있다. 레드 품종으로는 카베르네 소비뇽, 카베르네 프랑, 메를로, 말벡, 아부리우Abouriou, 페르 세르바두fer Servadou, 타나Tannat 등을 사용해 와인을 생산한다.

남서부의 와인 산지

대표적인 AOC로는 마디랑Madiran, 카오르Cahors, 가이약Gaillac이 있다.

마디랑Madiran

타나 품종의 원산지로 진한 붉은 색상을 띠며 검은 과일, 향신료 향이 풍부한 강건한 레드와인을 생산한다.

카오르Cahors

카오르 지역은 말벡(코) 품종의 원산지이다. 이 지역의 와인은 말벡 품종으로 전통적인 방식에 따라 양조하며, 짙은 색상과 깊은 풍미의 강렬한 와인 스타일을 가져 이를 블랙 와인Vin Noir이라고도 한다.

가이약Gaillac

가이약은 오래된 와인 양조 역사를 가지고 있는 지역으로, 로마 시대에 포도가 처음 재배되었으며 중세 시대부터 만들어진 모작Mauzac(화이트 품종)으로 만든 스파클링와인이 유명하다. 또한 가이약 수도원의 수도사들이 처음 포도밭을 가꿨다는 역사도 전해진다. 소비뇽 블랑, 페르Fer와 뒤라Duras는 시라, 메를로, 가메와 블렌딩하며 소박한 레드와인, 드

라이한 화이트와인을 만든다.

쥐랑송Jurancon

쥐랑송은 14세기에 베아른 공의 포도 경작지로 지정되었고, 1553년에 프랑스 국왕 앙리 4세가 쥐랑송의 와인으로 세례를 받기도 하였다. 피레네산맥 서남부 지방 최남단에 위치한 지역으로, 25개의 마을이 있다. 프티 망상, 그로 망상 품종으로 스위트와인과 드라이 화이트와인을 양조한다.

 WINE NOTE

쥐랑송의 늦은 포도 수확 축제

쥐랑송의 포도원에서는 늦은 포도 수확을 축하하는 방당주 타르디브(Vendanges Tardives) 축제가 열린다. 와인 저장고에서 음악회와 시 낭송회, 누구나 참석할 수 있는 댄스 디너도 함께 개최된다. 12월의 두 번째 일요일에는 40여 개의 포도원이 포도원을 개방하여 축제를 연다.

이룰레기|Irouleguy

피레네산맥 자락에 위치한 바스크 마을의 포도 산지로, 중세 시대 롱스보 사원Abbey of Roncesvalles에서 와인 양조의 역사가 시작된 곳이다. 타나, 카베르네 소비뇽과 카베르네 프랑 등을 블렌딩하여 만든 레드와인이 유명하고 코르부, 프티 망상, 그로 망상으로 화이트와인을 생산한다.

아르마냑Armagnac

코냑과 함께 세계적인 브랜디를 생산하는 지역으로 유명하며, 1905년 정식 아펠라시옹으로 지정되었다.

10
Provence
프로방스

기원전 4세기에 지중해 교역의 거점인 마르세유에 그리스의 식민지를 건설하면서 프랑스 최초로 프로방스에 포도나무를 심었다고 한다. 프랑스에서 가장 오래된 2,600여 년의 역사를 가진 포도원들이 있는 곳이다. 지중해성 기후로 뜨거운 태양과 더불어 일조량이 많고 저녁에는 서늘하다. 화가 세잔느가 극찬한 생 빅투아르Sainte-Victoire산이 자리 잡고 있으며, 포도밭들은 언덕의 산허리에 붙어 있는 레스텅크Restanque라 불리는 작은 테라스 위나 지중해의 해변을 따라 강한 햇빛을 받으며 위치하고 있다. 로제와인이 처음 만들어지기 시작한 프랑스 최대 로제와인 생산지이며, 프로방스 포도밭의 1/5이 유기농법으로 재배된다.

포도 품종으로는 그르나슈, 무르베드르, 생소, 비오니에, 마르산느, 루산느 등의 품종이 있고, 방돌 레드와인과 로제와인이 유명하며 특히 로제와인은 여름 바캉스 와인으로 큰 사랑을 받고 있다. 팔레트Palette는 샤토 시몬느Chateau Simone의 영지만을 위한 AOC다.

WINE NOTE

보 드 프로방스 축제|La Fête des Vignerons des Baux de Provence

매년 6월에 열리며 와인메이커가 와인 애호가를 초대하여 여름을 축하하는 축제이다. 와인메이커들과 오감으로 와인을 즐기고, 그들의 방식대로 식사하며, 그들이 생산한 와인의 역사와 이야기를 들으며 와인을 시음하거나 집시 멜로디를 배경으로 북적대는 중심가를 거닐 수 있다.

도멘 오트Domaines Ott

도멘 오트는 1896년 설립 이후 4대째 로제와인을 생산하고 있는, 프로방스 와인을 고급 와인으로 이끈 와이너리다. 설립자의 아들인 르네 오트(René Ott)가 1926년에 디자인한 병이 유명하다. 포도밭 주위에 있는 사이프러스 나무 모양을 모티브로 가운데가 불룩하면서도 날씬하고 긴 모양을 하고 있고, 병 입구의 살짝 퍼진 모양은 프로방스 해안가에 있는 야자나무를 본뜬 것이다. 맨 아래 테두리 한 줄과 입구 주위의 테두리 두 줄은 해안의 역동적인 파도를 상징한다. 이 디자인은 도멘 오트만이 쓸 수 있는 특허품으로, 도멘 오트는 1926년부터 지금까지 이 병 모양을 유지하고 있다.

이름에 Domaine이 아닌 Domaines이라고 표기한다. 프로방스 내에 포도밭과 와이너리를 세 곳 소유하고 있기 때문이다. 1912년 샤토 드 셀을 시작으로, 클로 미레이유, 샤토 로마상을 소유하고 있다. 특히 도멘 오트의 로제와인은 '프로방스의 롤스로이스'라 불릴 정도로 세계 최고의 로제와인으로 품질을 인정받고 있다.

11
Corse
코르스섬

코르스섬(코르시카**Corsica**)은 지중해에서 네 번째로 큰 섬으로 나폴레옹의 탄생지로 가장 유명하다. 지중해성 기후에서 자란 포도로 만든 이 지역의 와인은 농축된 풍미를 자랑한다. 주 품종은 레드 품종으로는 시아카렐로**Sciacarello**, 니에루시오**Niellucio**(이탈리아의 산지오베제)가 있고, 화이트는 베르멘티노**Vermentino**를 사용하여 달거나 상큼하거나 짭조름한 와인을 만든다.

파트리모니오Patrimonio는 코르스섬 최고로 평가받는 와인 산지다. 니에루시오 품종이 전체 포도밭의 1/3을 차지하며, 장기 보존이 가능한 와인을 만든다. **아작시오Ajaccio**는 시아카렐로의 원산지로 프랑스 와인 산지 중 가장 높은 곳에 위치한 지역이다. **뮈스카 뒤 캅 코르스Muscat du cap Corse**는 뮈스카로 천연 스위트와인인 뱅 뒤 나튀렐을 생산하는 산지 중에서 코르스섬에서 가장 최근 지정된(1997년) AOC다. 그 밖에도 뱅 드 코르스**Vin de Corse**, 코토 뒤 캅 코르스**Coteaux du cap Corse**, 피가리**Figari** 포르토 베키오**Poreo-Vecchio**, 사르텐느**Sartene** 등의 AOC가 있다.

2
Italy

(이탈리아)

이탈리아는 세계 최대의 와인 생산국으로, 70만 2,000헥타르의 포도밭에서 다양한 포도 품종으로 연평균 4,830만 헥토리터의 와인을 생산하고 있다. 2018년에는 전 세계 와인 생산량의 19%를 차지했으며 프랑스(17%)와 스페인(15%)을 앞질러 세계 1위의 와인 생산국이다. 이탈리아는 장화 모양의 긴 국토를 가지고 있으며, 북쪽으로 알프스 고산지대와 남쪽으로 온화하고 건조한 지중해를 삼면으로 끼고 있어 천혜의 자연조건을 지니고 있다.

이탈리아는 전 국토가 와인 생산지로, 지역별 토착 품종은 물론 양조 스타일도 다양하여 독특한 개성을 가진 여러 와인이 생산된다. 또한 합리적인 와인 가격으로 다양한 음식과 쉽게 매칭이 가능하다는 장점이 있으며, 예측 불허의 다양한 와인을 출시하여 와인 애호가들의 호기심을 유발하고 있다.

이탈리아 대표 4대 와인으로는 피에몬테 지방의 '바롤로'와 '바르바레스코', 토스카나 지방의 '키안티 클라시코'와 '브루넬로 디 몬탈치노'가 유명하다. 또한 토스카나 지방의 '슈퍼 투스칸' 와인으로 세계적인 명성을 얻었다. 현재 이탈리아 와인은 다양한 변화를 시도하며 발전하고 있고, 고급 와인의 수요도 꾸준히 증가하고 있는 추세다.

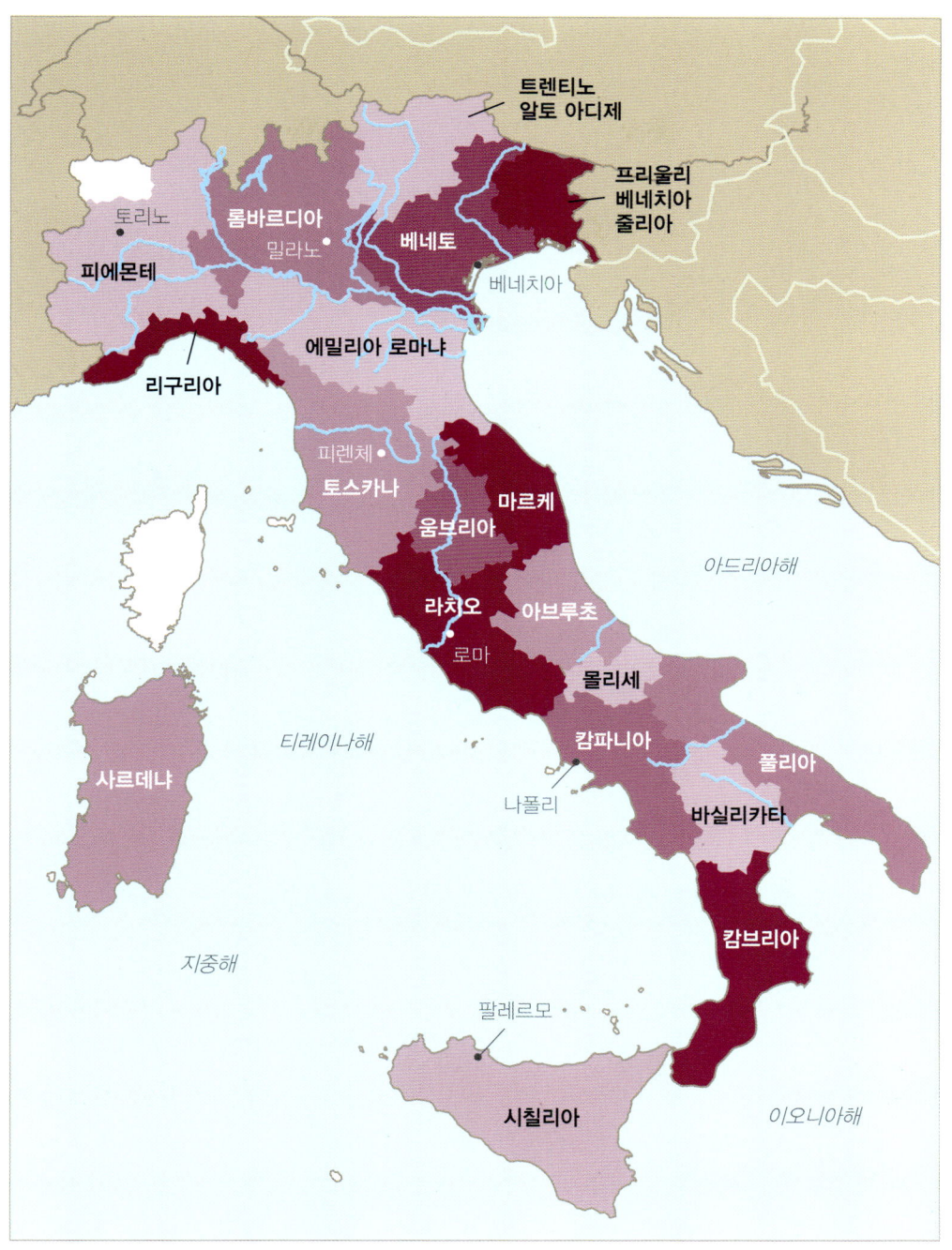

트렌티노
알토 아디제

프리울리
베네치아
줄리아

롬바르디아

베네토

밀라노

피에몬테

토리노

베네치아

리구리아

에밀리아 로마냐

토스카나

피렌체

마르케

움브리아

라치오

아브루초

로마

몰리세

아드리아해

캄파니아

풀리아

나폴리

바실리카타

사르데냐

티레이나해

칼브리아

지중해

팔레르모

시칠리아

이오니아해

이탈리아 와인의 등급

1963년에 이탈리아 최초의 공식 와인 분류 시스템이 시작되었고, 1992년에 법률이 수정 및 추가되었다. 이탈리아는 아래와 같이 4단계의 표준 와인 등급표에 따라 등급을 구분하고 있다.

● **DOCG - Denominazione di Origine Controllata e Garantita**(데노미나지오네 디 오리지네 콘트롤라타 에 가란티타)

정부가 품질을 보증한다는 의미로 원산지 통제 명칭 보호, 지리적 보호, 양조 방식, 품종, 재배법, 숙성 기간, 단위 면적 당 수확량 등 엄격한 규제를 받으며 15개 지역에 77개의 DOCG 등급이 있다. 바르바레스코**Barbaresco**, 바롤로**Barolo**, 아스티**Asti**, 브루넬로 디 몬탈치노**Brunello di Montalcino**, 키안티 **Chianti**, 키안티 클라시코**Chianti Classico**, 비노 노빌레 디 몬테풀치아노**Vino Nobile di Montepulciano**, 베네토 **Veneto**, 롬바르디아**Lombardia** 등이 유명하다.

● **DOC - Denominazione di Origine Controllata** (데노미나지오네 디 오리지네 콘트롤라타)

프랑스의 AOC에 해당하는 등급으로 제한된 지역에서 생산되는 와인으로 품종 및 재배법 등의 규제를 받는다. 약 332개의 등급이 있고 전체의 11%를 차지하고 있다.

● **IGT - Indicazione Geografica Tipica** (인디카지오네 제오그라피카 티피카)

프랑스의 뱅 드 페이**Vin de Pays** 등급에 해당하는 지역 와인을 뜻하며, 포도 품종, 빈티지, 원산지 등의 표기를 의무화하지 않고 있다. 고급 와인으로 규정에 따르지 않고 독창적으로 만들어진 슈퍼 투스칸 와인도 이 등급을 받고 있다.

● **VGT - Vino Da Tavola** (비노 다 타볼라)

프랑스의 뱅 드 타블**Vin de Table** 등급에 해당하는 테이블 와인으로 다른 지리적 규제가 없는 저가의 대중적인 와인이다.

2010년에 이탈리아는 최신 유럽 연합 와인 규정과 일치하는 와인의 등급 체계를 수정하였다.

● 비니**Vini** DOP (원산지 명칭 보호 와인)

이 DOP의 범주에는 DOC(원산지 명칭 관리) 및 DOCG의 두 가지 범주가 포함된다. DOC 와인은 최소 5년 동안 IGP 와인을 유지해야 하며, IGP 와인보다 엄격한 생산 규정을 따라야 한다. DOC 와인은 최소 10년 동안 DOC였다면 DOCG로 승격

될 수 있다. DOCG 와인은 상업화하기 전에 특별히 지정된 위원회의 시음을 포함하여 더 엄격한 분석을 통과해야 하며, 상업적 성공을 입증해야 한다. 2016년 기준 332개의 DOC와 73개의 DOCG로 총 405개의 DOP가 있다.

● 비니Vini IGP

이탈리아 내의 특정 지역에서 생산되며, 승인된 품종, 포도 재배 및 양조법, 맛의 관능 및 화학에 대한 구체적이고 정확한 규정에 따라 생산되는 와인이다. 2016년 기준 118개의 IGP가 있다.

● 비니 바리에탈리Vini Varietali

원산지 표시가 없으며, 승인된 국제 포도 품종(카베르네 프랑, 카베르네 소비뇽, 샤르도네, 메를로, 소비뇽 블랑, 시라)으로 만들어진 와인으로, 품종 및 빈티지가 레이블에 표시될 수 있다.

● 비니Vini

EU 지역 어디에서나 생산할 수 있으며 레이블에는 와인의 종류만 표시하고 사용된 포도 품종이나 빈티지는 표기하지 않는다.

이탈리아 와인 표기법

이탈리아 와인의 표기법은 지역 명을 넣거나(예: Barolo, Barbaresco 등), 와이너리 명(예: Verrazzano, Villa Antsinori)을 넣는 것이 일반적이다. 여기에 품종 + 산지/품종 + di + 지역 명/품종 + d' + 지역 명/품종 + della + 지역 명(di, d', della: '~의' 라는 뜻)을 넣어 Barbera d'Asti(아스티 지역의 바르베라 품종), Brunello di Montalcino(몬탈치노 지역의 부르넬로) 등과 같이 표기하는 것이 특징이다.

이탈리아에서 양조장을 뜻하는 용어들

카스텔로(Castello)는 성과 농장을 가지고 있는 양조장을 뜻하고, 파토리아(Fattoria)는 성이 없는 경우의 양조장을 뜻한다. 테누타(Tenuta), 칸티나(Cantina), 포데레(Podere), 카사(Casa, 집) 등도 많이 쓰이며 와이너리 양조장을 뜻한다. 테니멘토(Tenimento)는 그룹형 농장을 말하며, 아지엔다 비니콜라(Azienda Vinicola)는 포도를 구입해서 와인을 생산하고, 아지엔다 아그리콜라(Azienda Agricola)는 포도를 재배하여 와인을 생산하는 양조장을 뜻한다.

이탈리아의 대표 와인 산지와 품종

이탈리아에는 1,000여 종의 토착 포도 품종이 존재하며 공인된 포도 품종만 약 350종에 달한다. 주요 레드 품종으로는 네비올로, 바르베라, 산지오베제, 몬테풀치아노, 알리아니코, 프리미티보, 발폴리첼라 등이 있다. 주요 화이트 품종으로는 피노 그리지오, 베르디키오, 소아베, 오르비에토, 프라스카티, 코르테제, 트레비아노, 코르비나 등이 있다.

지역	레드	화이트	특징
피에몬테 -바롤로/바르베라 다스티 -바르바레스코/브라케토 다퀴 -아스티/가비	네비올로, 바르베라, 돌체토	코르테제, 모스카토 비앙코, 아르네이스	-바롤로, 바르바레스코 등 명품 와인 생산지 -바르베라 달바, 돌체토 달바, 아스티, 가비 등이 유명
토스카나 -키안티 -부르넬로 디 몬탈치노 -볼게리 -비노 노빌레 디 몬테풀치아노	산지오베제(몬탈치노 지역에서 부르넬로로 불림), 카나이올로, 카베르네 소비뇽, 메를로, 카베르네 프랑	트레비아노, 베르나치아, 말바시아, 베르멘티노	-국제 포도 품종을 블렌딩한 볼게리의 슈퍼 투스칸 와인 -브루넬로 디 몬탈치노, 키안티, 빈산토(디저트 와인)
프리울리-베네치아 줄리아 -콜리 오리엔탈리 -콜리오	레포스코, 피뇰로, 카베르네 프랑, 카베르네 소비뇽, 메를로	프리울리노, 소비뇽 블랑, 샤르도네, 피노 그리지오, 피콜릿, 토카이	-최고급 화이트와인 생산 -DOC급 프리미엄 와인 위주 생산
롬바르디아 -프란치아 코르타	키아벤나스(=네비올로), 보나르다	트레비아노, 스파클링(프란치아 코르타) 품종은 샤르도네, 피노 비앙코, 피노 네로	프란치아 코르타(스파클링) 와인이 유명
베네토 -발폴리첼라 -바르돌리노 -소아베	코르비나, 론디넬라, 몰리나라	가르가네가, 샤르도네, 트레비아노, 글레라(프로세코 주 품종)	-아마로네, 발폴리첼라 와인 -프로세코(스파클링), 소아베(화이트)가 유명
트렌티노 알토 아디제	스키아바, 라그레인, 테롤데고, 피노 누아, 메를로	피노 그리지오, 피노 비앙코, 리슬링, 게뷔르츠트라미너, 실바너, 샤르도네	-페라리 스파클링와인이 유명 -최고의 화이트와인 생산지

지역	레드	화이트	특징
에밀리아 로마냐 -람부르스코	산지오베제, 람브루스코	트레비아노, 알바나	람부르스코 와인(약발포성 레드 스위트와인인 프리잔테는 미국에서 '레드 코카콜라'로도 불림)
마르케	몬테풀치아노, 산지오베제	베르디키오, 말바시아, 트레비아노	-몬테풀치아노 100%의 로소 코네로 DOC가 유명 -베르디키오 화이트와인이 유명
움브리아 -오르비에토 -사그란티노 디 몬테팔코	산지오베제, 사그란티노	트레비아노(=프로카니코), 그레케토, 말바시아(그레케토 품종과 그리스가 원산지), 베르데호	오르비에토의 화이트와인, 사그란티노 디 몬테팔코 파시토 레드와인
아브루초	몬테풀치아노	트레비아노	몬테풀치아노 다브루초 DOC가 유명
캄파니아	알리아니코	트레비아노, 팔랑기나, 그레코 비앙코	타우라시 DOC가 유명
풀리아	네그로아마로, 프리미티보, 말바시아네라, 알레아티코, 알레아니코	봄비노, 트레비아노, 샤르도네	비약적 발전의 변화를 거듭하여 업그레이드되고 있는 지역
시칠리아 -체라수올로 디 비토리아 -에트나 -마르살라	네로 다볼라, 카베르네 소비뇽, 시라	샤르도네, 안소니카, 카타라토, 지비보, 모스카토, 소비뇽 블랑	국제 품종과의 블렌딩, 마르살라 주정강화와인, 스위트와인(빈산토, 레치오토, 파시토-말린 포도로 만든 포도주)을 생산
샤르데냐 -갈루라	칸노나우, 그르나슈, 카리냐노	베르멘티노, 모스카토, 말바시아	갈루라 지역의 베르멘티노 화이트와인이 유명

 WINE NOTE

이탈리아 4대 명품 와인 산지
바롤로(Barolo)

바르바레스코(Barbaresco)

키안티 클라시코(Chianti Classico)

브루넬로 디 몬탈치노(Brunello di Motalcino)

1

Toscana
토스카나

토스카나 지역은 세계적으로 유명한 '슈퍼 투스칸' 와인과 더불어 비싸고 힘 있는 레드와인들이 대표적이지만, 테루아와 기후가 매우 다양하여 와인의 특징도 각양각색이다. 주요 와인 산지로는 저렴한 가격대의 대중적 와인 산지인 키안티Chianti 와 키안티 클라시코Chianti Classico가 있다.

고급 와인을 생산하는 지역인 부르넬로 디 몬탈치노Brunello di Montalcino DOCG(BDM)의 부르넬로 Brunello는 산지오베제의 복제 품종으로, 더 묵직하고 진하다. 이 와인은 2년 오크 숙성 후 2년간 병 숙성하여 생산한다. 부르넬로의 왕이라 불리는 솔레라, 비온디 산티 등의 브랜드가 유명하다. 하지만 고가이기 때문에 좀 더 대중적 와인인 로소 디 몬탈치노Rosso di Montalcino, 로소 디 몬테풀치아노Rosso di Montepulciano 와인도 추천한다.

토스카나의 포도 품종

🍇 레드 품종

산지오베제

이탈리아어로 '신(제우스)의 피'라는 뜻으로 토스카나의 키안티 와인을 만드는 주 품종이다. 늦게 완숙하며 적당한 타닌과 산도가 특징으로 알코올 도수가 높고 장기 숙성이 가능하다. 피자나 토마토 파스타 등의 이탈리아 요리와 잘 어울린다.

🍇 화이트 품종

트레비아노Trebbiano

토스카나 지방의 오래된 대표 청포도 품종이다. 14세기에 프랑스로 전파되어 위니 블랑Ugni Blanc이라 불린다. 수확량이 많으며 다양한 환경에 잘 적응하여 현재는 이탈리아 전역에서 찾아볼 수 있으며, 전세계에서 가장 많이 생산되는 포도 품종이다. 향이 강하지 않아서 중립적이고 산도가 높아 브랜디 양조에 이상적이다.

베르나치아Vernaccia

산 지미냐노San Gimignano 지역의 대표적인 화이트 품종으로 1276년부터 재배 기록이 있을 정도로 매우 오래된 명성을 가진다. 로마 교황청과 메디치 가문의 최고급 화이트와인을 만드는 품종으로 여겨져 왔다. 크리스피하고 시트러스한 과일 풍미에 약간은 쌉쌀한 품종으로 최근에는 오크 숙성을 하기도 하고 트레비아노**Trebbiano**와 말바지아**Malvasia**와 블렌딩하여 복합적인 풍미의 와인을 생산하기도 한다.

피아스코, 실수가 만들어 낸 예술

베네치아의 유리 장인은 자신의 작품이 마음에 들지 않으면 불량품을 따로 모아 두었는데, 이를 피아스코(Piasco)라고 하면서 스스로를 자책했다고 한다. 이후 토스카나의 키안티 지방 상인들이 피아스코를 와인 병으로 사용하기 시작했다. 피아스코는 바닥이 둥글어 볏짚으로 바구니를 만들어 사용했으며, 이탈리아의 농부들은 밭에서 일을 할 때 갈증이 날 때에 대비해 와인 병을 새끼줄로 매어 허리춤에 차고 다니면서 일을 했다. 이러한 풍습이 전해 내려오면서 지금과 같은 독특한 모양의 피아스코 병이 탄생하였다.

토스카나의 대표 와인

키안티|Chianti

토스카나의 키안티 지역은 이탈리아에서 가장 유명한 와인 산지로, 이곳 와인의 역사는 서기 700년부터 기록에 등장한다. 1980년부터 산지오베제 품종을 최소 80% 사용하도록 규제하고 있지만 국제적인 포도 품종을 허용함으로써 변화와 발전이 기대되는 곳이다. 키안티의 등급으로는 4가지 DOCG가 있다. 저렴한 가격대의 대중적 와인 산지인 **키안티** 등급, 최소 12개월의 숙성 기간을 거쳐야 하는 **키안티 클라시코 아나타**, 최소 27개월간(병 숙성 3개월 포함) 숙성해야 하는 **키안티 클라시코 리제르바**, 최상급의 등급으로 단일 포도밭에서 재배된 포도

만 써야 하며, 최소 30개월 숙성 기간을 거치는 **키안티 클라시코 그란 셀레지오네** 등급으로 나뉜다.

슈퍼 투스칸Super Tuscan

슈퍼 투스칸은 토스카나의 해안 지대인 마렘마에 위치한 볼게리**Bohgheri** 지역의 테누타 산 귀도**Tenuta San Guido**에서 처음 시작되었다. 기존의 DOC 등급제를 탈피하고, 혁신적인 방식을 추구하는 와인들을 말한다. 양조 방식, 포도 품종, 법적 규제를 무시하여 비니 IGP(IGT) 등급을 갖고 있음에도 높은 품질과 높은 가격으로 유명하다. 기존의 이탈리아 와인과 달리 프랑스산 포도 품종(카베르네 소비뇽, 메를

로 등)을 도입하고, 작은 새 오크통을 사용하는 등 국제적인 흐름을 맛에 반영하여 이탈리아 와인은 가볍고 부드럽다는 고정관념을 탈피한 풀보디와 롱 피니시를 가진 와인이다. 슈퍼 투스칸 와인들의 이름 뒤에는 'aia'가 붙는 점도 재미있는데, 사시카이아Sassicaia, 솔라이아Solaia, 오르넬라이아Ornellaia 등이 그 예다. 그 밖의 유명한 슈퍼 투스칸 와인으로는 마세토Masseto, 티냐넬로Tignanello 등이 있다.

COLUMN

키안티 클라시코 와인 병목의 '검은 수탉' 로고는 무엇일까?

검은 수탉 로고는 키안티 클라시코 와인 생산자에게 매우 중요한 상징이다. 이에 관해서는 다음과 같은 전설이 내려오고 있다. 로마의 패망 후 이탈리아는 여러 도시 국가로 나눠져 대립이 끊이질 않았다. 키안티 지역의 지배권을 두고 도시 국가인 피렌체와 시에나의 전쟁은 계속되었고, 결국 국경을 정하며 전쟁을 끝내기로 합의했다. 그리고 그 합의 방법은 새벽에 첫닭이 울면 각 공화국 최고의 기사가 각자의 성문에서 말을 달려 두 기사가 만나는 지점을 국경으로 하는 것이었다. 이 경주를 위해 시에나는 흰 수탉을 선택하여 먹이를 풍족히 주고 안락한 환경에서 닭을 잘 보살폈다. 이와 달리 피렌체는 검은 수탉을 선택하였고, 어둡고 좁은 불편한 우리에 가두고 며칠 동안 닭을 굶겼다.

드디어 경주 당일, 결과는 어떻게 되었을까? 며칠을 굶었던 검은 수탉은 날이 밝기도 전에 배가 고파서 울기 시작했다. 한편 시에나의 흰 수탉은 잘 먹고 편안히 잔 덕분에 새벽이 한참 지난 후에야 울기 시작했다. 뒤늦게

말을 타고 달리기 시작한 시에나 기사는 시에나에서 불과 12km 떨어진 폰테루톨리에서 피렌체 기사를 만났다. 이로써 거의 모든 키안티 지역이 피렌체의 통치 하에 들어가게 됐다.

20세기 키안티 와인의 명성이 높아지면서 키안티 구역 밖에서도 키안티 와인이 만들어지기 시작했다. 1924년, 키안티 와인 생산자들은 그들이 만든 와인을 보호하기 위해, '전형적인 키안티 와인 보호와 그 원산지 표시를 위한 협회'를 설립했다. 그리고 1932년부터는 키안티 클라시코 지역에 생산된 와인에만 검은 수탉 로고를 붙이는 특별법을 발표했다. 2013년 키안티 클라시코 와인 협회는 검은 수탉 DOCG에 전통적인 아나타(Annata)와 리제르바(Riserva)에 덧붙여 그란 셀레지오네(Gran Selezione)를 추가하며 3가지 등급으로 나눈 규정을 승인했다. 로고의 검은 수탉 그림은 유명 화가 조르조 바사리가 피렌체 베키오 성 '500인의 방' 천장에 그린 것을 사용했다.

1384

1992

2005

2013

2
Piemonte
피에몬테

피에몬테는 '산자락Foot of mountain'이라는 뜻으로, 북쪽으로는 알프스, 남쪽으로는 알펜니노 산맥이 자리 잡고 있어 매서운 겨울 기후가 나타나지만 포도가 잘 익을 수 있는 긴 여름과 가을의 안개 덕분에 이탈리아를 대표하는 고급 와인 산지로 가장 많은 18개의 DOCG와 41개의 DOC를 가지고 있다. '이탈리아 와인의 왕'이라 불리는 바롤로와 '와인의 여왕'이라 불리는 바르바레스코를 생산하는 곳으로, 이 와인은 네비올로 품종 100%를 사용한다. 그 밖의 유명한 피에몬테 레드와인 품종으로는 바르베라, 돌체토가 있다. 화이트로는 모스카토 품종을 이용한 모스카토 다스티가 유명하고, 코르테제 품종으로 만든 화이트와인인 가비, 스파클링와인인 스푸만테가 있다.

피에몬테의 포도 품종

"많은 피에몬테 사람들은 자신이 가장 좋아하는 와인이 바롤로라고 주장하지만,
가장 자주 잔을 채우는 와인은 바르베라입니다. 다재다능하고 여유로우며 만족스럽게 견고하며,
거의 모든 음식과 매칭을 이루며 가격도 저렴하지요."

🍇 레드 품종

네비올로Nebbiolo

피에몬테 지역의 토착 품종으로, 바롤로, 바르바레스코와 같은 고가의 와인들을 생산하는 이탈리아 명품 품종이다. 피에몬테의 구릉 지대를 뒤덮는 가을 안개Nebbia에서 유래한 이름으로, 랑게Langhe 언덕은 늦가을에 짙은 안개가 늘 덮여 있다. 이때 포도송이는 짙은 안개를 버텨내야 하므로 자연히 껍질이 두껍고 늦게 익는 특성이 있고, 특유의 타닌과 산도를 지니며 10년 이상 오랜 숙성을 필요로 한다. 롬바르디아와 베네토에서는 키아벤나스카Chiavennasca라는 명칭으로 불린다.

바르베라Barbera

Barba(수염)과 Albera(수풀. 당시 포도밭이 위치한 지방어)에서 파생된 합성어로, 피에몬테에서 가장 많

이 재배되는 레드 품종이다. 타닌이 적고 체리, 블랙베리, 아니스, 말린 허브 등의 과실 향이 풍부한 스타일이다. 바르베라 다스티Barbera d'Asti와 바르베라 달바Barbera d'Alba, 바르베라 몬페라토Barbera del Monferrato를 생산한다. 테이블 와인으로 많이 이용되는 품종이다.

돌체토Dolcetto

'작고 달콤한 것'이라는 뜻을 가진 돌체토는 이름과는 다르게 타닌이 풍부한 드라이한 스타일의 와인을 만든다. 낮은 산도를 지니며 포도가 일찍 익는 편으로, 서늘하고 고도가 높은 지대에서 주로 재배된다. 랑게, 아스티, 몬페라토 지역이 유명하며, 피에몬테에서 바르베라와의 블렌딩이 허용되기도 한다. 과일 향이 나는 스타일로 블랙체리, 감초, 말린 자두와 같은 검은 과실 풍미에 짙은 색상을 띤다.

🍇 화이트 품종

코르테제Cortese

피에몬테 북서 지방의 토착 청포도 품종으로, 가비Gavi 지역의 DOCG 와인인 코르테제 디 가비Cortese di Gavi의 주 품종으로 유명하다. 드라이한 스틸와인으로는 레몬 등의 감귤류 풍미에 톡 쏘는 산도가 높은 가벼운 스타일을 주로 만드나, 최근 가비 메소드 클라시코Gavi Metodo Classico라는 '블랑 드 블랑' 스타일의 스파클링와인을 만들기도 한다.

모스카토Moscato

피에몬테의 아주 오래된 포도 품종이며, 가벼운 단맛과 낮은 알코올의 모스카토 다스티 와인 생산에 사용되는 주요 품종이다. 스파클링 방식부터 파시토, 주정강화 등의 다양한 스타일로 양조되며, 달콤한 아로마에 청사과, 장미, 만다린 오렌지, 솜사탕, 리치 등의 향기가 특징이다.

피에몬테의 대표 와인

바롤로Barolo

바롤로 지역은 '이탈리아 와인의 왕'이라고 불리며 일찍이 왕들을 위한 와인을 생산했던 곳으로, 1980년에 최고 등급인 DOCG로 승격되었다. 네비올로 품종으로 장기 보관이 가능한 이탈리아 최고의 레드 와인을 생산하는 지역이다. 바롤로는 수확 후 최소 36개월 동안 숙성되어야 출시할 수 있으며, 그중 최소 18개월은 배럴에서 숙성되어야 한다. 리제르바

는 최소 5년의 배럴과 병 숙성을 거쳐야 출시가 가능하다.

바르바레스코Barbaresco

바르바레스코 지역은 '피에몬테의 여왕'이라고 불리며, 비교적 여성스럽고 부드럽고 우아한 와인을 생산한다. 바롤로와 함께 DOCG지역으로 항상 비교되는 가까운 라이벌이기도 하다. 바르바레스코 와

인 스타일은 바롤로와 가까우며 스타일이 비슷하나, 바롤로에 비해 조금 일찍 익는 특성으로 인해 타닌이 적고 우아하며 더 빨리 마실 수 있다는 장점이 있다.

아스티|Asti

아스티 스푸만테|Asti Spumante

9% 정도의 알코올 도수를 지닌 달콤하고 거품이 가득한 스파클링(스푸만테)와인이다. 대표적인 종류는 다음과 같다.

바르베라 다스티|Barbera d'Asti (DOC)
돌체토 다스티|Dolcetto d'Asti (DOC)
모스카토 다스티|Moscato d'Asti (DOCG)

모스카토 다스티|Moscato d'Asti

피에몬테주의 아스티 지방에서 모스카토 비앙코 품종으로 생산하는 와인으로, 향과 맛이 풍부하고 도수는 5.5~6도로 낮은 편이다. 거품이 거의 없는 프리잔테Frizzante라는 약발포성 와인으로 주로 후식용으로 마신다. 16세기 말 밀라노에서 토리노로 이주한 사보이 공국의 유명한 보석 세공사인 지오반 바티스타 크로체가 투린 언덕의 포도밭을 가지고 모스카토 다스티 조합을 운영하며 생산을 시작했다.

피에몬테의 대표 와인, 가야

가야(Gaja)는 이탈리아 와인의 르네상스를 주도한 바르바레스코의 유명한 와인 회사다. 단일 포도원인 소리 산 로렌조, 소리 틸딘, 코스타 루시, 스페르스, 콘테이사에서 네비올로 품종으로만 와인을 만들어야 하는 DOC 등급의 전통을 탈피하여 "네비올로만 사용하는 것보다는 다른 품종을 섞어서 더 훌륭한 와인을 만들겠다"고 선언하고 실제로 최고의 와인을 만들고 있다. 그중 소리 산 로렌조 와인은 다섯 개의 단일 포도원 중 가장 강렬하고 위엄 있는 와인으로 네비올로 95%와 바르베라 5%를 블렌딩하여 만든다. 12개월의 작은 오크통 숙성 후 12개월의 큰 오크통에서 숙성하며 40년 이상 숙성이 가능한 뛰어난 와인이다.

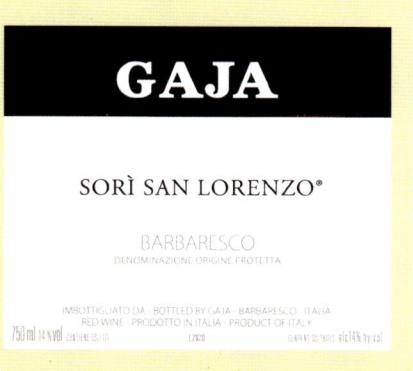

바롤로 전쟁, 전통파 vs 모던파

바롤로의 생산자는 크게 전통파와 모던파로 갈리는데, 이는 바롤로의 역사와 함께한다. 전통적으로 바롤로는 오래전부터 대형 슬로베니안 오크통을 사용하며, 숙성에 10년 이상이 걸리는 장기 숙성용의 강한 타닌을 지닌 와인을 만든다고 알려졌다.

하지만 1980~1990년대에 들어서자 바롤로의 젊은 와인메이커 그룹(엘리오 알타레를 시작으로, 체레토, 파올로 코르데로 디 몬테제몰로 및 레나토 라티의 하우스가 이끄는 바롤로 생산자 그룹. 이후 바롤로 보이즈, 모더니스트 등으로 불렸다)은 로토 발효기(포도를 기계적으로 발효시키는 용기)를 사용하여 더 빠른 색 추출, 짧은 발효 및 숙성 기간을 도입하여 기존의 바롤로보다 타닌이 적고 더 연한 와인을 만들기 시작했다. 또한 전통 방식인 대형 오크통 대신 작은 프렌치 오크통을 사용하여 부르고뉴의 와인 생산 방식에 가깝게 와인을 양조했다. 이들은 와인이 어릴 때부터 접근성이 쉽도록 만들고자 하였고, 보다 현대적이고 국제적인 바롤로 스타일을 추구하였다.

> "그는 체인톱을 집어 들고 오래된 대형 나무통을 잘라 땔감으로 만들어 버렸다. 자신의 첫 바리크를 들일 공간이 필요했기 때문이었다. 아버지는 그러한 아들의 극단적인 선택을, 자신의 모든 것을 산산조각 내고 있는 그를 용납할 수 없었다. 자신의 포도밭을 물려 받을 자격이 없다고 생각한 아버지는 그를 상속에서도 제외시켰다."

〈바롤로 보이즈(Barolo Boys)〉는 1980년대부터 바롤로의 세계를 극적으로 변화시킨 젊은 와인메이커 그룹의 이야기를 다룬 다큐멘터리 영화다. 2014년 12월에 개봉한 이 다큐멘터리는 와인과 음식을 주제로 한 최고의 영화로 여러 어워즈(DOC Wine Travel Food Prize 등)에서 수상하기도 했다.

반면 바롤로의 전통파 와인메이커인 바르톨로 마스카렐로는 바롤로의 현대적 방식에 대하여 이렇게 말하기도 하였다. "이 땅과 좋은 포도를 생산할 수 있는 환경을 조성해 준 선조들에게 어떠한 존경심도 없는 사람들, 나는 그들의 모델이 되고 싶지 않다. 그들은(모던파) 구멍가게에서 1등을 하였으나 전통을 배반하였다."

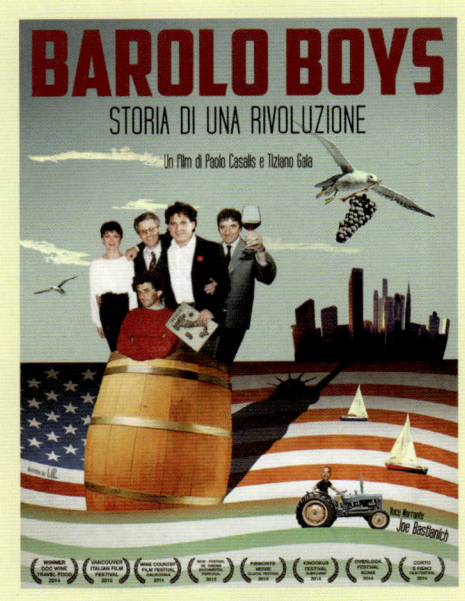

영화 〈바롤로 보이즈〉 포스터

3
Veneto
베네토

베네토는 북동부에 위치한 이탈리아 3대 와인 산지로 수상 도시인 베네치아, 그리고 로미오와 줄리엣의 무대로 잘 알려진 베로나가 있는 지역이다. 화이트와인인 소아베Soave, 레드와인인 발폴리첼라, 스위트 레드와인인 레치오토와 명품 레드와인인 아마로네 등이 유명하다.

베네토의 대표 와인

발폴리첼라Valpolicella

'포도주 저장고가 많은 계곡'이라는 뜻으로, 코르비나Corvina를 주 품종으로 하며 론디넬라Rondinella, 몰리나라Molinara를 블렌딩하여 만든다.

아마로네Amarone

아마로네는 '쓰다'라는 의미의 아마르Amare에서 유래하였다. 이 와인은 아파시멘토Appassimento('말린다'는 뜻)라는 제조 방법으로 만든다. 먼저 좋은 포도를 선별하여 바람이 잘 통하는 볏짚 위에 4개월 정도 두고 건포도가 되기 직전까지 말리면, 포도의 수분이 40% 정도 감소하고 당도는 증가하게 된다. 이를 통해 높은 알코올 도수(14~17도)와 농축미가 살아 있는 강한 와인을 만들 수 있다. 아마로네는 10년 이상 장기 숙성이 가능한 와인이다.

레치오토Recioto

레치오토는 베네토 지방의 방언으로 다른 지역에서는 파시토Pasito라고 부르며, 값비싼 아마로네의 대용품으로 만들어졌다. 이 와인은 당도가 남아 있을 때까지 부분 발효하여 스위트와인으로 만든다.

리파소Ripasso

아마로네나 레치오토 와인을 만들고 남은, 압착하지 않은 포도 껍질을 일반 발폴리첼라 와인에 첨가해서 만든 와인이다. 아마로네보다 저렴하고 대중적이다.

전설의 아마로네, 로마노 달 포르노

발폴리첼라 와인의 신화적 인물인 주세페 퀸타렐리의 제자인 로마노 달 포르노(Romano dal Forno)는 1983년의 첫 빈티지 이후 아마로네 와인의 최고 반열에 올랐다. 로버트 파커는 "베네토 지역의 리더이며 이들의 아마로네, 발폴리첼라 와인은 점수를 매길 수 없는 복합미과 풍부함을 보여준다"라고 극찬했다. 포도나무 1그루당 와인 1병 정도를 생산하며, 몰리나라 대신 오세레타 품종을 블렌딩하여 와인의 색이 짙다. 새 오크통에서 36개월, 병입 후 24개월의 병 숙성을 거친다. 연간 생산량은 1만 5,000병에 불과하고, 작황이 좋지 않은 해에는 생산하지 않아 실제로 2005, 2007 빈티지는 존재하지 않는다. 최소 7~10년 후가 시음 적기이며, 40~50년 이상 장기 보관도 가능하다.

그라파란?

'가난한 자들의 브랜디'라고 불리는 그라파(Grappa)는 이탈리아어로 포도송이를 일컫는 단어다. 어원은 그라폴로(Grappolo)로, 이탈리아의 대표적인 증류주이자 식후주다. 그라파는 포도즙을 추출하고 남은 찌꺼기를 발효시켜 만드는데 알코올 도수는 40도가량이다. 1960~1970년대에 소비가 급감하였으나 1973년 노니노라는 업체에서 새로운 그라파 제조 방식을 개발했고, 1984년에 세계 최초로 '우에'라는 이름의 아쿠아비테 두바(Acquavite d'uva: 증류주)를 생산하며 새로운 물결을 일으키고 있다.

4
Sicilia
시칠리아

시칠리아는 지중해에서 가장 큰 섬으로 대부분 IGT 등급의 와인을 생산하는 지역이다. 시칠리아의 몇몇 와이너리는 국제 포도 품종을 이용하여 고품질의 슈퍼 프리미엄 가격대의 와인을 생산한다. 생산량의 75%는 조합 생산이며, 최근 시칠리아의 양조가들에게 투자가 활발하게 이루어져 양적 생산에서 질적 생산으로 변화하는 중이다. 숨겨진 보석 같은 와인을 합리적인 가격에 찾을 수 있는 지역이기도 하다.

시칠리아의 주요 품종은 대표적인 레드 품종인 네로다볼라Nero d'Abora로 강하고 과일 풍미가 집중되어 있으며 부드러운 타닌이 특징이다. 최근에는 국제 품종인 카베르네 소비뇽, 시라로 레드와인을 생산하기도 하고, 샤르도네 품종 등으로 화이트와인을 만들기도 한다. 마르살라(와인 이름이자 지명)라는 주정강화와인도 유명하다.

3
Spain

—————————(스페인)—————————

이베리아반도에 위치한 스페인은 전국에서 포도가 재배되며, 약 1,200만 헥타르의 포도밭이 있어 세계 1위의 면적이지만 와인 생산량은 이탈리아, 프랑스에 이어 세계 3위다. 그 이유는 유독 척박하고 건조한 토양으로 인해 포도나무를 넓은 간격으로 심고, 포도나무의 수령이 높아 생산량이 적기 때문이다. 8세기경 이슬람교도들이 스페인을 지배할 때 소아시아의 다양한 포도 품종이 유입되었으며, 테이블 와인부터 주정강화와인, 스파클링와인까지 가성비가 좋은 다양한 와인을 생산한다.

스페인의 와인 생산지는 특히 북부의 리오하가 유명하다. 1800년대 보르도의 포도나무가 필록세라로 초토화되었을 때 보르도의 양조업자들은 남동쪽으로 320km 거리에 있는 리오하로 이주하였다. 리오하가 보르도와 유사한 기후와 재배 조건을 가지고 있고, 보르도 양조업자들의 노하우가 전수되어 종종 보르도 스타일의 와인이 만들어진다. 현재 스페인의 젊은 양조가들은 버려지다시피 했던 와이너리에서 멸종 위기의 오래된 품종을 개발하는 등 새로운 시도를 하며 와인 업계에 활기를 불어넣고 있다.

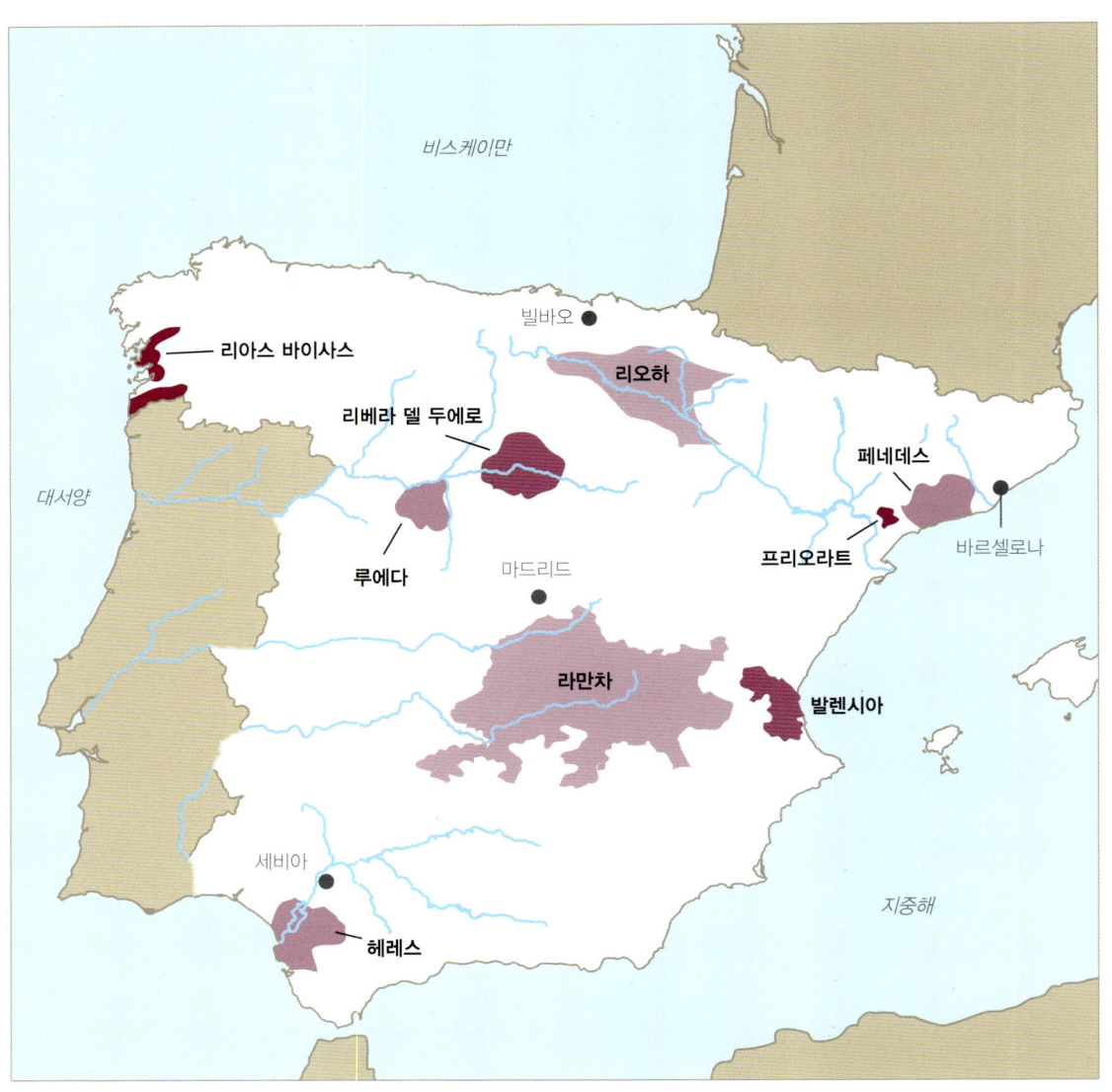

비스케이만

대서양

리아스 바이사스

빌바오

리오하

리베라 델 두에로

페네데스

루에다

프리오라트

바르셀로나

마드리드

라만차

발렌시아

세비아

지중해

헤레스

스페인 와인의 등급

최초의 스페인 와인 원산지 호칭법은 1932년 리오하를 거점으로 시작되어, 1970년 프랑스의 AOC와 같은 원산지 호칭법(Denominaciones de Origin, 약어로 DO)이 본격적으로 개정되었다. 2016년에 DOP로 변경되어 약 138개의 DOP와 IGP가 있다.

DOCa/DOQ(Denominación de Origen Calificada / Denominació d'Origen Qualificada: 인증된 원산지 명칭)

이탈리아의 DOCG와 유사하며, DO보다 한 단계 위를 의미한다. 리오하Rioja는 1991년에 인증을 받은 최초의 지역이었으며, 2003년에는 프리오라트Priorat가 그 뒤를 이어 현재 스페인에 총 2개의 인증 지역이 있다. 2008년에 리베라 델 두에로가 DOCa 분류를 승인받았지만, 이를 거부하고 DO로 남아 있다.

DO(Denominación de Origen, 원산지 명)

와인의 품질을 위한 여러 규정을 지키고 있으며, 70개의 DO가 있다.

VP(Vino de Pago, 에스테이트 와인)

2003년에 지정되어, 19개의 VP가 있다. 일부 DOC 구역에 있는 고품질 단일 포도밭을 의미한다.

VC(Vino de Calidad con indicación geográfica, 지리적 표시가 있는 고급 와인)

VP와 함께 2003년에 지정되었으며, DO의 엄격한 기준에는 못 미치고, IGP의 기준보다 높은 품질의 와인에 사용된다.

IGP(Indicación Geográfica Protegida, 보호된 지리적 표시)

DOP 기준에는 못 미치나, 품질을 관리하는 지리적인 기준으로 비노 드 라 티에라Vino de la Tierra(VT)를 사용할 수 있으며 42개가 있다.

VdM(Vino de Mesa, 테이블 와인)

대부분의 국가의 테이블 와인과 동등하며 가장 낮은 단계다. 특별한 규정이 없어 자유롭게 블렌딩하고, 빈티지의 표기는 없다.

스페인 와인의 레이블링 규정

스페인은 숙성 기간에 따라 와인의 등급을 부여하며 레이블에 표시한다. 이때 숙성 기간의 규정은 지역에 따라 약간씩 차이가 있다.

비노 호벤Vino Joven

호벤Joven은 '젊은Young'이란 뜻으로, 숙성 과정이 짧거나 숙성 없이 바로 먹을 수 있는 와인이다.

비노 데 크리안자Vino de Crianza

레드와인의 경우 오크통에서 1년 동안 숙성 후 최소 1년간 병 숙성을 해야 하며, 화이트와인과 로제는 오크통과 병에서 각각 최소 6개월 동안 숙성되어야 한다.

레세르바Reserva

레드와인은 최소 3년 동안 숙성하는데, 그중 오크통에서 최소 1년 동안 숙성한 후 출시할 수 있고, 화이트와인과 로제는 최소 18개월 동안 숙성하며 그중 오크통에서 최소 6개월 동안 숙성해야 한다.

그란 레세르바Gran Reserva

레드와인은 최소 5년 동안 숙성하며, 오크통에서 최소 2년, 병에서 최소 3년 숙성해야 한다. 주로 좋은 빈티지 와인에 사용된다. 화이트와인과 로제는 오크에서 최소 6개월 이상 총 3년 이상 숙성해야 한다.

템프라니요Tempranillo품종의 5가지 이름

1. 울 데 예브레(Ull de Liebre)
2. 센시벨(Cencibel)
3. 틴토 피노(Tinto Fino)
4. 틴토 델 파이스(Tinto del Pais)
5. 틴타 호리스(Tinta Roeiz)

스페인에서 양조장을 뜻하는 용어

보데가(Bodega: 술 파는 집), 카스티요(Castillo: 성), 파고(Pago: 농장, 밭), 핀카(Finca: 농원, 농장), 도미니오(Dominio: 소유지) 등이 있다.

스페인의 대표 와인 산지와 포도 품종

지역	레드	화이트	특징
리오하 -리오하 알타 -알라베사 -바하	템프라니요, 가르나차, 마주엘라	비우라, 말바지아	-보르도 스타일의 고급 와인 생산 -〈2020 와인 스펙테이터〉 올해의 와인: 마르케스 데 무리에타, 카스틸로 이가이 그란 레세르바 에스페시알
리베라 델 두에로	울 데 예브레=템프라니요=틴토 피노=틴토 델 파이스, 카베르네 소비뇽, 말벡, 메를로, 가르나차, 카리녜나	베르데호, 소비뇽 블랑	스페인에서 가장 비싼 특급 와인 생산(베가 시실리아의 '우니코')
루에다	템프라니요, 가르나차 틴타, 카베르네 소비뇽, 메를로	베르데호, 소비뇽 블랑, 팔로미노, 비우라	베르데호 또는 소비뇽 블랑 품종을 최소 50% 사용해야 하며, 스페인 최고의 화이트와인 생산
페네데스 **DO**	템프라니요, 모나스트렐, 카리녜나, 카베르네 소비뇽, 수몰	파렐라다, 자렐로, 마카베오, 샤르도네 등	프랑스 샹파뉴 지방의 전통 방식으로 생산하는 스파클링와인 '카바'의 중심지
프리오라트 **DOC**	마주엘라(카리녜나), 가르나차 네그라(그르나슈), 템프라니요, 카베르네 소비뇽, 메를로, 시라, 피노 누아	가르나차 블랑, 비우라, 모스카텔	국제 포도 품종 그리고 최신 양조 기술을 이용하여 고급 와인 생산
나바라	템프라니요, 가르나차 틴타, 카베르네 소비뇽, 메를로	비우라, 마카베오, 샤르도네	국제 포도 품종인 카베르네 소비뇽과 메를로로 도약하는 와인 산지
리아스 바이사스	카이노 틴토, 수송	알바리뇨	해산물과 잘 어울려 '바다의 와인'으로 불리는 상큼하고 깔끔한 화이트와인 생산
라 만차	센시벨(템프라니요), 가르나차, 카베르네 소비뇽, 시라	아이렌, 파렐라다, 마카베오	-가장 많은 양의 와인의 생산 지역. 최근 품질 향상 중 -마카베오로 만든 스파클링 에스푸모스 생산
발렌시아	모나스트렐, 가르나차, 템프라니요, 보발	메그게라, 마카베오, 말바지아, 샤도네이	모스카델 데 발렌시아가 유명
헤레스		팔로미노, 페드로 히메네즈, 모스카텔, 아이렌	셰리의 생산지

1
Rioja
리오하

리오하는 스페인 제1의 와인 생산지로 보르도 스타일의 클래식한 와인을 생산하는 산지다. 템프라니요 품종으로 만든 고급 와인이 유명하며, 비우라 품종의 화이트와인도 생산한다.

리오하의 포도 품종

🍇 레드 품종

템프라니요

스페인의 대표 품종으로 척박한 환경에서 적응력이 뛰어나며, 주로 가르나차와 블렌딩한다. 두꺼운 껍질과 풍부한 타닌, 산도가 적당하고 오크통 숙성으로 부드러운 향미를 발산한다.

🍇 화이트 품종

비우라Viura

화이트 포도 품종으로 마카베오**Macabeo**로도 불린다. 스파클링와인인 카바를 만드는 품종이기도 하며, 종종 샤르도네 등 다른 품종들과 섞어 사용한다. 리오하 지역에서는 레드와인의 산도를 높이고 부드러움을 주기 위해 비우라를 극소량 블렌딩하기도 한다. 크리스피하며 꽃 향을 풍기고 감귤류의 향과 조화로운 산미가 좋은 편이다.

리오하의 등급 체계

크리안자(6개월 숙성), 레세르바(3년 숙성), 그란 레세르바(5년 이상 숙성) 등급의 와인들을 마시며, 숙성 정도에 따른 특징을 비교해볼 수 있다.

리오하의 대표 와인

리오하 지방의 유명한 와인들은 보데가스 마르케스 데 카세레스**Bodegas Marques de Caceres**, 보데가스 무가**Bodegas Muga**, 로페즈 데 에레디아**Lopez de Heredia** 등이 있다.

2
Ribera del Duero
리베라 델 두에로

리베라 델 두에로는 우아하고 전통적인 와인 생산지로, 보디감과 풍미가 가득한 레드와인을 생산한다. 템프라니요 품종으로 스페인에서 가장 비싸고 유명한 와인인 베가 시실리아Vega Sicilia의 우니코Unico를 생산하는 지역이기도 하다.

스페인의 전설적인 와이너리, 베가 시실리아 우니코Vega Sicilia, Unico

템프라니요로 생산하는 스페인 최고급 3대 와인으로 베가 시실리아의 우니코, 도미니오 데 핑구스(Dominio de Pingus)의 핑구스(Pingus), 알레한드로 페르난데스(Alejandro Fernandes)의 틴토 페스케라(Tinto Pesquera)가 있다.

스페인 최고급 와인이라는 신화를 만들며, 귀족적인 맛의 와인으로 사교계의 최상류층에게 소개되기 시작하여 가격이 아닌 품질이라는 철학으로 우니코는 세계적인 명성을 얻게 되었다. 우니코의 역사는 1864년 상속자인 돈 엘로이 레칸다(Don Eloy Lecanda)가 스페인의 리베라 델 두에로 지역에서 보르도 품종인 카베르네 소비뇽, 메를로와 스페인 고유 품종인 틴토 피노(Tinto Fino: 템프라니요)를 함께 심고, 블렌딩하여 최상의 품질을 가진 와인을 생산한 데에서 시작되었다. 연간 3,000~6,000병을 생산하며 수량이 적어 '돈이 아닌 우정으로만 살 수 있는 와인'이라고 불린다. 영국의 찰스 황태자와 다이애나 비의 결혼식에 제공된 와인으로도 유명하며, 스페인 최고의 품질과 명성을 가지고 있는 와인이다.

3
Catalunya
카탈루냐

카탈루냐 지역의 대표 와인 산지인 프리오라트 **Priorat**에서는 가르나차(그르나슈)와 카리네나(카리냐) 및 국제 포도 품종으로 최신 양조 기술을 사용하여 고급 와인을 생산하고 있다. 페네데스 **Penedes**는 프랑스 샹파뉴 지방의 전통 방식으로 생산하는 스파클링와인인 카바의 중심지로 유명하다. 최근에는 희귀한 품종을 활용해 과거의 양조 방식으로 만든 개성 있는 레드와인을 생산하는 역동적인 지역이기도 하다.

🍷 **WINE NOTE**

스페인의 샴페인, 카바 Cava

카바는 프랑스 샹파뉴와 동일한 전통적인 방식으로 만드는 스페인을 대표하는 스파클링와인으로, 19세기 후반에 카탈루냐 지역의 코도르뉴 와이너리(Codorníu Winery)에서 시작되었다. 1970년에 스페인의 생산자들이 와인을 발효시키는 지하 저장고를 부르는 말로 카바(Cava, 저장고)라는 용어를 공식적으로 쓰기 때까지 참판(Champan)이라 불렸다. 주 품종은 화이트 품종인 마카베오(Macabeo), 파레야다(Parellada), 자렐로(Xarel·lo)이고, 일부 생산자들은 샤르도네와 피노 누아 등 전형적인 샴페인 품종을 사용하기도 한다.

4
Rias Baixas
리아스 바이사스

리아스 바이사스는 스페인 북서부 갈리시아 지방에 위치하며, 포르투갈 국경과 인접해 있다. 주로 알바리뇨 **Albarino** 품종으로 상큼하고 깔끔한 화이트와인을 생산한다.

5

Jerez
헤레스

헤레스는 스페인을 대표하는 주정강화와인인 셰리Sherry의 생산지로 유명하다. 셰리는 화이트 품종인 팔로미노Palomino, 페드로 히메네즈Pedro Ximenez와 모스카텔Moscatel을 사용하여 생산한다. 맛과 색깔의 농도에 따라 피노Fino, 아몬티야도Amontillado, 올로로소Oloroso, 팔로 코르타도Palo Cortado로 나뉜다.

셰리|Sherry

스페인을 대표하는 주정강화와인으로 포르투갈의 포트 와인, 마데이라와 함께 3대 주정강화와인(와인을 증류한 브랜디를 첨가하여 알코올 도수를 높이고 오랜 숙성을 한 와인)으로 꼽히는 와인이다. 스페인 최남단인 안달루시아(Andalucia) 지방의 헤레스 델 라 프론데라에서 400여 년 전 최대 고객인 영국에 수출하기 위해 헤레스(Jerez)의 영어식 발음인 '셰리(Sherry)'라고 상표를 붙이면서 셰리와인으로 불리게 되었다.

셰리는 플로르(Flor=Flowering)라는 방식으로 양조하는데, 이는 와인의 표면에 6mm~1cm 정도의 두께로 떠 있는 효모 막을 의미한다. 이는 발효에 의해 생겨나는 천연 효모로 셰리에 독특한 개성을 부여하며, 와인의 숙성을 돕는다. 또한 솔레라(Solera) 시스템이라는 독창적인 방식으로 36개월간 숙성을 한다. 이 방식은 크리아데라라는 와인 통을 3층으로 쌓아 놓은 오크통에서 매년 가장 아래층에 있는 통인 솔레라에서 4분의 1 정도의 와인을 섞어 병입하여 출시하는 것이다. 모자라는 와인의 양은 2층의 통에서 채우고, 2층의 통에 생기는 빈 공간은 또 3층의 통에서 내려오는 방식으로 와인을 보충함으로써 깊이 있는 좋은 맛을 지니게 된다.

4
Germany

독일

유럽의 와인 생산국 중 최북방에 위치한 독일은 약 10만 3,000헥타르의 포도밭이 있으며, 세계에서 8번째로 큰 와인 생산국이다. 대부분의 포도밭이 라인강을 끼고 언덕 경사지에 위치하고 있어 귀부병에 유리한 미세기후를 형성하고, 늦수확에 따른 잔당에 의해 와인의 등급이 결정된다. 드라이한 와인부터 세미 스위트 및 스위트 화이트와인, 로제와인, 레드와인 및 젝트Sekt라는 스파클링와인까지 다양한 스타일의 와인이 생산된다. 리슬링의 주요 산지로서 전체 와인 생산량의 약 2/3를 차지하고, 알코올은 낮고 산도와 당도가 높은 편이다. 레드와인은 슈패트부르군더Spatburgunder 품종을 주로 사용하며, 레드와인의 선호도가 높아지면서 생산이 증가하는 추세다.

독일 와인의 등급

독일의 와인 등급은 테이블 와인 급인 타펠바인 Tafelwein, 란트바인Landwein, 중급 와인인 크발리테 츠바인Qualitätswein/QbA과 고급 와인인 프레디카츠 바인Prädikatswein/QmP 4가지로 나뉜다. 프레디카츠 바인은 당분에 따라 분류한 독일 와인의 등급체계 로 포도의 숙성도, 당분 함유량과 수확 시기에 따 라 다시 6단계로 나뉘며 그 등급은 다음과 같다.

카비네트Kabinett

가장 가벼운 보디감과 상큼한 산도를 지닌 드라이 와인으로 알코올 도수가 낮다.

슈페트레제Spätlese

'늦은 수확'이라는 뜻으로, 농축된 맛에 카비네트보 다 보디감이 있고 더 스위트하다.

아우스레제Auslese

'선택된'이란 뜻이며, 잘 익은 포도송이를 선별하여 수확한 포도로 만든다.

베렌아우스레제Beerenauslese

'과실Berry을 선택했다'는 의미이며, 완전히 잘 익은 포도알만 골라서 수확한 포도로 만들어 완숙미가 좋고 진한 맛의 디저트와인이다.

트로켄베렌아우스레제Trockenbeerenauslese

'말린 과실을 선택했다'는 의미이며, 일반적으로 귀부병Noble Rot(독일의 에델폴레Edelfaule; Botrytis Cinerea)에 걸린 건포도 같은 상태의 포도알만 수확하여 만든다. 매우 달콤하고 농축된 맛으로 고가의 와인을 만드는 가장 높은 등급이다.

아이스바인Eiswein

추운 겨울에 동결된 상태의 포도를 수확하여 냉동 상태로 압착한다. 압착 시에 포도의 얼음이 남아 있기 때문에 수분은 동결되고, 농축된 주스만 압착기에서 흘러나와 당분이 매우 높은 달콤한 와인이 만들어진다. 산도와 당도가 어우러진 최고급 와인이다.

독일의 대표 와인 산지와 포도 품종

지역	레드	화이트	특징
라인헤센	슈패트부르군더(=피노 누아)	리슬링, 뮐러 투르가우, 실바너	독일에서 가장 큰 생산 지역으로 한때 저가 와인의 이미지가 강했으나 1990년대부터 품질 혁명이 이루어짐
라인가우	슈패트부르군더, 돈펠더	리슬링 80% 정도	-리슬링을 주로 재배하며, 규모가 있는 생산자들에 의해 최상의 와인을 생산 -슐로스 요하니스베르그, 로베르트 바일, 슐로스 폴라즈 증이 유명
나헤	돈펠더	리슬링, 뮐러 투르가우, 실바너	화산의 기원이 되는 매우 다양한 토양으로 모래가 많이 섞여 있음
모젤		리슬링, 뮐러 투르가우	-슬레이트 토양이 지배적 -사르츠호프베르거, 에곤 뮐러, J.J. 프륌, 베른카스텔러 독터, 프리츠 학, 닥터 루젠 와인 등이 유명
팔츠	슈패트부르군더, 돈펠더, 생 로랑, 포르투기저	리슬링, 뮐러 투르가우	-리슬링 생산자의 고향 -독일 레드와인의 25%를 생산
프랑켄	슈페트부르군더	실바너, 뮐러 투르가우, 리슬링	-드라이한 실바너 와인이 유명 -독특한 둥근 납작한 모양의 복스보이텔 병

🍇 화이트 품종

리슬링

독일을 대표하는 포도 품종으로 모젤, 라인가우 지역에서 최고의 와인을 생산한다. 당도가 높은 편으로 산도가 높고, 숙성이 될수록 페트롤 향이 느껴지는 것이 특징이다.

뮐러 투르가우Muller Thurgau

리슬링과 샤슬라를 접목시킨 품종으로 리슬링보다 더 중성적인 풍미를 가지고 있다. 1970년대부터 1990년대 중반까지 독일에서 가장 많이 재배된 품종이었으나 립프라우밀히Liebfraumilch('사랑스러운 여인의 젖'이란 뜻으로 저가의 이미지가 강한 와인)의 주 품종으로 명성이 많이 하락하였고, 수년 동안 입지를 잃고 있다.

실바너Sylvaner

독일, 오스트리아에서는 프랑켄Franken으로 불린다. 생산량이 많고 일찍 수확하며, 가벼운 와인을 만들며 일반적으로 다른 포도 품종과 블렌딩하기에 좋다.

🍇 레드 품종

슈패트부르군더Spatburgunder

피노 누아의 독일 이름으로 팔츠와 바덴에서 주로 재배되며 최상급의 레드와인을 만든다. 과실 향과 벨벳 같이 부드러운 미디움보디가 특징이다.

돈펠더Dornfelder

1956년에 개발된 품종으로 붉은 과육이 특징이며, 매우 진한 와인을 생산하기도 한다.

1
Rheingau
라인가우

라인가우는 라인강 유역에 있는 작은 지역으로, 와인 재배에 탁월한 환경으로 소규모 생산자들에 의해 최상의 와인이 생산된다. 리슬링의 재배 비율이 80%가량, 그 뒤를 이어 슈패트부르군더(피노 누아)가 재배되다.

🍷 **WINE NOTE**

슐로스 요하니스베르그 슈페트레제

1775년 슐로스 요하니스베르그(Schloss Johanissberg) 수도원의 수도사가 "수확해도 될까요?"라고 대주교에게 수확 허락을 받기 위해 파견되었다. 하지만 실수로 대주교의 포도 수확 명령을 늦게 전달하게 되면서, 차마 포도를 버릴 수 없던 수도사는 죽을 각오로 와인을 만들었다. 하지만 이듬해 와인 품평에서 훌륭한 품질로 선풍을 일으키며, 대주교와 와인 전문가들이 "도대체 와인에 무슨 짓을 한 것이냐?"고 묻자 수사의 답변은 "죽을죄를 지었습니다. 슈페트레제(늦게 수확했습니다)…"라고 대답했다. 이렇게 슈페트레제 와인이 탄생했다고 한다.

2
Rheinhessen
라인헤센

라인헤센은 독일에서 가장 큰 와인 생산 지역으로 한때 립프라우밀히(저가 와인) 땅으로 알려졌지만 1990년대부터 품질 혁명이 일어났다. 최고의 라인헤센 리슬링 와인은 팔츠의 스타일과 유사한 드라이하면서 구조감 있는 와인으로 생산된다.

3
Nahe
나헤

나헤는 화산의 기원이 된 매우 다양한 토양을 지닌 나헤강 주변에 위치하며, 주로 리슬링을 재배한다. 최근에는 일부 우수한 생산자들이 세계적으로 명성을 얻으며 와인 수출이 증가하는 추세다.

4
Mosel
모젤

예전에는 모젤 자르 루버Mosel-Saar-Ruwer로 불렸으나 현재는 모젤로 변경되었다. 리슬링 포도를 재배하는 슬레이트 토양이 대부분으로, 최고의 와인은 강이 바로 내려다보이는 가파른 포도밭에서 만들어진다. 모젤 지역의 포도 재배자들은 포도밭에 검은 석판Slate을 깔아두었다가 겨울철에는 석판을 걷어 내거나 잘게 부수어 관리한다. 이 석판은 포도밭에서 여러 가지 기능을 수행하는데, 뜨거운 여름에는 낮에 태양열을 간직했다가 기온이 급강하하는 밤에 그 열을 다시 발산하는 기능을 하며 토양의 수분을 유지시킨다. 또한 잘게 부순 석판이 분해되면서 땅을 비옥하게 한다. 따라서 포도 재배자들은 반드시 석판을 주기적으로 채우고 부수며 관리한다. 이 지역 와인은 알코올 도수가 낮고 상큼함이 살아 있어 산도가 높다. 미네랄과 스파이시함과 함께 보디감이 가벼운 최고급 와인을 생산한다.

🍷 **WINE NOTE**

세계에서 가장 비싼 화이트와인은?

바로 에곤 뮐러 샤르츠호프 리슬링 트로켄베렌아우스레제(Egon Muller Scharzhofberger Riesling Trocken-beerenauslese)다. 이 와인은 평균가 790만 원, 최고가는 1,600만 원에 이르는 최고급 화이트와인이자 스위트와인으로 '화이트와인의 로마네 콩티'로 불린다. 5대째 독일 모젤 지역에 위치한 자타가 공인하는 최고의 와인 명가 에곤 뮐러에서 만드는 와인이다. 특히 자르(Saar) 밸리의 샤르츠호프는 리슬링의 낙원으로 평가되는 이 와이너리의 포도밭 중에서도 가장 특별하다. 트로켄베렌아우스레제란 귀부화(Botrytization)에 의해 반건포도가 된 포도를 한 알씩 손 수확하여 만드는 귀부와인으로, 간단히 TBA라고 줄여 쓰기도 한다

2006년에 한다부르크 출신 작자인 스테판 라인하르트는 에곤 뮐러의 아우스레제 No.32를 테이스팅한 후, 『더 월드 오브 파인 와인』에 다음과 같은 글을 실었다. "겹겹이 층을 이루어 피어나는 짜릿한 부케에는 오렌지 티, 시가, 타바코, 건 살구의 향이 살포시 녹아 있다. 맵시 있고 매끄러운 구조감은 꿀과 같은 조화를 이루고, 세련되고 산뜻한 산도로 깔끔히 씻겨 내려가 달콤한 과일과 조화를 이룬다. 황홀한 농축미와 세련미를 동시에 뽐내는 이 와인은 강하고 밸런스가 완벽하며, 거부할 수 없는 매력을 지니고 있다. 정신 상태를 혼미케 하기보다는 오히려 깨끗이 정화해주는 와인이다." 에곤 뮐러의 트로켄베렌아우스레제는 매년 생산하지 않고 특별히 빈티지가 좋은 해에만 생산하며 생산량은 1년에 50~200병 수준이다. 그 희소성 때문에 더욱 가격이 오르고 있는 와인으로, 명품 와인이란 역사 및 명성과 더불어 희소성이 만드는 것이라는 점을 우리에게 다시 한번 시사한다.

5
Pfalz
팔츠

팔츠는 독일에서 두 번째로 큰 생산지로 다양한 스타일의 와인을 생산하며 최근 레드와인의 생산이 증가하고 있다. 독일 레드와인의 약 25%를 생산하며 주로 내수로 소비된다. 오랜 역사를 가진 유명한 리슬링 생산자들의 고향으로 드라이한 스타일의 구조감 있는 와인을 만든다.

6
Franken
프랑켄

프랑켄은 마인강 일부와 바이에른 지역에 위치한 와인 산지로, 백악질 토양에서 드라이한 실바너 와인을 생산하는 것으로 유명하다. 독일에서는 이 지역과 바덴Baden 지역에서만 쓰는 둥근 납작한 모양의 독특한 복스보이텔 병을 볼 수 있다.

5
Portugal

포르투갈

주정강화와인의 강국이자 와인 업계의 잠자는 거인인 포르투갈. 이베리아반도 서쪽 끝에 있는 작은 나라로 로마가 지배할 당시부터 도루Douro, 알렌테조Alentejo 지역에서 포도 재배가 시작되었다. 12세기부터 부분적으로 원산지 통제 제도를 시행했고, 미뉴Minho 지방에서 영국으로 와인을 수출하였다. 항해술이 발달하여 무역에 의한 황금기를 누렸으며, 13세기에는 포트와인의 수출이 활발해졌다. 17세기경 영국까지 오랜 수송 기간 동안 와인의 변질을 막고자 브랜디를 첨가하며 주정강화와인인 포트

와인 시장이 발전하기 시작했다. 포트와인과 마데이라Madeira는 스페인의 셰리와 함께 3대 주정강화와인으로 유명하다. 마테우스라는 병사들의 수통을 본떠 디자인한, 목이 좁고 배가 불룩한 모양의 병에 담은 약발포성의 상큼한 로제와인도 유명하다. 전통적인 방법으로 와인을 생산하였으나 최근에는 알렌테주 지역처럼 여러 가지 양조 시도를 하는 곳들이 많아지고 있으며, 새로운 기술을 도입해 다양한 와인을 개발하고 품질 향상에 노력하고 있다.

포르투갈 와인의 등급

포르투갈 도루 지역의 와인 등급 체계는 1756년에 세계 최초로 만들어졌으며, 이때 세부적인 명칭 통제 법규가 마련되었다. 이는 프랑스의 AOC(원산지 명칭 통제) 제정보다 179년이나 앞선 것이며, 우수한 와인들을 보호하기 위해 만들어진 제도다.

DOC(Denominaçao de Origem Controlada: 데노미나사웅 드 오리젱 콘트롤라다)

원산지 통제 명칭 와인으로 프랑스의 AOC(AOP)와 동일한 개념으로 고급 와인을 뜻한다. 포트와인, 비뉴 베르데와 알렌테주 와인 등이 이 등급에 속한다. 현재 33곳이 지정되어 있다.

IPR(Indicação de Proveniencia Regulamentada: 인디카사웅 드 프로베니엔사 레굴라멘타다)

현재 14곳이 지정되어 있으며 넓은 지역을 구분하는, 프랑스의 IGP급에 해당하는 등급이다.

VR(Vinhos Regional: 비뉴 레지오날)

지역 와인을 뜻하며, 프랑스의 뱅 드 페이Vin de Pays에 해당하는 등급이다. 11개의 지역이 지정되어 있다.

VdM(Vinhos de Mesa: 비뉴 드 메자)

일반 테이블 와인으로 프랑스의 뱅 드 타블Vin de Table에 해당한다.

포르투갈의 대표 와인 산지와 포도 품종

포르투갈에서는 현재 341개의 포도 품종이 확인됐으며, 다양한 토착 품종이 존재하는 것이 특징이다.

🍇 화이트 품종

말바시아 피나Malvasia Fina
도루, 다우 지역 및 포르투갈 전역에서 재배되는 화이트 품종으로 일반적으로 블렌딩에 사용된다.

모스카텔 드 세투발Moscatel de Setúbal
'세투발 지방의 모스카텔'이라는 뜻으로 가벼운 와인을 만든다.

세르시알Sercial
마데이라의 주정강화와인에 사용되는 주 품종이다.

베르델호Verdelho
마데이라의 화이트 품종으로 호주에서도 재배하고 있다.

알바리뇨Alvarinho
북부 포르투갈에서 재배되며, 고품질의 비뉴 베르데Vinho Verde에 사용되며 신선하고 향이 강한 와인을 생산한다.

엔크루자도Encruzado

도루의 화이트 품종이다.

아린토Arinto

페데르냐Pedernã라고도 불리우며, 신선하고 레몬 향이 나는 와인으로 유명한 부셀라스Bucelas DOC 의 인증을 받은 품종이다. 스파클링와인을 생산할 때 쓰이기도 한다.

페르낭 피레스Fernão Pires

포르투갈 중앙과 남쪽에서 가장 많이 생산하는 화이트 품종으로, 감미롭고 부드러운 와인을 생산한다.

🍇 레드 품종

토우리가 나시오날Touriga Nacional

포르투갈에서 재배되는 최고의 레드 품종으로 도루에서는 포트와인의 주 품종으로 사용된다.

바스타르도Bastardo

'나쁜 남자'란 뜻을 가지고 있으며, 도루와 다우에서 재배된다.

틴타 바로카Tinta Barroca

도루에서 수백 년간 재배된 고대 포도 품종으로, 포트와인에도 블렌딩되는 품종이다.

틴타 로리스Tinta Roriz

아라고네스Aragonês라고도 불리며, 스페인의 템프라니요 품종이다. 진하고 달콤한 와인을 얻을 수 있고, 최근에는 포르투갈 전역에서 블렌딩되는 품종이다.

틴타 카오Tinto Cão

도루에서 고품질의 블렌딩 스틸 레드와인을 만드는 품종이다.

바가baga

바이라다Bairrada 지역의 주 품종이다. 생명력이 강하고 산도와 타닌의 구조가 좋아 보존에 유리하다.

지역	레드	화이트	특징
북부 지방 -도루 -포트	토우리가 나시오날, 틴타 로리스, 틴타 카오, 틴타 바로카, 토우리가 프란체스카	말바시아 피나, 베르델호, 구베이오, 비오시뉴	포트와인은 포르투갈의 대표적인 주정강화와인으로 도루 지방의 계곡 지대에서 주로 생산되며, 수출 항구 이름인 '오포르투'에서 유래함
비뉴 베르데	아잘 틴토, 보라칼	알바리뇨, 아린토	비뉴 베르데란 '그린 와인'이란 뜻으로 덜 익은 상태에서 숙성시킨 상큼한 화이트와인이다. 포르투갈에서 포트와인 다음으로 가장 많이 수출하는 와인
중부 지방 -다웅 -바이하다	토우리가 나시오날, 틴타 로리스, 바가	세르시알, 아린토, 비칼	바이하다는 최근 인기가 급증한 지역으로 스파클링와인 생산량의 약 2/3를 차지하며, '스파클링와인의 수도'로 불림
남부 지방 -알렌테조	토우리가 나시오날, 틴타 로리스, 카베르네 소비뇽, 시라, 템프라니요	아린토, 라보 데 오베라	방대한 코르크 생산으로 유명한 지역으로 최근 다양한 품종을 이용한 테이블 와인을 생산
세투발		무스카 오브 알렉산드리아	'모스카텔 드 세투발'이라는 주정강화와인을 만드는 지역
마데이라	틴타 네그라	세르시알, 베르델호, 부알, 말바지아	마데이라는 당도와 품종에 따라 세르시알, 좀더 달콤한 베르델호, 디저트와인인 부알, 당도가 가장 높고 풍미가 강한 말바지아 4가지 스타일로 나뉨

포르투갈의 대표 와인

포트와인Port Wine

포트와인은 포르투갈을 대표하는 주정강화와인으로 도루 지방의 계곡 지대에서 주로 생산되며, 수출 항구 이름인 '오포르투Oporto'에서 유래하였다. 최근에는 미국 등 다른 나라에서도 포트와인을 생산하고 있어, 와인 레이블에 '비뉴 두 포르투Vinho do Porto'라는 표기를 한다. 17세기경에 영국과 프랑스의 백년전쟁으로 양국의 관계가 악화되면서 프랑스 와인의 대용품으로 영국으로 수출이 증가하였고, 오랜 수송 기간 동안 와인의 변질을 막고자 브랜디를 첨가한 주정강화된 포트와인이 발전하기 시작했다. 포트와인의 주 품종은 토우리가 나시오날Touriga Nacional로 알코올 함량은 18~21도 정도로 브랜디의 향, 견과류의 고소한 향이 난다. 포트와인의 종류로는 색깔이 진하고 신선함이 살아 있는 루비 포트Ruby port, 화이트 품종을 많이 사용하여 색깔이 연하고 부드러운 맛을 가지고 있는 토니 포트Tawny port, 50년 이상 숙성이 가능한 고급 와인인 빈티지 포트Vintage port, 그리고 우수한 빈티지에만 생산하며 4~6년가량 오크 숙성하여 출시하는 레이트 보틀드 포트Late Bottled Port 등이 있다.

포트는 브랜드 대부분이 영국계 회사다. 포트와인 기구IVP, Instituto do Vinho do Porto에 의해 품질 인증이 엄격하게 실시되며 유명한 포트와인 하우스는 시밍턴 패밀리Symington Family의 그라함Graham, 다우Dow, 와레Warre, 스미스 우드하우스Smith Woodhouse, 굴드 캄벨Gould Campbell, 콸레스 하리스Quarles Harris, 플라드게이트 파트너십Fladgate Partnership 의 크로프트Croft, 델라포스Delaforce, 폰세카Fonseca, 테일러Taylor's 등이 있다.

비뉴 베르데|Vinho Verde

비뉴 베르데는 '그린 와인Green Wine'이라는 뜻으로, 베르드Verde 는 '그린, 어리다'는 의미를 갖고 있다. 덜 익은 상태에서 숙성시켜 만든 상큼한 와인으로, 알바리뇨 품종을 주로 쓴다. 여름에 시원하게 마시는 와인으로 알코올 도수가 9~11도로 낮은 편이며 화이트와인이 가장 유명하고, 레드와인과 드물게 로제와인도 있다. 포르투갈에서는 포트와인 다음으로 가장 많이 수출하는 와인이다.

마데이라Madeira

마데이라는 대서양에 있는 포르투갈령 섬으로 축구선수 호날두의 고향이기도 하며, 이 섬에서 생산되는 주정강화와인 이름을 마데이라라고 한다.

15세기부터 아프리카, 인도, 남미 등의 지역에 와인을 수출하던 중 6개월 이상 항해를 하며 적도를 거치면서 와인이 고온으로 변하게 되었다. 산화와 미생물 등의 영향으로 독특한 맛과 풍미를 지니게 되었고, 보존성이 높은 와인이 만들어졌다.

지금은 에스투파Estufa(가열실)라는 가열 장비를 이용해 와인을 스테인리스 통에 담고 40~50도 사이의 온수가 구리관을 지나게 하여 3~6개월 정도 가열해 숙성시키는 방식으로 만든다. 또는 칸테이루Canteiro라는 다락방 방식을 이용하는데, 태양을 받는 다락방에서 수년간 천천히 와인을 숙성시키는 방법으로 주로 고가의 마데이라 와인에 사용된다.

마데이라는 럼 증류주를 첨가해 알코올 함유량을 18~20도로 높이고, 오크통에서 3년 정도 숙성한다. 식전주로 마시는 드라이와인부터 디저트와인인 스위트와인까지 다양한 스타일로 생산된다. 마데이라는 당도와 품종에 따라 네 가지의 유형으로 분류된다. 가장 드라이하고 향이 풍부한 세르시알Sercial, 좀더 달콤한 베르델호Verdelho, 디저트와인에 가까운 타입인 부알Bual, 당도가 가장 높고 풍미가 강한 말바지아Malvasia 또는 맘지Malmsey 와인으로 나뉜다. 최근에는 레이블에 품종을 표시하며 와인의 품종 개량 및 품질 향상에 노력하고 있다.

6

유럽의 기타 국가들

1

Austria
오스트리아

오스트리아는 서부의 알프스산맥으로 인해 동부 지역에 와이너리가 집중되어 발달했다. 최근에는 전통적인 양조 방법을 탈피해 창의적인 와인들을 생산하는 젊은 생산자들이 늘고 있다. 바이오다이내믹의 아버지인 루돌프 슈타이너의 고향이기도 하며 친환경적 농법으로 만든 드라이 화이트와인을 주로 생산한다. 그뤼너 펠트리너Gruner veltliner 품종이 대표적이다. 이 품종의 와인은 저가형 와인부터 빈티지 와인까지 폭넓게 사용되며 백후추, 렌틸, 셀러리 등의 향미가 있다. 노이지들러Neusiedlersee 지역에서 귀부와인을 만드는 웰치리슬링Welschriesling 품종도 유명하다. 오스트리아 와인의 성숙도는 네 가지로 구분된다. 가장 낮은 타펠바인Tafelwein에서 란트바인Landwein, 크발리태츠바인Qualitatswein, 프래디카츠바인Pradikatswein으로 나뉜다.

지역	레드	화이트	특징
니더외스터라히 -바하우	츠바이겔트, 블라우프랜키슈	그뤼너 펠트리너, 리슬링	오스트리아 최대의 포도 재배 지역으로 지역 품종부터 국제적인 스타일까지 다양한 와인이 생산되며, 그뤼너 펠트리너와 리슬링을 기반으로 고급 화이트와인 생산
부르겐란트 -노이지들러제	츠바이겔트, 블라우프랜키슈, 상크트 라우렌트	그뤼너 펠트리너, 뮐러 투르가우, 웰치리슬링, 샤르도네	복합적인 화이트와인과 웰치리슬링으로 만드는 귀부와인 같은 스위트와인, 풍부함이 있는 레드와인을 생산
슈타이어마르크		소비뇽 블랑, 피노 블랑, 웰치리슬링	신선하고 우아한 화이트와인이 유명

2
Hungary
헝가리

헝가리는 EU의 와인 법규에 따라 와인의 등급 제도를 만들었으나, 아직 와인 시장에서 큰 주목을 받지 못하고 있다. 헝가리에는 대표적으로 토카이, 에게르, 빌라니와 나예 숌로를 포함해 총 22곳의 와인 생산 지역이 있다.

지역	레드	화이트	특징
토카이		푸르민트, 하르쉬레벨루, 피노 그리	러시아 황제를 위한 달콤한 귀부와인을 생산하는 헝가리의 명산지
에게르	켁프랑코시, 카다르카, 카베르네 소비뇽, 피노 누아, 메를로		북동쪽에 위치한 지방으로 강렬하고 어두운 레드와인을 생산('황소의 피'라고도 불림)

토카이|Tokaj

러시아 제국 황제들의 원기 회복 등 약용으로도 인기가 있었던 토카이 와인은 1703년 프랑스의 루이 14세에게 선물로 보내지면서 유명해졌다. 그후 루이 15세의 정부였던 퐁파두르 부인이 토카이 와인을 마시며 "이 와인은 왕들의 와인이며, 와인의 왕이다"라고 말한 일화로 유명세를 타기도 했다.

토카이는 푸르민트Furmint와 하르쉬레벨루Harslevelo라는 품종으로 만든다. 귀부 곰팡이가 생긴 포도 Aszu(아수)로 귀부와인을 만들어 세계적인 유명세를 떨치고 있는 지역이다. 귀부 곰팡이(보트리시스 시네리아)에 감염된 포도에 미세한 구멍을 뚫어 수분을 증발시켜 당도를 높이고, 향을 혼합시켜 과일향, 꽃 향, 구운 토스트, 송로버섯, 헛간, 버섯류와 같은 향이 나는 귀부와인용 포도를 만든다. 토카이의 품질 분류 중 '에센시아Essencia'는 최고의 디저트 와인이다.

3
Greece
그리스

그리스는 세계에서 가장 오래된 와인 생산지이자 유럽 최초의 와인 생산 지역 중 하나다. 미케네 문명 당시 와인의 생산, 소비 및 수출이 성행했음이 증명되었으며, 올림푸스의 신인 디오니소스(포도, 포도주의 신) 이야기도 유명하다. 지중해성 기후로 강렬한 햇빛, 길고 건조한 여름, 습기, 건조한 땅, 고원의 변화 등으로 다양한 토종 포도 품종이 재배되는 이상적인 환경이 조성되어 있다. 불행히도 1821년 그리스 혁명 이후 투르크족이 떠나면서 대부분의 경작지가 파괴되었으나, 최근 들어 경제적 혼란에도 불구하고 와인 산업에 외국인의 투자가 적극적으로 이루어지고 있다.

지역	레드	화이트	특징
마케도니아 -나우사 -아민데오	시노마브로		-지중해성 기후로 마케도니아의 레드와인이 유명 -나우사 지역을 중심으로 시노마브로 레드와인 생산
펠로폰네소스 -네메아 -만티니아 -파트라스	아기오르기티코	사바티아노, 로디티스, 아시르티코	-와인 생산 역사가 7,000년이 넘는 지역 -주로 드라이하고 송진 향이 나는 아로마의 화이트와인이 유명 -네메아 지역은 아기오르기티코로 만드는 과실 향이 풍부한 복합미의 레드와인 생산
에게해 섬들 -로도스 -사모스 -산토리니 -크레타		아시르티코, 무스카 류	-산토리니와 파로스 같은 다른 에게해 섬의 화산재가 풍부한 토양에서 아시르티코 품종으로 만든 드라이한 화이트와인이 유명 -사모스의 무스카 드 사모스 품종으로 만든 스위트와인 생산

송진으로 맛을 낸 전통주 레치나

레치나(Retsina) 와인은 최소 2,000년 동안 만들어진 그리스식 화이트(또는 로제) 레진 와인으로 주로 사바티아노 품종으로 만든다. 고대에 소나무의 송진으로 와인을 저장하는 용기, 특히 암포라를 봉인하는 관습에서 비롯되었다. 밀봉된 유리 병이 발명되기 전에는 산소의 유입으로 1년 안에 많은 와인이 상했는데, 송진은 와인에 송진 향을 부여하면서 공기를 차단하는 데 도움이 되었다. 송진은 보통 1L 당 1~5g이 함유된다. 3세기부터는 오크 배럴을 사용할 수 있었고, 송진에 대한 필요성이 없어졌음에도 그 독특한 풍미 자체가 개성이 있어서 현재에도 생산되고 있다.

4
Georgia
조지아

조지아는 6,000~7,000년 역사를 지닌 세계 최초의 와인 생산국이라는 자부심을 가지고 있다. 러시아와 아제르바이젠과 접해 있고 코카서스Caucasus산맥의 영향으로 시원한 바람이 불어오는 지역이다. 큰 황토 항아리인 크베브리Qvevri로 만드는 조지아의 전통 와인 양조법은 세계무형문화유산으로도 지정되었다. 크베브리에서 껍질과 씨를 포함한 으깬 포도를 발효시키며, 오렌지 와인(엠버 와인)이 유명하다.

대표적인 와인 생산지인 카헤티Khaketi 지역은 레드 품종으로 사페라비Saperavi, 화이트 품종으로는 므츠바네Mtsvane, 르카치텔리Rkatsiteli를 주로 사용한다. 카헤티에는 조지아 포도원의 65~70% 정도가 위치해 있으며, 조지아 와인 전체의 70%가 생산되는 최대 와인 산지로 상큼한 화이트와인과 강렬하고 풍부한 레드와인을 생산한다.

The Essential Guide to Wine
Part 3
신세계 와인

1
America

미국

미국은 신세계 와인 생산국의 선두주자로서 세계 1위의 와인 소비국이자 세계 4위의 와인 생산국이다. 19세기 후반의 '필록세라의 재앙'과 1919년부터 13년간 시행된 금주법으로 인해 와인 산업이 일시적으로 쇠퇴하였으나, 캘리포니아의 와인 생산자 조합이 설립한 교육기관 및 대학 등에서의 연구 개발을 통해 와인 산업이 크게 발전하였다.

캘리포니아는 미국 전체 와인 생산량의 90% 정도로 생산량이 편중되어 있는 편이다. 캘리포니아는 태평양 연안의 한류의 영향으로 아침 안개가 대지를 식혀주고 습도를 제공하는 이상적인 기후 조건을 지녀, 고품질의 포도가 생산된다. 창의적이고 과감하며 실험적인 와인을 자유롭게 시도하고 신기술을 접목해 품질 향상에 노력하는 지역이기도 하다. 또한 유럽의 유명 와인메이커와 활발한 합작 투자를 통해 신세계 와인의 중심지로 인정받고 있다.

오리건은 서늘한 기후로 부르고뉴 스타일의 피노누아 레드와인이 유명하며, **워싱턴**도 새로운 와인 산지로 각광을 받고 있다. 미국의 와이너리는 지난 20여 년 동안 3배 빠르게 증가하여 현재 7,000곳을 넘어섰고, 50개 주 전역에서 와인이 생산되고 있다. 미국의 컬트 와이너리는 우편 배송과 별도의 와인 클럽을 운영하여 산지 직송으로 구매가 가능해 중개업자를 통하지 않는 것이 특징이다.

미국 와인의 등급

미국은 유럽의 등급 제도인 프랑스의 AOC, 이탈리아의 DOC 등의 개념을 응용하여, 1983년 도입한 AVA**American Viticultural Areas**(지정 재배 지역) 제도를 사용하고 있다. 미국 정부가 승인한 포도 재배 구역은 모두 187개다. 각 포도 재배 지역을 구분하자는 취지로 등급을 제정하였으며, 유럽의 제도들과 달리 생산지와 포도 품종을 표기할 뿐 재배 방법, 생산 방법, 품종 등에 대한 품질 규제는 없다. 레이블에 단일 품종을 표기하기 위해서는 해당 품종을 워싱턴은 85% 이상, 오리건은 90% 이상, 캘리포니아 및 다른 주는 75% 이상을 사용해야 하고, 생산지명 표시 사항도 각각의 기준을 두고 있다.

미국의 대표 와인 산지와 포도 품종

화이트 품종
샤르도네, 소비뇽 블랑, 피노 그리지오, 슈냉 블랑 등

레드 품종
카베르네 소비뇽, 피노 누아, 프티 시라, 진판델, 메를로 등

화이트 진판델White Zinfandel
미국을 대표하는 가장 대중적인 와인으로 프랑스의 로제와인과 비슷하다. 1970년대 초 미국 캘리포니아의 셔터 홈Sutter Home 와이너리에서 진판델 품종으로 만든 알코올 도수가 낮은 달콤한 로제와인을 처음 소개했다. 하지만 최근에는 저가 와인의 이미지로 점점 생산이 줄고, 고급 진판델 레드와인이 각광받고 있다.

지역	레드	화이트	특징
캘리포니아 나파 밸리	카베르네 소비뇽, 메를로, 피노 누아, 프티 시라, 진판델	샤르도네, 소비뇽 블랑, 리슬링	루더포드, 스택스립, 오크빌에서 고품질의 카베르네 소비뇽을 생산
캘리포니아 소노마 밸리	카베르네 소비뇽, 메를로, 피노 누아, 프티 시라, 진판델	샤르도네, 소비뇽 블랑, 리슬링	-해안가 지역에서 질 좋은 화이트와인 생산 -카베르네 소비뇽 뿐만이 아닌 진판델과 피노 누아도 유명
오리건	피노 누아, 카베르네 소비뇽	샤르도네, 피노 그리, 리슬링	섬세한 피노 누아의 복합미를 살린 레드와인이 유명

지역	레드	화이트	특징
워싱턴	카베르네 소비뇽, 메를로, 시라	샤르도네, 리슬링	농축미와 잘 익은 과실 향의 레드와인
뉴욕	카베르네 소비뇽, 피노 누아	샤르도네, 리슬링, 세이블 블랑	가벼운 레드와인과 과실 향이 풍부한 화이트와인을 생산

1
California
캘리포니아

캘리포니아는 미국 최대의 와인 산지로 포도 재배 면적이 17만 헥타르에 이르며 미국 와인 생산량의 90%를 차지하고 있다. 20세기 후반부터 과학적인 연구를 바탕으로 한 양조 기술이 발전하면서 캘리포니아 특유의 강건함과 개성을 살린 와인을 생산하고 있다. 또한 생산량뿐 아니라 품질 또한 최고로 인정받는 지역으로 유럽 와인을 위협하며 각광을 받는 산지다. 레드와인 생산이 60%를 차지하고, 샤르도네와 카베르네 소비뇽을 주로 생산하며 농축미와 밀도 높은, 오크 향이 진한 묵직한 와인이 특징이다.

북부 해안 지역**North Coast**은 캘리포니아의 가장 중요한 와인 산지로 나파 밸리, 러시안 리버, 소노마 등이 있다.

나파 밸리|Napa Valley

나파 밸리에 사는 와포**Wappo** 인디언 부족에게 '나파'는 '풍요의 땅'을 의미한다. 나파 계곡에서 포도를 최초로 재배한 사람들은 1840년경의 초기 탐험가들이었다. 1861년 나파에 상업적인 와인 양조장이 최초로 설립되었고, 1889년경에는 약 140개의 와인 양조장이 운영되었으나 1919년부터 금주령과 세계대전 등으로 1960년의 와인 양조장 수는 25개에 불과했다. 2000년에는 다시 약 240개로 증가하였고 뛰어난 와인의 품질로 세계적인 명성을 얻고 있다.

특히 카베르네 소비뇽과 샤르도네로 훌륭한 와인을 만드는데, 그중에서도 나파 밸리와 소노마 밸리 사이에 있는 로스 카네로스**Los Carneros**는 냉랭한 산지 중 하나로 샤르도네와 피노 누아를 주 품종으로 스파클링와인을 생산하기도 한다. 나파 밸리의

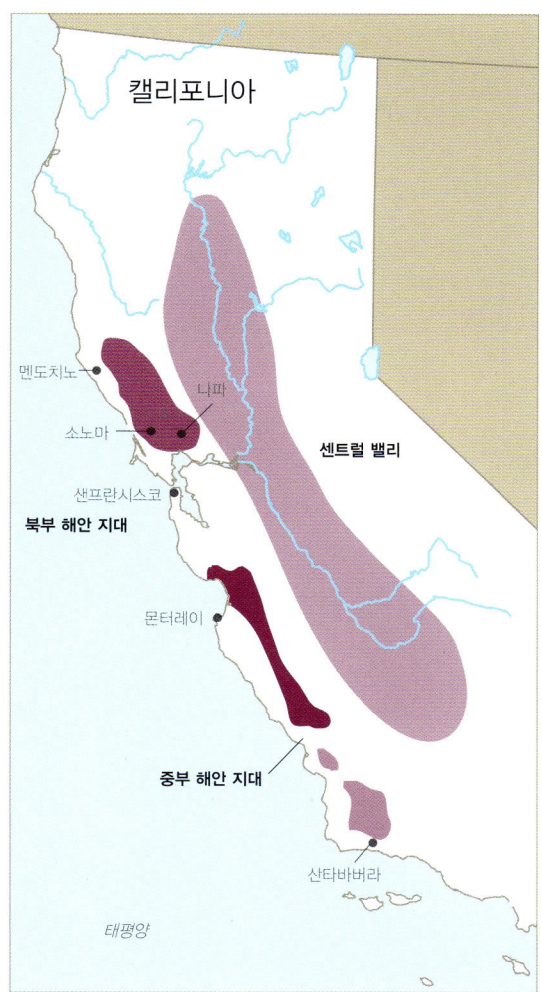

캘리포니아

멘도치노
나파
소노마
센트럴 밸리
샌프란시스코
북부 해안 지대
몬터레이
중부 해안 지대
산타바버라
태평양

중앙부는 온난하며 루더포드Rutheford, 스택스립 Stags Leap과 오크빌Oakville에서 고품질의 카베르네 소비뇽을 생산한다.

컬트 와인이란?

컬트Cult는 숭배를 뜻하는 라틴어 'Cultus'에서 유래 했다. 전통이 아닌 창조성과 품질을 중요시하는 철 학을 가지고 만드는 와인을 말한다. 1990년대 초부 터 생산되기 시작됐으며, 보르도의 샤토 르 팽Ch. Le

Pin이 시초다. 작은 차고 같은 창고에서 최고의 포도 만을 골라서 소량 생산하기 때문에 최고의 품질로 한정된 양만 생산하는 와인이라고 하여 '가라지 와 인Garage Wine(차고 와인)', '부티크 와인Boutique Wine' 이라고 불리기도 한다.

캘리포니아에서는 1990년대 초중반부터 카베르네 소비뇽과 샤르도네를 주 품종으로 스크리밍 이글, 할란 에스테이트, 콜긴, 셰이퍼, 릿지 등 최고급 와 인을 출시하였다. 최고의 와인 평론가 로버트 파커 가 몇몇 컬트 와이너리에 100점 만점을 주면서 순 식간에 유명해졌고, 추종자들이 줄을 서기 시작하 였다. 경매에서 고가에 팔리기도 하며, 캘리포니아의 한정된 카베르네 소비뇽 컬트 와인을 엄청난 가격으 로 구입하는 광적인 와인 마니아들도 늘고 있다.

캘리포니아의 대표 컬트 와인

스크리밍 이글Screaming Eagle

마르카신Marcassin

힐사이드 셀렉트, 셰이퍼 빈야드Hillside Select, Shafer Vineyards

달라 베일Dalla Valle

슬로안sloan

콜긴 샐러즈Colgin Cellars

본드Bond

스캐어크로우Scarecrow

슈래더Schrader

시네 쿠아 논Sine Qua Non

브라이언트 패밀리Bryant Family

할란 에스테이트Harlan Estate

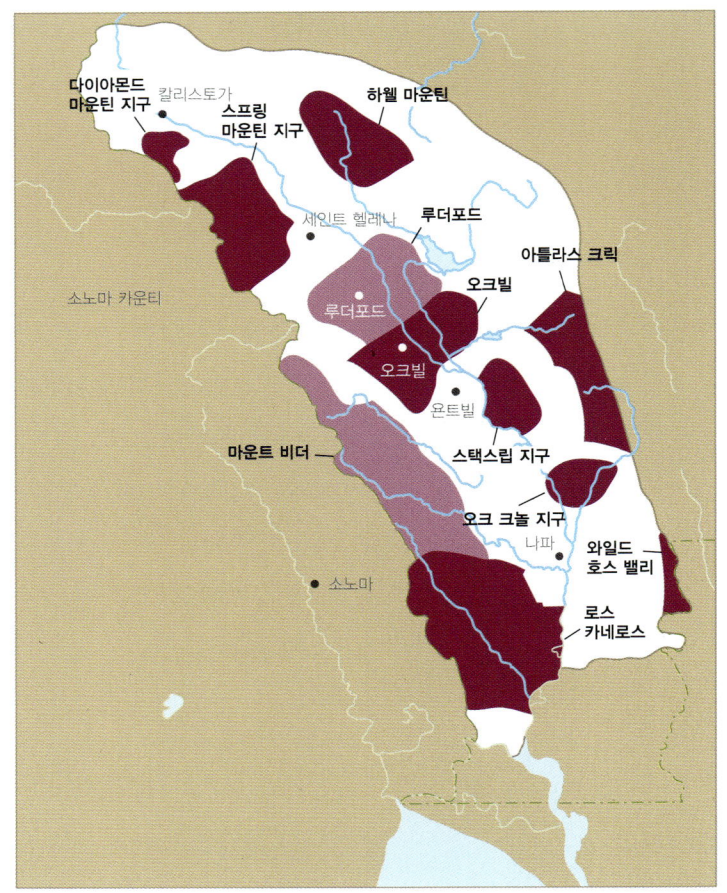

스크리밍 이글Screaming Eagle

전 세계적으로 컬트 와인 붐을 일으킨 스크리밍 이글은 1986년 부동산업을 하던 장 필립Jean Philippe에 의해 설립되었다. 그는 직접 와인을 만들어보고 싶은 꿈을 실현하기 위해 나파 지역의 리슬링 품종을 카베르네 소비뇽으로 바꾸고, 소량 생산한 포도로 1992년 첫 번째 빈티지 와인을 225케이스만 생산하였다. 로버트 파커는 이 와인에 99점을 주었고, 이후 스크리밍 이글은 인기 절정의 초고가 캘리포니아 레드와인이 되었다.

생산량은 매해 약 500케이스(6,000병) 정도로 이들의 메일링 리스트에 빼곡히 등록된 고객들에게는 그나마 비교적 높지 않은 가격에 팔리고 있다. 그러나 경매에서는 이보다 훨씬 비싼 가격으로 팔리는데, 2005년 시카고 옥션하우스인 하트 데이비스 하트Hart Davis Hart는 30병으로 구성된 연도별 상품인 버티컬 컬렉션을 4만 1,000달러에 낙찰시키기도 하였다. 스크리밍 이글보다 생산량이 적은 '세컨드 플라이트Second Flight'라는 세컨드 와인을 출시하였고, 2012년부터는 소

비뇽 블랑으로 만든 화이트와인 '스크리밍 이글 블랑'도 연 600병을 생산하며 현재 3,000달러 이상의 가격으로 낙찰되기도 한다.

2006년 3월, 필립은 스크리밍 이글을 기업가 찰스 뱅크스와 스탠리 크로엔크에 매각했다. 새 오너들은 생산량을 늘려 나갈지에 대해 검토를 하였으나 뱅크스는 "생산량을 늘릴 필요는 없다. 스크리밍 이글은 매우 특별한 와인이다. 문제는 이 특별함을 유지해 나가는 것이다"라고 표명하였고, 현재까지 열광적인 팬을 거느린 최고급 컬트 와인의 대명사로 인정받고 있다.

할란 에스테이트Harlan Estate

부동산 왕으로 대성공을 거둔 윌리엄 할란은 "보르도에 뒤지지 않는 캘리포니아의 특1등급 와인"을 만드는 것을 목표로, 1984년 오크빌에서 포도 재배에 최적지라고 판단되는 비탈진 언덕 부지를 매입하여 와인 양조를 시작하였다. 그는 포도밭 중 배수가 좋은 척박한 화산암 토양에 카베르네 소비뇽, 메를로, 카베르네 프랑, 프티 베르도 등의 보르도 품종을 심었다. 단위 면적당 수확량을 매우 제한하여 귀하고 농축된 포도를 선별하였고, 파트너이자 최고의 와인메이커인 로버트 리비Robert Levy와 저명한 와인 컨설턴트인 미셸 롤랑Michel Rolland의 컨설팅을 통해 보르도 블렌딩 와인을 탄생시켰다.

1990년 첫 빈티지 출시 후 연거푸 파커 포인트 100점을 획득하며 단번에 스타덤에 올랐다. 90년산 첫 와인은 65달러에 출하되었지만 2019년 경매에서 1,300달러에 낙찰되기

도 하였다. 매년 2만 병 이하만 출시되며, 빈티지별 기복이 적고 매년 놀랍도록 농축되고 풍부하며, 복합적인 캐릭터에 우아함과 섬세함을 갖춘 빼어난 와인이다. 그 진귀함으로 궁극의 컬트 와인으로 칭송받고 있다.

리저브 와인이란?

신세계 와인의 레이블에 표기된 리저브Reserve에는 법적인 의미가 없지만, 몇몇 와이너리에서는 자신들의 특별한 와인에 리저브를 표기하며, 이는 보통 한 단계 위의 특정 포도원의 포도로 빚어진 와인을 뜻한다. 리저브 외에도 '캐스크Cask 숙성', '스페셜 셀렉션Special Selection' 등의 용어들도 레이블 표기에 종종 사용되고 있다.

메리티지 와인이란?

메리티지Meritage란 Merit(장점)와 Heritage(유산)를 합성한 단어로 미국에서 보르도의 전통적인 포도 품종을 블렌딩하여 만든 와인을 말한다. 메리티지 와인은 와인메이커들이 기존의 법적 규제에 불만을 가지고 시작하게 되었다. 이들은 장점을 살린 블렌딩을 하면 더 우수한 와인을 만들 수 있다는 것을 강조하며, 최고의 포도로 생산량을 제한해 와인을 만들고 있다. 그만큼 다른 와인보다 고가의 고품질 와인들이다.

선구자적 와인으로는 몬다비와 로칠드Mondavi & Rothschild가 합작한 오퍼스 원Opus One이 있고, 조셉 펠프스Joseph Phelps의 인시그니아Insignia, 크리스티앙 무엑스Christian Moueix의 도미누스Dominus, 스택스 립Stag's Leap의 캐스크 23Cask 23 등을 들 수 있다.

파리의 심판 1976 Paris Tasting

영국인 와인 평론가로 파리에서 아카데미 뒤 방 Académy du Vin이라는 교육기관과 와인 숍을 운영하는 스티븐 스페리어Stephen Spurrier는 캘리포니아를 방문했다가 미국 와인의 훌륭한 품질을 보고 감명을 받았다. 때마침 미국 독립 200주년을 맞이한 1976년, 프랑스 최고의 와인 평론가들을 초청하여 미국 와인과 프랑스 와인의 블라인드 테이스팅을 진행했다.

레드와인은 카베르네 소비뇽, 화이트와인은 샤르도네 품종으로 경합을 벌였는데, 그 결과 화이트와인은 샤토 몬탈레나Chateau Montelena 1973 빈티지가, 레드와인은 스택스립 와인 셀러스Stag's Leap Wine Cellars의 1973 빈티지가 모두 1등을 차지하여 경이로움을 자아냈다. 프랑스 최고의 와인 평론가들로 구성된 심사위원들 모두 어떤 와인이 어느 나라의 것인지 분별할 수 없었다고 했으며, 당시 미국 부티크 와인이 항상 프랑스를 따라가고자 노력하는 상황이었기 때문에 더욱 놀라운 결과였다.

1986년에도 동일한 와인으로 비교 시음회가 있었지만, 1위에서 5위까지를 모두 미국 와인이 차지하였다. 2006년에는 자존심이 상한 프랑스에서 프랑스 와인은 장기 숙성에 유리한 와인이라는 자부심을 가지고, 때마침 파리의 심판 30주년을 기념하고자 30년 전과 동일한 레드와인만을 가지고 다시 블라인드 테이스팅으로 재대결을 펼쳤다. 이 행사

미국 와인의 아버지, 로버트 몬다비 (1913~2008)

로버트 몬다비(Robert Mondavi)는 미국 와인을 기술 혁신과 전략적인 마케팅으로 세계적인 와인으로 인지시키는데 기여한 선구자이자 개척자이고 문화와 예술인으로 '미국 와인의 아버지'라고 불린다. 이탈리아 출신으로 아버지와 남동생과 함께 1961년, 나파 밸리에서 금주법 이전 최초이자 최대 규모 중 하나인 찰스 크룩 와이너리 (Charles Krug Winery)를 구입 후 여러 경험을 쌓고 1965년에 독립, 1966년 로버트 몬다비 와이너리를 창업했다.

소비자 기호 및 시장의 변화에 선구안이 남달라 새로운 유형의 와인인 메리티지 와인, 품종 와인(Varietal Wine)인 퓌메 블랑 등을 선보였다. 또한 와이너리의 관광지화, 시음, 교육을 통한 홍보뿐만 아니라 고급 테이블 와인의 부상을 예상하고 신개념 사업을 독자적인 스타일로 추구하였다. 유럽의 장인 정신과 전통을 살리고 미국의 기술과 경영 기법을 결합하는 콜라보레이션을 하며, 최초로 '부티크' 와인의 개념을 전파하기도 하였는데, 최고급 와인 오퍼스 원을 생산한 이야기가 유명하다. 1970년 로버트 몬다비와 프랑스 보르도 1등급의 샤토 무통 로칠드의 필립 드 로칠드(Philippe de Rothschild) 남작이 우연히 하와이에서 만났을 때, 이들은 불과 한 시간 만에 캘리포니아에서의 조인트 벤처에 합의하였다. 이로부터 9년 후 1979년 첫 빈티지를 생산하였고, 그들의 높은 명성만큼 최고의 와인으로 꼽히고 있다.

그 후에도 로버트 몬다비는 끊임없는 열정과 시도로 1995년에는 이탈리아 프레스코발디와 합작하여 루체 델라 비테(Luce della Vite)를 설립, 루체(Luce)를 생산하였다. 1996년에는 칠레 에라주리주(Errazuriz)와 합작하며 칼리테라(Caliterra)와 세냐(Sena)를 생산하였고 모두 최고의 평가를 받고 있는 와인들이다.

케이머스Caymus

케이머스는 나파 밸리의 개성이 다른 8개 지역에서 수확한 포도를 블렌딩하여, 뛰어난 복합미를 지니며 빈티지에 따른 기복 없이 한결같은 스타일을 유지하는 와인이다. '투박하고도 귀족적인' 스타일로 세계인의 입맛을 사로잡았으며, 케이머스 신드롬의 주역이 되었으나 그만큼 논란이 있는 와인이기도 하다. 와인 애호가들은 케이머스만의 잘 익은 과실 향 풍미와 달콤하고 벨벳 같은 텍스처에 환희를 보낸다. 하지만 평론가들은 지나치게 짙은 오크 향을 지적하며, 우아함과 섬세함이 결여되어 있다고 평하기도 한다. 그럼에도 케이머스는 바로 오픈하여 마시기에 좋다는 장점이 있어 여전히 큰 인기를 누리고 있다.

를 주관했던 스티븐 스페리어는 "이번에야말로 정말 프랑스가 이길 것"이라고 생각했다고 한다. 하지만 결과는 미국 와인들이 1~5위를 차지하며 압승을 거두어 와인의 숙성력까지 증명하는 계기가 되었다. 이 사건으로 여러 신세계 국가들이 우리도 할 수 있다는 자신감을 가지고, 기술 개발과 와인의 품질 향상에 더욱 노력하는 계기가 되었다. 2008년 영화 〈와인 미라클Bottle Shock〉에서 이 사건을 다루기도 했다.

소노마 밸리Sonoma Valley

소노마 밸리는 나파 밸리의 서쪽에 위치하며 19세기 초반 프란시스코 수도회에 의해 최초의 포도가 심어진 지역으로, 캘리포니아주에서 가장 역사적인 와인 산지이다. 특히 해안가 쪽에서 질 좋은 화이트와인이 생산되며, 나파와 인접한 산지에서는 좋은 레드와인이 생산되나 나파 밸리에 비해서는 순수하고 소박한 느낌의 마을이다. 켄우드Kenwood, 샤토 생진Chateau St. Jean 등이 유명하다.

2
Oregon
오리건

오리건은 서늘한 기후에 강수량이 많은 편으로 많은 포도원이 바이오다이내믹 농법을 사용한다. 오리건 최대 규모의 AVA인 월라메트 밸리 북부는 가장 냉랭한 기후로 고품질의 피노 누아가 생산된다. 흙냄새와 향신료 풍미가 강한 피노 누아 와인이 유명하며, 질 좋은 샤르도네 와인의 생산도 늘고 있다.

3
Washington
워싱턴

워싱턴의 와인 생산량은 캘리포니아주에 이어 2위이며, 보르도와 부르고뉴와 비슷한 위도에 위치한 사막 지역으로 관개 수로를 이용한 포도 재배를 하기도 한다. 대규모로 와이너리 그룹에서 포도 수매후 와인을 제조해 판매하는 방식이 유명하다. 리슬링 화이트와인과 메를로, 카베르네 소비뇽 품종을 보르도 스타일로 블렌딩한 레드와인이 대표적이다.

4
New York
뉴욕

뉴욕은 캘리포니아와 워싱턴 다음으로 포도 생산량이 많은 지역이다. 4개의 주요 AVA는 핑거 레이크스**Finger Lakes**, 레이크 이리**Lake Erie**, 허드슨 리버 **Hudson River** 및 롱 아일랜드**Long Island**이며, 총 11개의 포도 재배 지역이 지정되어 있다. 2019년 기준으로 뉴욕에는 470개의 와이너리가 있다.

허드슨강 지역은 미국에서 가장 오래된 와이너리로, 1839년부터 브라더후드 와이너리**Brotherhood Winery**가 운영되었고, 롱아일랜드 최초의 상업용 포도원 및 와이너리는 1973년에 설립되었다. 주 품종은 카베르네 소비뇽, 피노 누아, 메를로, 리슬링, 샤르도네다.

루디 커니아완의 위조 와인 스캔들

루디 커니아완(Rudy Kurniawan)은 인도네시아의 와인 수집가로, 미국 상류층 사교계에서 최고급 와인들을 나눠 마시며 그들과 친구가 되었다. 그는 유난히 로마네 콩티를 좋아해 '닥터 콩티'로까지 불린 인물이다. 하지만 결국 그는 경매 회사인 애커 메럴 콘딧(Acker Merrall & Condit)에 수백억 원의 사기 와인을 판매한 와인 위조범으로 들통이 났다. 루디는 1945, 1949, 1966년산 도멘 퐁소 클로 생드니(Domaine Ponsot Clos Saint-Denis)를 경매에 내놓았는데, 와이너리의 소유주인 로랑 퐁소가 해당 와인은 1982년까지 생산되지 않았다는 사실을 밝히며, 의문을 품고 그 출처를 물었고 모두 거짓으로 밝혀졌다. FBI는 결국 LA에 위치한 루디의 집에 급습하여 위조된 와인 레이블들, 코르크 기구 등 수많은 증거품을 발견했다. 그는 2014년 위조 와인 판매 혐의로 10년 형을 선고받았다. 하지만 루디가 판매한 약 1만여 병의 와인들이 아직 여러 컬렉터들의 개인 소장품으로 남아 있을 것으로 추측된다. 루디는 미각과 테이스팅 능력이 아주 뛰어나 미국 상류층 와인 감정가들 사이에서도 유명한 와인 전문가였다. 그는 최고급 와인을 마셔보고 맛을 기억한 다음 저렴하지만 비슷한 맛을 내는 와인들을 사다가 조합해 위조 와인을 만들어내는 천재적인 재능이 있었으며, 실제로 그의 집에서 유명 와인과 빈티지별 블렌딩 조합 공식 수천 개가 발견되기도 하였다.

2
Australia

(호주)

호주는 1788년에 영국 해군이었던 아사 필립 대령이 포도나무를 시드니에 들여왔고, 1824년 스코틀랜드 지방에서 이주해 온 제임스 버즈비**James Busby**가 뉴사우스웨일스의 헌터 밸리**Hunter Valley**에 프랑스에서 가지고 온 가지들을 심으면서 본격적으로 포도를 재배하기 시작하였다.

1970년대까지도 달콤한 디저트 와인과 저렴한 테이블 와인 위주로 생산했으나, 1980년대부터 호주 와인 생산 기술이 급격히 발전하며 와인의 품질이 향상되어 고급 와인을 만들 수 있게 되었다. 또한 천혜의 환경에서 나온 가성비 좋은 품질에 맛이 뛰어난 와인으로 국제적 명성을 얻기 시작하였다. 와인 레이블에 산지, 포도 품종, 빈티지 등을 정확하게 표기하여 읽기 쉬운 편이고, 현재는 세계 5위의 와인 수출국이다.

호주의 포도 품종

호주에서는 주로 유럽 포도 품종이 재배되며, 레드 품종인 쉬라즈가 가장 대표적이다. 쉬라즈는 프랑스 론 지방이 고향으로, 프랑스의 시라 품종이 호주에서는 쉬라즈라고 불리며 호주의 스타 품종으로 자리매김하였다. 호주의 쉬라즈는 프랑스 시라에 비해 더욱 강렬한 검붉은 과실 향과 잼 향이 풍부하며 달콤한 향에 스파이스 풍미, 스모키하고 묵직하며 질감이 풍부한 풀보디 와인으로 완성된다. 또한 론의 코트 로티 지방과 같이 쉬라즈와 비오니에의 조합도 적극적으로 시도하며, 자유롭게 포도를 블렌딩한 와인이 특징이다.

🍇 화이트 품종

샤르도네, 리슬링, 소비뇽 블랑, 세미용

🍇 레드 품종

카베르네 소비뇽, 쉬라즈, 메를로, 피노 누아, 그르나슈, 무르베드르(마타로 **Mataro**), 카베르네 프랑

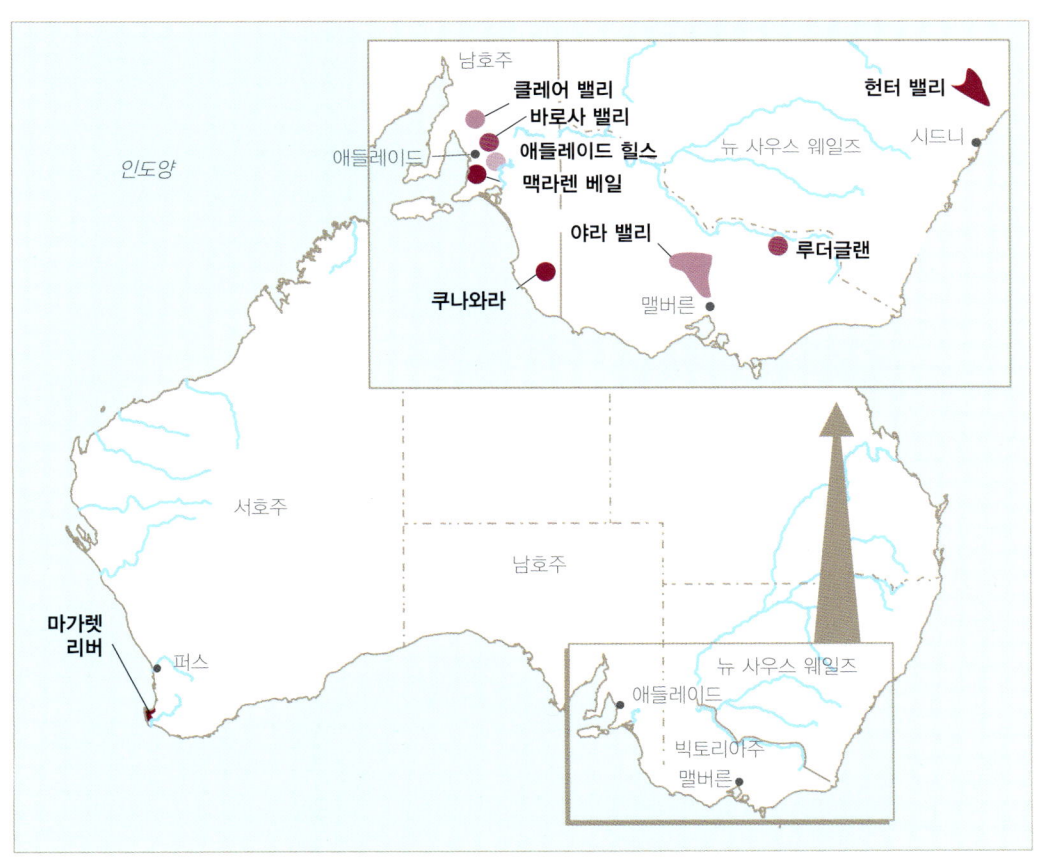

호주의 대표 와인 산지

호주는 동서로 3,000km 이상에 걸쳐 와인 산지가 펼쳐져 있으며, 기후가 뚜렷하게 차이나는 남호주, 서호주, 뉴 사우스 웨일즈, 빅토리아와 태즈메이니아가 주요 산지이고 각 지역 와인의 특징이 구별된다.

지역	레드	화이트	특징
남호주 -바로사 밸리 -애들레이드 힐스 -쿠나와라 -에덴 밸리	쉬라즈, 카베르네 소비뇽, 메를로, 그르나슈, 무르베드르	샤르도네, 소비뇽 블랑, 리슬링, 세미용	호주 와인의 전체 생산량의 50% 이상을 차지하며 양질의 레드와인을 주로 생산
서호주 -마가렛 리버	쉬라즈, 카베르네 소비뇽, 메를로	샤르도네, 소비뇽 블랑, 세미용	서호주 지역은 호주에서 가장 규모가 작은 와인 생산 지역으로 마가렛 리버가 유명
뉴 사우스 웨일즈 -헌터 밸리	쉬라즈, 카베르네 소비뇽, 메를로	샤르도네, 소비뇽 블랑, 세미용	호주에서 가장 오래된 와인 생산 지역. 열악한 기후 조건 속에서도 역사적 명성을 뒷받침하는 유명한 와인을 생산 중
빅토리아 & 태즈메이니아 -야라 밸리	쉬라즈, 카베르네 소비뇽, 메를로, 피노 누아	샤르도네, 소비뇽 블랑	가장 남쪽에 있기 때문에 서늘한 기후에서 좋은 품질의 와인을 생산하며, 소규모 와이너리가 많음

1
South Australia
남호주

남호주 지역은 호주 와인 전체 생산량의 50% 이상을 생산하는 곳으로 양질의 레드와인이 주로 만들어진다.

바로사 밸리 Barossa Valley

바로사 밸리는 오랜 역사를 가지고 있는 호주에서 가장 유명한 와인 지역으로, '시라즈의 수도'라고도 불린다. 올란도Orlando나 펜폴즈Penfolds 등의 거대한 와이너리가 이곳에 위치하며, 울프 블라스Wolf Blass, 하디스Hardys, 피터 르만Peter Lehman, 플랫Flat, 얄룸바Yalumba 등이 있다.

애들레이드 힐스 Adelaide Hills

애들레이드 힐스는 애들레이드에서 약간 벗어난 해발 400m 위에 위치하여, 필록세라 전염병이 전역을 휩쓸었을 때 고립된 환경에서 살아남은 수령이 높고 유서 깊은 포도나무가 남아 있다. 샤르도네와 리슬링으로 만든 화이트와인과 스파클링와인이 유명하다.

쿠나와라 Coonawarra

쿠나와라는 호주를 대표하는 카베르네 소비뇽의 산지로, 철이 많이 함유된 붉은 토양인 테라 로사Terra Rossa가 유명하다.

에덴 밸리 Eden Valley

에덴 밸리는 호주에서 가장 오래 된 포도 재배 지역 중 하나다. 호주 최고의 와인으로 꼽히는 '힐 오브 그레이스Hill of Grace'를 만들며 120여 년의 역사를 지닌 헨슈케Henschke 와이너리가 위치해 있다.

호주 명품 와인의 아이콘, 펜폴즈 그랜지

펜폴즈사의 설립자이자 영국인 의사였던 펜폴즈 박사는 와인의 의학적인 효력을 굳게 믿었다. 그는 호주로 이주해 올 때 남프랑스의 포도 묘목들을 가지고 와서 아델레이드의 외곽, 마길(Magil)의 오두막집 주변에 심었다. 이 부부는 부인의 영국 집 이름을 따서 이 오두막을 그랜지(Grange)라 불렀다. 펜폴즈는 환자들을 치료하면서 약용으로 주정강화와인인 포트와 셰리와인을 만들었으나, 치료용이 아닌 음용할 용도가 증가하자 포도원을 키우고 와인 생산량을 늘렸다.

1951년 와인메이커였던 막스 슈베르트(Max Schubert)가 그랜지 에르미타주(Grange Hermitage)의 실험적인 첫 빈티지를 생산해냈다. 이는 장기 보관과 숙성이 가능한 프랑스의 레드와인에 영감을 받아 만들어진 와인으로서 쉬라즈로 만들어졌다. 하지만 올바른 정신을 가진 사람이라면 아무도 사지 않을 와인이라고 혹평을 받았고, 회사 이미지 타격을 우려해 본사에서 생산을 중단하기로 결정하였다.

하지만 그로부터 10년 후, 1962년 시드니 와인 박람회에 펜폴즈 그랜지(Penfolds Grange)를 출품하여 금메달을 수상하였으며, 막스 슈베르트가 은퇴할 때까지 받은 금메달은 50개에 달한다. 1995, 1951년 빈티지는 2,300만 원에 낙찰되기도 하였고 현재 지구상에 20병 남아 있는 2004년 빈티지는 4,500만 원에 팔리기도 하였다. 오늘날에는 호주에서 가장 고가이자 훌륭한 레드와인으로 유명하다.

2
Western Australia
서호주

서호주는 호주에서 가장 규모가 작은 와인 생산지지만 마가렛 리버Margaret River가 특히 유명하다. 마가렛 리버에서는 훌륭하고 섬세한 와인을 생산하며, 적은 공급량에 가격대는 높은 편이다. 주로 와이너리로는 르윈 에스테이트Leeuwin Estate, 케이프 멘텔Cape Mentelle(LVMH 소유), 쿠렌Cullen 등이 있다.

3
New South Wales
뉴 사우스 웨일즈

뉴 사우스 웨일즈는 호주에서 가장 오래된 와인 생산지로, 열악한 기후 조건 속에서도 역사적 명성과 함께 호주의 유명 와인을 생산하고 있다. 특히 헌터 밸리Hunter Valley는 기후가 악조건임에도 불구하고 뛰어난 와인을 생산하는 곳이다. 이 지역은 시드니에서 3시간 정도로 방문객이 해마다 늘어가는 곳이며, 티렐스 Tyrrell's 와이너리가 유명하다.

4
Victoria
빅토리아

빅토리아는 호주의 가장 남쪽에 위치해 서늘한 기후에서 좋은 품질의 와인을 생산하고 있으며, 소규모 와이너리가 많이 있다. 장기 숙성용 레드와인이 나오는 벤디고Bendigo, 서늘한 기후의 피노 누아로 유명한 절롱Geelong과 야라 밸리Yarra Valley 등의 산지가 있다. 윈즈Wynns, 브라운 브라더스Brown Brothers, 린데만스 Lindemans 등의 와이너리가 유명하다.

야라 밸리는 선선한 기후로 피노 누아나 샤르도네가 재배되는 데 최고의 조건이다. 생산량이 적은 편이지만, 품질은 높은 편이다. 유명한 와이너리로는 야라 여링Yarra Yering, 도멘 샹동Domaine Chandon 등이 있다.

호주의 유명 와인 생산자들

호주에는 Big 4라 불리는 와인 산업의 대기업이 있다. 호주 와인의 생산자는 대기업 또는 가족 경영, 두 그룹으로 나뉜다. 이 중 대기업인 Big 4는 호주 전체 와인의 80%를 생산하고 있으며, 막대한 자본을 가지고 다양한 브랜드를 거느리고 있다.

먼저 BRL 하디(BRL Hardy) 그룹은 하디스(Hardy's, Rernell), 야라 번(Yarra Burn), 호튼(Houghton) 등을, 베린저 블라스(Beriger-Blass) 그룹은 울프 블라스(Wolf Blass), 살트램(Saltram), 야라 릿지(Yarra Ridge) 등을 소유하고 있다. 올랜도(Orlando) 그룹은 헌터 힐(Hunter Hill), 제이콥스 크릭(Jacob's Creek), 올란도(Orlando), 윈담 에스테이트(Wyndham Estate) 등을 소유하고 있으며, 사우스콥(Southcorp) 그룹에서는 로즈마운트(Rosemount), 린데만스(Lindeman's), 펜폴즈(Penfolds), 시뷰(Seaview) 등을 소유하고 경영하고 있다.

가족 경영에 의한 생산자로 유명한 곳은 1849년에 창업하여 바로사 밸리에 위치한 얄룸바(Yalumba), 헌터 밸리에 위치한 티렐(Tyrrell's) 등이 있다. 그중 헨슈케(Henschke) 와이너리는 남호주의 에덴 밸리 지역에 위치하며, 호주의 컬트 와인 중 하나인 '힐 오브 그레이스'를 생산하며 그 명성을 떨치고 있다.

호주 와인의 Bin 시리즈란?

Bin은 술통(Barrel)을 일컫는 말이다. 호주의 와인 사업은 초창기 영국령 시기에 배를 타고 온 죄수들이 노역을 했는데, 당시 죄수들은 글을 못 읽는 문맹률이 높았기 때문에 와인 저장 창고에 영어를 써놓으면 못 읽기가 일쑤였다. 이에 대한 방편으로 이해하기 편하도록 숙성 창고와 술통에 번호를 매겼다. 이것이 유래가 되어 지금도 각 와이너리마다 품종에 따른 고유번호가 매겨져 와인이 유통되고 있다. 현재는 호주 와이너리들의 독특한 마케팅으로도 활용되고 있다.

생산 회사마다 고유한 Bin 번호

생산 회사: 펜폴즈

Bin 128: 쉬라즈

Bin 389: 카베르네 소비뇽/쉬라즈

Bin 407: 카베르네 소비뇽

Bin 707: 카베르네 소비뇽

생산 회사: 린데만스

Bin 45: 카베르네 소비뇽

Bin 50: 쉬라즈

Bin 65: 샤르도네

생산 회사: 윈담

Bin 222: 샤르도네

Bin 333: 피노 누아

Bin 444: 카베르네 소비뇽

Bin 555: 쉬라즈

Bin 888: 카베르네 소비뇽/메를로

3
New Zealand

뉴질랜드

천혜의 아름다움을 간직한 남태평양의 청정 지역 섬나라인 뉴질랜드는 약 1,000년 전 이주해온 마오리족에게 '아오테아로아('긴 하얀 구름의 나라'라는 뜻)'라고 불리던 곳이다. 뉴질랜드 와인은 1819년에 시드니에서 건너온 영국인 선교사 사무엘 마스덴이 북섬에 최초로 포도 묘목을 심었고, 1839년 호주에 포도나무를 전파한 제임스 버즈비가 최초로 와인을 제조한 것이 시작이다. 그러나 20세기 초 필록세라의 창궐로 와인 산업이 초토화되었고, 정부의 금욕적인 법률 규제 및 종교적 이유로 술 마시는 것이 죄악시되어 만들어진 금주법의 여파 등으로 당시 와인 산업이 부진했다.

날씨가 너무 추워 포도 농사를 지을 수 없다는 선입견이 강했으나 1970년대 이후 꾸준한 와인 산업 성장을 통해 제대로 교육을 받은 열정과 재능을 지닌 와인메이커들이 혁신적인 방법으로 산업을 일으켜 1988년에는 100여 개에 불과하던 와이너리가 현재는 700여 개로 늘었다. 와인의 생산 비율은 화이트와인이 약 80%, 레드와인이 약 20%로 대부분 스크류캡 마개를 사용하며 가성비 있는 와인을 생산하고 있다. 세계 최고의 소비뇽 블랑 생산국이자 대표적인 신흥 와인 강국이다.

뉴질랜드의 포도 품종

뉴질랜드에서는 1960년대부터 독일 품종인 뮐러투르가우Muller-Thurgau를 심어 많은 양의 와인을 생산했고, 품질도 낮았다. 이러한 저가 와인의 이미지를 벗고자 급기야 정부의 주도로 하급 포도나무를 뽑고, 고품질의 포도를 심자는 운동이 일어났다. 고품질의 양조용 포도에 대한 관심과 함께 소비뇽 블랑, 샤르도네, 피노 누아가 심어져 현재 뉴질랜드를 대표하는 세 가지 와인 품종이 되었다.

🍇 화이트 품종

소비뇽 블랑은 뉴질랜드 포도 재배의 절반가량을 차지하며, 신선한 라임과 허브, 구즈베리, 열대 과일의 풍미와 미네랄과 산미가 풍부하다. 뉴질랜드의 소비뇽 블랑은 세계 최고 수준이다. 말보로의 소비뇽 블랑이 가장 유명하며, 뉴질랜드 소비뇽 블랑 생산량의 90%를 차지하여 이곳은 '세계 소비뇽 블랑의 수도'라고도 불린다. 소비뇽 블랑 다음으로는 **샤르도네**가 많이 생산되며, 그밖에 **리슬링, 게뷔르츠트라미너, 피노 그리** 등을 재배한다.

🍇 레드 품종

뉴질랜드는 재배가 까다로운 피노 누아를 잘 생산하는 몇 안 되는 나라 중 하나로 전체 생산량 중 10%를 차지한다. 그밖에 메를로, 카베르네 소비뇽, 시라 등도 재배된다.

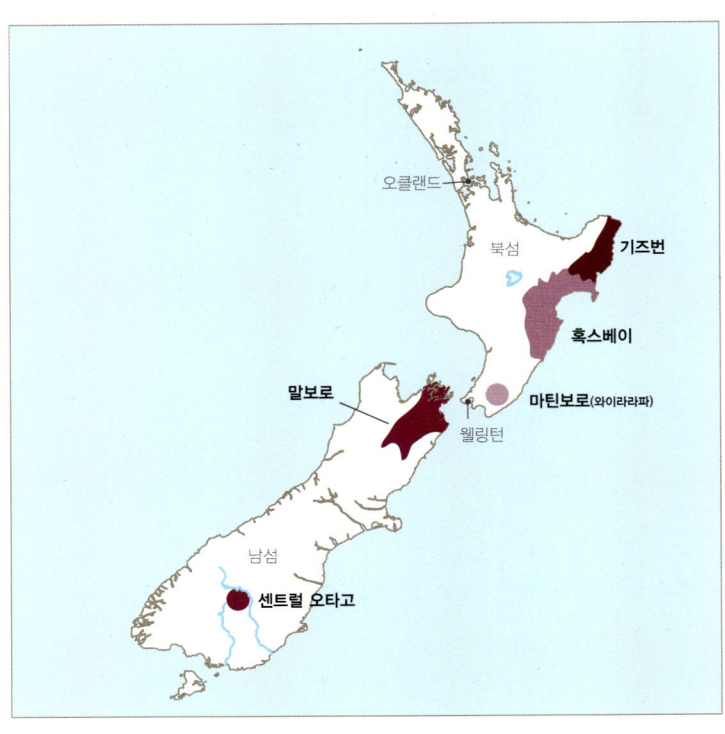

뉴질랜드의 대표 와인 산지

뉴질랜드에는 산악 지대가 많고 포도를 재배하기에는 습기가 많아 생산량은 적지만 와인에 대한 명성은 높다. 북섬은 구릉지가 탁월하며 화산이 발달하였고, 남섬은 높은 산이 많으며 산맥의 동쪽 기슭에 건조한 초원과 광활한 평원이 펼쳐져 있다.

지역	레드	화이트	특징
말보로(남섬)	피노 누아	소비뇽 블랑, 샤르도네	뉴질랜드 최대의 와인 생산지(전체 생산량의 약 85%를 차지함)
센트럴 오타고(남섬)	피노 누아	샤르도네, 피노 그리, 리슬링	-현재 포도밭의 80%가 피노 누아를 재배 -바이오다이내믹 와이너리인 펠튼 로드는 만화 『소믈리에르』 3권에 피노 누아 2003년산이 등장
혹스베이(북섬)	카베르네 소비뇽, 메를로, 시라	샤르도네	카베르네 소비뇽과 메를로의 보르도 블렌딩으로 만들어진 와인이 유명

1
South Island
남섬

말보로Marlborough

뉴질랜드에서 가장 일조량이 많은 산지로 남섬의 북동쪽에 위치한다. 뉴질랜드 전체 와인 생산량의 약 85%를 차지할 정도의 최대 와인 산지다. 말보로는 클라우디 베이Cloudy Bay, 빌라 마리아Villa Maria 등에서 선보이는 소비뇽 블랑 화이트와인이 유명하며 전 세계 톱클래스 반열에 오를 정도로 훌륭한 품질을 자랑한다. 그 외에도 샤르도네와 피노 누아의 특성을 잘 표현하는 와인이 만들어지는 곳이기도 하다.

클라우디 베이|Cloudy Bay

클라우디 베이의 이름은 1770년에 뉴질랜드를 항해하던 캡틴 쿡에 의해 명명되었으며, 1985년에 와인메이커인 케빈 주드에 의해 말보로의 현대적인 소비뇽 블랑 스타일로 첫 출시되었다. 이 와인의 신랄하면서도 대담한 아로마와 풍미는 전형적인 프랑스의 소비뇽 블랑 와인인 상세르나 푸이 퓌메와는 큰 차이를 보였기 때문에 패셔너블한 디너 파티의 와인으로서 빠르게 자리를 잡았다. '테 코코'라는 소비뇽 블랑의 오크 버전을 출시하기도 하였으며, 현재 LVMH 소속으로 세계적인 마케팅을 펼치고 있다.

센트럴 오타고|Central Otago

센트럴 오타고 지역은 세계에서 가장 남쪽에 위치한 포도밭으로, 큰 일교차에 전형적인 대륙성 기후의 건조한 지역이다. 과일의 풍미를 농축시킨 와인을 생산하며, 현재 포도밭의 80%가 피노 누아를 재배하고 있다. 관광 도시로 유명한 퀸즈타운 근처의 작은 마을인 배녹번Bannockburn은 만화『소믈리에』3권에 바이오다이내믹 와이너리인 펠튼 로드Felton Road의 피노 누아 2003년산이 등장하면서 유명해졌다.

2

North Island
북섬

북섬의 혹스베이Hawke's Bay는 남섬의 말보로와 함께 뉴질랜드를 대표하는 와인 산지로, 오랜 역사를 지닌 포도 재배 지역이자 뉴질랜드의 고품질 와인 생산지로 손꼽히는 곳이다. 전반적으로 보르도의 기후와 비슷하며, 이 지역 최고의 와인은 카베르네 소비뇽과 메를로의 보르도 블렌딩으로 만들어진다. 그 밖에 시라, 피노 누아, 샤르도네 등 다양한 종류의 와인들도 생산하고 있다.

실레니|Sileni Estate

실레니 와이너리는 뉴질랜드 북쪽 섬 동쪽 해안가인 혹스베이에 위치하고 있기 때문에 강한 서풍으로부터 포도밭을 보호할 수 있는 장점이 있다. 이 와이너리의 이름은 로마 신화에서 와인의 신 '바쿠스'와 함께 등장하는 술을 좋아하는 친구 실레니Sileni에서 유래한다. 현대적인 양조법과 정성스러운 포도밭 관리를 통해 와인을 생산하며, 보르도 품종인 카베르네 소비뇽, 메를로 그리고 시라 등이 잘 자라는 지역에 위치한 대표 와이너리다.

4
South Africa

남아프리카공화국

17세기에 네덜란드 정착자들이 남아프리카공화국(이하 남아공)에 케이프타운을 세우고 1655년부터 포도밭을 조성하여 와인을 만들기 시작했다. 케이프의 초대 총독은 "케이프는 지중해성 기후로서 포도 재배에 적합하고, 와인이 괴혈병에 좋다"면서 콘스탄티아 와인 에스테이트를 설립하고 약 350년에 걸쳐 와인을 생산하고 있다.

그 후 1688년 프랑스에서 종교 박해를 피해 이주한 위그노파가 도착하여 와인 산업화의 기틀을 잡았고, 프랑스의 양조 기술을 이전하면서 품질이 향상되었다. 1795년에는 영국에 와인을 공급하는 최대의 와인 산지로 성장했다. 최근에는 과학적이고 현대적인 시설을 갖추고 다양한 테이블 와인을 만들고 있으며 1973년부터 원산지 표시Wine of Origin를 시행하고, 품종과 수확 연도를 표시하기 시작했

다. 현재 80%의 와인이 남아공의 지정된 지역에서 나온다. 와인 산업의 본격적인 발전은 인종 차별 정책이 폐지된 1994년 이후 스텔렌보시Stellenbosh 지역을 중심으로 급속히 진행되었고, 남아공 와인의 95% 이상이 케이프타운 인근에서 생산된다.

기후는 벵겔라Benguela 해류가 내륙까지 영향을 미쳐 전체적으로 서늘하며 온화하다. 강수량이 부족한 편이지만 아프리카 대륙의 최남단에 위치한 지중해성 기후로 포도 재배에 적합하다. 전통적으로 화이트와인의 생산량이 많으며 슈냉 블랑 품종의 수출이 많았으나, 국제적 수요에 따라 레드와인의 생산 비중이 확대되었다. 남아공 와인의 특징은 우아함과 미네랄이 살아 있는 전통적인 프랑스 와인 스타일과 풍부한 과실 향의 쉽게 마실 수 있는 신세계 와인의 스타일이 조화를 이룬다는 점이다.

남아공의 포도 품종

대부분 유럽 포도 품종을 사용하며 대표적인 레드 품종은 피노타지, 화이트 품종은 슈냉 블랑이다.

🍇 레드 품종
피노타지, 카베르네 소비뇽, 메를로

피노타지Pinotage
1925년 스텔렌보시 대학의 포도 재배학자가 생소와 피노 누아 교배에 성공하여 피노타지가 탄생했다. 남아공에서만 볼 수 있는 차별화된 자국 품종으로 병충해에 강하고, 섬세하고 우아한 보디감으로 전 세계적으로 남아공의 대표 품종으로 브랜드화되었다.

🍃 화이트 품종
슈냉 블랑, 샤르도네, 소비뇽 블랑

슈냉 블랑
프랑스 루아르 지역이 원산지인 품종으로 스위트와 드라이한 두 가지 스타일의 와인을 생산한다.

남아공의 대표 와인 산지

남아공의 주요 산지는 남쪽 해안가 케이프타운을 중심으로 형성되어 있다. 코스탈 지역의 대표적인 3대 산지로는 기후가 따뜻한 스텔렌보시, 콘스탄시아, 팔 지역이다. 그 밖에 로버트슨Robertson, 그보다 더 남쪽에 위치하여 기후가 서늘해 피노 누아 재배에 성공한 오버버그Overberg가 유명하다.

지역	레드	화이트	특징
스텔렌보시	카베르네 소비뇽, 피노타지	샤르도네, 슈냉 블랑, 소비뇽 블랑	-남아공 최고의 대표적인 와인 산지 -카베르네 소비뇽, 피노타지, 보르도 스타일로 블렌딩한 레드와인이 유명
콘스탄시아		소비뇽 블랑, 뮈스카	최고의 스위트 디저트 와인인 뱅 드 콘스탄스가 유명
팔	시라	샤르도네, 슈냉 블랑	KWV(남아프리카의 와인 양조업자 연합) 본사가 있으며 일반 와인부터 최상급 와인에 이르기까지 다양한 와인을 생산

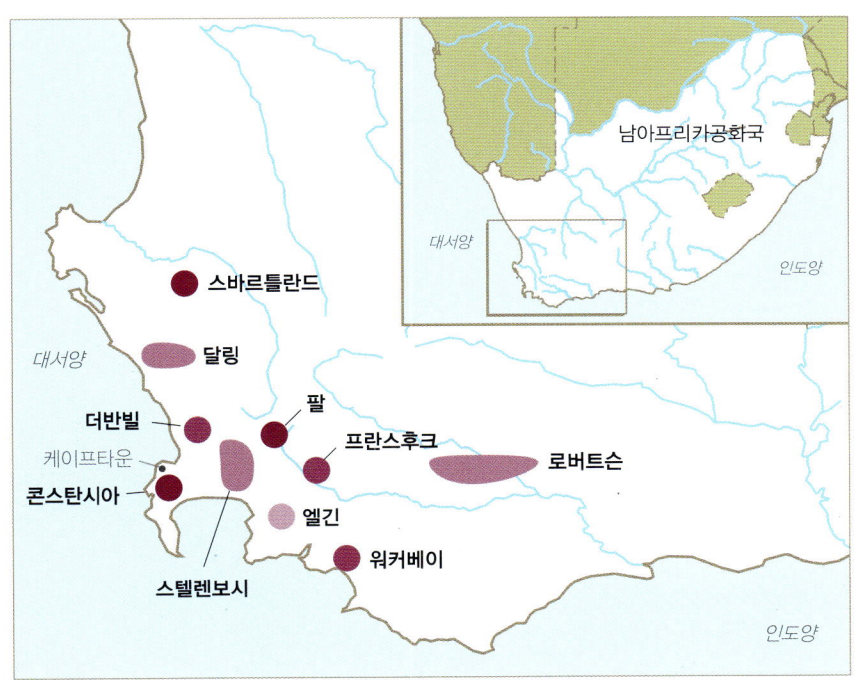

1
Stellenbosch
스텔렌보시

스텔렌보시는 남아공의 대표적인 와인 산지로 세계적으로 알려진 곳이다. 구릉 지대에 위치하며, 다양한 기후만큼 와인 스타일도 다양하다. 샤르도네, 카베르네 소비뇽, 피노타지, 보르도 스타일로 블렌딩된 레드와인이 특히 유명하다.

유명한 와이너리로는 피노타지의 우수성을 전 세계에 알린 캐논캅Kanonkop, 카베르네 소비뇽으로 유명한 텔레마 마운틴Thelema Mountain 와이너리와 그밖에 닐 엘리스Neil Ellis, 베르겔레겐 Vergelegen, 드토렝De Toren, 밀루스트Meerlust, 워터포드Waterford, 루첸베르그Rustenberg, 텔레마 앤드 워릭Thelema and Warwick 등이 있다.

2
Constantia
콘스탄시아

콘스탄시아는 라틴어로 '불변Constancy'이라는 뜻으로, 케이프타운 내에 위치한 남아공 역사의 중심지이자 와인 산업의 발원지로 스위트와인이 유명하다. 클레인 콘스탄시아Klein Constantia는 최고의 디저트 와인인 '뱅 드 콘스탄스'를 만들고 동인도회사를 통해 유럽에 전파하여 4세대에 걸친 오랜 역사에 걸쳐 그 품질의 우수성을 인정받고 있다. 이 지역에서는 소비뇽 블랑, 뮈스카 품종이 주로 재배되며, 콘스탄시아 위지그Constantia Uitsig, 클레인 콘스탄시아Klein Constantia, 스틴버그Steenberg, 그루트 앤드 클레인 콘스탄시아Groot and Klein Constantia 등의 와이너리가 있다.

3
Paarl
팔

팔에는 KWV(남아프리카의 와인 양조업자 연합) 본사가 소재해 있고, 일반 와인부터 최상급 와인에 이르기까지 다양한 와인이 생산된다.
시라, 슈냉 블랑, 샤르도네가 주로 재배되고, 유명 와이너리로는 최대 규모와 전통(210년 역사)을 자랑하는 니더버그Nederburg, 글렌칼로우Glen Carlou, 페어뷰Fairview, 빌라퐁테Vilafonte 등이 있다.

5
Chile

칠레

칠레는 15세기에 스페인 선교사에 의해 포도 재배가 시작되었고, 대부분 저가의 상업용 와인을 생산했다. 1818년 스페인으로부터 독립한 이후 프랑스의 와인메이커들이 필록세라를 피해 이주하며 보르도 품종을 들여오면서 본격적인 와인 양조가 시작되었다. 격리된 자연환경과 모래질의 토양 덕에 세계에서 유일하게 필록세라의 피해를 입지 않은 포도(미국 포도 품종과 접붙이기를 하지 않은, 유럽의 1860년 이전 품종)가 남아 있는 곳이다.

늦봄부터 초가을까지 일조량이 풍부하고 더운 날씨에 비가 거의 오지 않는 지중해성 기후다. 안데스의 높은 산맥에서 항상 흘러내리는 풍부한 물을 이용한 관개 농업이 가능한 최적의 와인 산지로, 우수한 품질의 포도를 수확하고 있다.

한편 1938년에 시작된 포도 재배 금지 법령이 1974년에 폐지되면서 칠레의 와인 산업이 급성장하였고 스테인리스 스틸 발효통을 활용한 신기술과 프랑스산 오크통을 쓰는 전통적인 기술을 결합하면서 고품질의 와인을 생산하기 시작하였다. 1990년대부터 와인 수출을 시작하여 지금은 세계 6위의 와인 수출국으로 발돋움했다. 2004년 한국-칠레 FTA 협정이 맺어진 후, 칠레 와인은 가격 대비 품질이 뛰어난 가성비 레드와인이라는 이미지로 국내에 와인 붐이 시작되던 초기에 대량 수입되어 한국에서의 인지도가 높다.

칠레의 포도 품종

🍇 화이트 품종

샤르도네, 소비뇽 블랑, 리슬링

🍇 레드 품종

메를로, 카베르네 소비뇽, 카르메네르, 말벡, 시라, 파이스

카르메네르 Carmenere

프랑스 보르도가 원산종인 칠레의 시그니처 품종으로, 필록세라 재앙 이전의 블렌딩에 사용되던 품종이다. 칠레에서는 메를로 품종으로 알고 있다가 1994년 프랑스의 연구진에 의해서 프랑스에서는 필록세라에 의해 멸종된 카르메네르 품종이라는 것이 발견되었다. 그 후 이러한 흥미로운 스토리와 함께 칠레의 주 품종 중 하나가 되었다. 풍부한 타닌과 블랙베리 같은 진한 색상을 띠며 미디엄 또는 풀 보디 와인을 생산한다.

칠레의 대표 와인 산지

지역	레드	화이트	특징
센트럴 밸리 -마이포 밸리 -마울레 밸리 -콜차쿠아 밸리	카베르네 소비뇽, 메를로, 카르메네르, 시라	샤르도네, 소비뇽 블랑	-가장 역사가 긴 포도 재배 지역으로 제일 먼저 개발된 곳 -포도밭의 밀집도가 높고 카베르네 소비뇽을 주 품종으로 재배
아콩카과 지방 -카사블랑카 밸리	메를로, 피노 누아, 시라	샤르도네, 소비뇽 블랑	화이트와인 생산지로 유명하며 샤르도네, 소비뇽 블랑을 주로 재배
남부 -이타타 밸리 -비오비오 밸리	파이스, 카리냥, 생소	뮈스카 오브 알렉산드리아, 샤르도네	빙하가 있어 포도 재배가 어려우나 전통 포도 품종을 이용하여 와인을 만듦

1
Central Vally
센트럴 밸리

마이포 밸리는 칠레에서 제일 역사가 긴 포도 재배 지역으로 가장 먼저 개발된 곳이며 포도원의 밀집도가 제일 높다. 카베르네 소비뇽을 주 품종으로 재배하며, 마울레 밸리는 80년대에 개발된 칠레 최대의 포도 산지로 벌크 와인 생산지로 유명하다.

2
Aconcagua
아콩카과 지방

아콩카과의 카사블랑카Casablanca 밸리는 산티아고 북서쪽에 위치한다. 샘물을 사용하는 이 지역의 포도밭들은 과도한 포도 생산을 억제하는 경향이 있다. 백악질에 모래가 많은 토양에 화이트와인 생산지로 유명하며 샤르도네, 소비뇽 블랑을 주로 재배한다.

칠레의 대표 와인

칠레의 와인 산업은 1980년대 후반 이후 해외의 자본이 유입되며 투자가 활성화되었다. 콘차이 토로 Concha y Toro는 프랑스의 바롱 필립 드 로칠드와 제휴해서 만든 알마비바Almaviva, 돈 멜초Don Melchor 등 최고급 와인 외에도 마르케스, 트리오 등 다양한 가격대의 와인들을 생산하고 있다. 프랑스 보르도의 샤토 라피트 로칠드 역시 칠레에 투자하여 로스 바스코스Los Vascos와 르 디스Le Dix를 생산하고 있다. 그리고 샤토 마고의 폴 퐁타이에와 샤토 코스 데르투르넬의 브뤼노 프라는 도멘 폴 브뤼노를 설립하여 아퀴타니아 와인을 만들었다. 에라주리즈 Errazuriz는 미국의 로버트 몬다비와 제휴해서 만든 세냐Sena가 유명하며, 저렴한 가격대의 칼리테라 Caliterra 와인도 생산하고 있다. 미국 나파 밸리 프란시스칸Franciscan의 어거스틴 휴니우스는 칠레 카사블랑카의 포도원을 매입하기도 했다.

칠레의 대표 프리미엄 와인, 알마비바Almaviva

알마비바는 칠레의 콘차이 토로와 프랑스의 샤토 무통 로칠드가 1997년 약 600만 달러를 반씩 투자해 합작하여 생산한 와인이다. 모차르트 오페라 '피가로의 결혼'의 주인공 알마비바 백작에서 따온 이름으로 레이블에 프랑스 극작가 보마르셰Beaumarchais의 친필 사인이 들어가 있으며, 로고는 칠레 마푸체족의 전통 문양이다. 이는 프랑스 최고의 양조 노하우가 있는 가문의 유럽 문화와 칠레의 토양과 기후가 나타내는 라틴 문화의 만남을 상징하고 있다. 카베르네 소비뇽이 주 품종이며 카르메네르와 카베르네 프랑을 블렌딩하여 만들어 깊은 향과 파워가 있는 우아함이 특징이다.

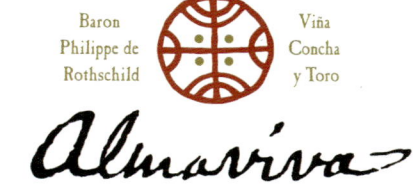

르 딕스 드 로스 바스코스Le Dix de Los Vascos

샤토 라피트 로칠드의 에릭 드 로스차일드 남작은 1988년 칠레에 건너가 로스 바스코스라는 포도원을 인수한 후 프랑스 보르도의 최고급 와인의 품질과 개성을 칠레에서 구현한다는 목표 아래 '르 딕스Le Dix' 프로젝트에 착수하였다. 르 딕스는 프랑스어로 숫자 10을 뜻하며, 10년을 기다려서라도 만족할 만한 결과를 얻겠다는 의지를 표현한 것이다. 칠레의 포도 품종, 토질, 양조법, 숙성 기간 등을 끊임 없이 연구한 라피트 로칠드의 양조팀이 칠레 현지의 로스 바스코스 양조팀을 지휘하여 1998년에 '르 딕스'라는 이름을 가진 첫 와인을 출시했다. 연간 8,000~1만 케이스만 한정 생산하며, 포도 작황이 좋아 와인 품질이 일정 수준 이상이 될 때만 생산하고 있다.

몬테스 알파 MMontes Alpha M

몬테스는 칠레 와인의 유행을 선도한 와인이다. 2001년 월드컵 조 추첨에 사용된 칠레 와인 '몬테스 알파Montes Alpha'가 대중적으로 유명해졌고 칠레 와인이 가격 대비 품질이 좋다는 평에 힘입어 수직 성장을 했다고 알려졌다. 한국 무역협회의 통계에 따르면 한국-칠레의 FTA 발효 직전인 2003년에는 380만 달러에 불과하던 칠레 와인의 수입 규모가 2004년에는 2,480만 달러로 급성장한 것을 확인할 수 있다.

이러한 칠레 와인의 붐을 이끈 몬테스 와이너리의 최상급 프리미엄 와인으로는 몬테스 알파 M이 유명하다. M은 몬테스 와이너리의 공동 창업자인 더글라스 머레이Douglas Murray의 이니셜로 칠레 와인의 세계 진출에 혁혁한 공을 세운 그의 업적을 기리기 위해 만들어진 명품 와인이다. 보르도 블렌딩 방식으로 양조되어 맛의 깊이와 느낌이 고상하고 귀족적인 것이 특징이다.

카사 라포스톨레Casa Lapostolle

아팔타 지역을 대표하는 와이너리로 클로 아팔타Clos Apalta 등의 명품 와인을 생산하고 있다.

1865 셀렉티드 빈야드 카베르네 소비뇽1865 Selected Vineyard Cabenet Sauvignon

1865는 와이너리의 설립 년도로, 한국에서는 '골프 18홀을 65타에 치는 날까지 마시는 와인'으로 마케팅 포지셔닝하여 큰 인기를 모은 와인이다.

6
Argentina

아르헨티나

아르헨티나는 해발 900m 이상의 고지대에서 안데스산맥의 눈이 녹아 포도밭으로 흐르기 때문에, 깨끗한 자연환경에서 자라난 포도로 만든 와인으로 유명하다. 현재 남미에서 와인 생산량이 가장 많고, 세계 7위를 기록하고 있다. 15세기 중반부터 스페인의 식민 지배를 받으며 선교사에 의해 포도나무가 심어졌다. 1980년대에 정치적인 불안과 경제 위기를 겪으며 와인 산업도 품질 향상에 노력하지 못해 쇠퇴하였다. 수출량이 많지 않고 국내 소비량이 많아, 저렴한 테이블 와인이 주를 이뤘다.

그러나 1990년대부터 선진국의 양조 기법과 고급 포도 품종들이 도입되며 고품질의 와인을 생산하게 되었고, 세계 시장 진출을 모색하는 등 와인의 현대화에 힘쓰며 아르헨티나 와인 산업 전반에 변화가 시작됐다. 2001년부터는 여러 투자를 받으며 낮은 임금과 저렴한 포도밭이라는 장점과 함께 성장하기 시작하여 남미의 신흥 와인 강국으로 인정받고 있다.

아르헨티나의 포도 품종

아르헨티나는 레드와인 강국으로 말벡 품종에 집중하고 있으며, 그밖에 보르도 품종을 주로 재배한다. 화이트와인으로는 샤르도네와 토론테스가 생산된다.

🍇 레드 품종

말벡, 카베르네 소비뇽, 메를로

말벡

프랑스 남서부 카오르 지역에서 '블랙 와인'을 만드는 품종으로 유명한 포도로, 아르헨티나 포도 재배 면적의 30% 이상을 차지하고 있다. 껍질이 두꺼워 타닌이 풍부하며 장기 숙성이 가능한 파워풀한 풀보디 와인을 만든다. 건자두 등의 말린 과일 향이 특징이다.

🍃 화이트 품종

샤르도네, 토론테스

토론테스Torrontés

아르헨티나가 고향인 대표적인 화이트 포도 품종으로 머스캣 오브 알렉산드리아Muscat of Alexandria와 우바 네그라Uva Negra가 우연히 교배되어 탄생했다. 라 살타 지방에서 고품질의 토론테스가 재배되며, 껍질이 두껍고 빨리 익으며 가장 아로마틱한 품종으로 유명하다. 과실 향과 꽃 향이 강하고, 가벼운 보디감과 신선한 산미를 지니고 있다.

아르헨티나의 대표 와인 산지

아르헨티나는 건조하고 햇빛이 강해 농축미와 산미가 좋은 와인을 얻기 위해 해발 고도가 높은 안데스 산기슭에 포도원을 조성하였다. 아르헨티나 대부분의 와이너리는(70% 이상) 멘도자Mendoza 근처에 몰려 있다. 또한 이곳은 총생산량의 80%를 차지하는 고급 와인의 생산지이기도 하다. 말벡을 중심으로 한 레드와인을 주로 만든다.

지역	레드	화이트	특징
살타	말벡, 카베르네 소비뇽, 시라, 타나	토론테스	-아르헨티나 북부에 해발 1,700~3,150m 고산지에 위치함. 이곳에 세계에서 가장 높은 포도원이 있음(3,000m, 몰리너스 와이너리) -말벡과 토론테스 품종을 주로 사용
라 리오하	보나르다, 카베르네 소비뇽, 시라	토론테스, 샤르도네	800~1,000m 고산지로 심플한 화이트와인과 과실 향의 레드와인을 생산
산 후안	말벡, 카베르네 소비뇽, 시라	비오니에	650~1,400m 고산지로 농축된 과실 향의 레드와인을 주로 생산
멘도자	말벡, 카베르네 소비뇽, 보나르다, 시라, 템프라니요	샤르도네, 토론테스	아르헨티나 와인의 70% 이상을 생산하는 주요 산지로 말벡을 중심으로 한 레드와인을 주로 생산
파타고니아 -라 팜파 -네우켄 -리오 네그로	피노 누아, 말벡, 메를로	토론테스, 소비뇽 블랑, 샤르도네	완만한 경지의 비옥한 토양에서 피노 누아와 토론테스를 주 품종으로 재배함

아르헨티나의 대표 와인

슈발 데 잔데스Cheval des Andes

샤토 슈발 블랑Ch. Cheval Blanc과 테레자스 데 로스 안데스 Terrazas de los Andes가 조인트 벤처 파트너십을 맺고 생산한 명품 와인으로, 슈발 데 잔데스는 '안데스의 말'이라는 뜻이다. 남미 와인을 재정의하는 세련된 스타일을 모토로, 샤토 슈발 블랑이 가진 최상급 보르도 블렌딩 기술과 아르헨티나의 말벡 포도를 결합해 우아하고 섬세하면서도 힘 있는 와인을 생산하고 있다.

보데가스 카로Bodegas Caro

1998년 샤토 라피트 로칠드와 아르헨티나의 카테나 자파타Catena Zapata가 공동 투자 제휴를 해서 만든 와인이다. 카테나Catena와 로칠드Rothschild의 앞 두글자를 조합하여 'Caro'라는 이름을 지었다. 카테나는 말벡 품종을 높은 고도의 테루아와 접목해 고급 와인을 생산하는 와이너리로, 그들이 생산한 포도와 라피트의 카베르네 소비뇽 양조 및 블렌딩 노하우를 결합하여 와인이 만들어진다.

카테나 자파타Catena Zapata

100여 년 전에 이탈리아 마르케Marche에서 와이너리 노동자의 아들로 태어난 니콜라스 카테나Nicolas Catena는 아르헨티나로 이주해 1902년 멘도자에 와이너리를 설립하였다. 그는 곧 아르헨티나의 최대 와인 생산업자로 성장했다. 그 밖에 프랑스 보르도와 협업하여 만든 와인으로, 양조학자 미셸 롤랑의 컨설팅을 받아 생산하고 있는 클로 드 로 시에테, 이스카이Iscay, 트라피체 와인Trapiche 역시 유명하다.

7
Korea

한국

한국에서 와인이라 통칭하는 것은 과실을 주 원료로 해서 발효시킨 음료를 말하며, 포도뿐 아니라 지역에서 생산되는 특산 과일을 활용해 여러 차별화된 와인이 생산되고 있다. 한국 와인의 역사는 고려 충렬왕 때 원나라에서 포도주를 보내왔다는 기록이 있으며, 조선시대에는 제주에 하멜 일행의 난파선이 표류했을 때 지방 관리에게 레드와인을 상납했다는 기록이 있다. 구한말 외국 선교사들이 미사주로 사용하면서 와인을 들여오기 시작해 주로 주한 외국인이나 종교 의식용, 호텔 등에서 조금씩 소비되는 수준이었다.

1960년대에 들어 국내의 식량 부족으로 막걸리, 약주, 소주 제조에 곡류 사용을 금지하였고, 척박한 땅에 뿌리를 깊이 내리고 잘 자라는 포도를 심어 와인을 제조해 국민 대중주로 보급한다는 방침을 세웠다. 이때 기업체에 양조용 포도 생산 단지를 조성하고 와인 공장 건설을 권장했다. 1974년 해태주조의 노블와인, 1977년 동양맥주(두산주류)의 마주앙, 진로의 샤토 몽블로, 금복주의 두리랑, 스파클링 와인인 대선의 그랑주아가 시판되었다. 1982년 이후 마주앙은 국내 와인 시장의 70% 이상을 점령하였고 그 후 OEM 방식으로 현지에서 병입된 와인에 마주앙 레이블을 붙여 시판하였다.

최근 정부는 민속주와 전통주를 개발하는 농가 지원책을 적극적으로 장려하고 있어, 각 지역의 특산 과실을 원재료로 하는 소규모 농가형 와이너리가 육성되고 있다. 또한 한국 와인은 전통주에 포함되므로 통신 판매가 허용되어 그 시장은 더 확장될 것으로 예측된다.

한국의 포도 품종

한국에서는 포도뿐만 아니라 각 지역에서 생산되는 특산 과일을 활용해 감, 오디, 오미자, 복분자, 머루, 배, 사과, 다래, 블루베리, 꿀, 감귤, 오렌지, 산딸기 등을 이용한 차별화된 와인이 생산되고 있다.

🍇 레드 품종

머스캣 베일리 에이, 캠벨 얼리Campbell Early, 거봉, 델라웨어, 머루, 개량 머루, 블랙아이와 블랙선 등이 있다.

머스캣 베일리 에이|Muscat Baily A

1928년 일본에서 베일리 품종에 머스캣 햄버그Muscat Hamburg를 교배해 육성한 포도 품종이다. 타닌과 산도가 비교적 적고 뮈스카 향이 특징으로 경북 영천에서 재배된다.

🍇 화이트 품종

마주앙에서 들여오는 리슬링이 있고, 한국에서 육성되는 화이트 품종으로는 시벨Siebel, 청수, 청향 등이 있다.

청수

1993년 농촌진흥청이 개발한 백포도 품종으로 상쾌한 청량감과 산도, 싱싱한 풀내음과 과일 향이 풍부하다. 대부도의 '그랑꼬또', 영동 여포 와이너리의 '여포의 꿈'과 안동의 '264청포도도와인'이 유명하다.

청향

강원도 농업기술원에서 개발한 품종으로 알이 작고 씨가 없다. 과일 향이 풍부하고 상큼하다. 홍천의 샤토 나드리 와이너리의 '너브내' 화이트와인이 있다.

지역	레드	화이트	특징
서울	송산 포도	나주 배	-**중구**/ 머곰 양조장: 송산 포도 내추럴 와인, 화이트 머곰 -**성동구**/ 페어리 플레이: 나주 배 와인
경기도	복분자	청수	-**안산**/ 그랑꼬또: 청수 와인 -**가평**/ 재즈아일랜드: 가평 포도(비가림 시설) -**화성**/ 샌드리버: 송산 포도 -**횡성**/ 디오니캐슬와인: 다래, 복분자 와인
강원도	블랙아이, 블랙선, 블루베리	청향, 사과	-**삼척**/ 너와마을영농조합: 끌로너와 스위트와인 -**영월**/ 예밀2리영농조함: 예밀 화이트, 로제 스위트 레드와인 -**홍천**/ 샤토 나드리: 너브내 스파클링 사과 와인 -**화천**/ 채향원: 블루베리 와인

지역	레드	화이트	특징
충청도	산머루, 캠벨 얼리, 머스캣 베일리 에이, 킹데라 웨어, 거봉	사과, 청수	**-천안**/ 두레양: 거봉 레드와인, 두레앙 브랜디 **-영동**/ 도란원: 샤토미소 퀸 아이스와인, 로제 스위트와인, 샤토미소 영동 C 브랜디 **-영동**/ 금용농산: 미르아토 로제와인 **-영동**/ 불휘농장: 시나브로 청수 화이트, 로제, 스위트 레드, 시나브로 에투알 로제 스파클링와인, 바야흐로 브랜디 **-영동**/ 필 와이너리: 필 청수와인, 필 세미드라이 로제와인 **-서산**/ 해미읍성 딸기와인: 세인트하우스 살구와인, 모과와인 **-단양**/ 에델농원: 에델 미디엄 스위트와인 **-예산**/ 예산 사과와인: 추사백 40 브랜디, 샤토마니(와인코리아) **-영동**/ 산막와이너리: 캠벨과 머루를 블렌딩한 비원, 청수로 만든 라라 **-영동**/ 갈기산농원: 유기농 포엠 화이트, 레드 **-충주**/ 레돔: 프랑스 농부가 한국에서 만든 내추럴 스파클링와인
전라도	머루, 복분자, 오디, 블루베리, 무화과	오렌지	**-무주**/ 샤토 무주: 프리미엄 드라이, 스위트, 로제 산머루 와인 **-무주**/ 덕유와이너리: 달1614 드라이, 스위트와인 **-담양**/ 아침이슬포도원: 고서와인(캠벨 얼리), 오렌지와인(세네카) **-순창**/ 영농조합법인 순창복분자: 오디와인, 복분자와인, 블루베리와인 **-부안**/ 농업회사법인 동진주조(내변산): 오디와인, 복분자와인 **-정읍**/ 영농조합법인 내장산 복분자: 내장산 복분자와인 **-전주**/ 써니헬프: 무화과 로제와인, 무화과와인

지역	레드	화이트	특징
경상도	머루, 캠벨 얼리, 오미자, 머스캣 베일리 에이	뮈스카 오브 알렉산드리아, 머스캣 베일리 에이, 감, 산딸기, 사과, 석류, 참다래(키위)	-**경산, 영일**/ 롯데주류 마주앙: 해외 OEM 방식으로 생산한 와인, 미사주 -**영천**/ 고도리 와이너리: 고도리 샤인머스켓 화이트, 스파클링, 거봉 화이트, 골든 복숭아와인, 로제, 아이스와인 -**영천**/ 오계리 와이너리: 오계리 아이스와인 -**영천**/ 위 와이너리: 위레드(MBA포도) -**문경**/ 제이엘(오미나라): 오미로제 연, 결 스파클링 와인 -**거창**/ 거창포도주: 뮈스카 오브 알렉산드리아로 만드는 화이트와인, 캠벨로 만든 펫낫 와인, 브랜디도 생산 -**경산**/ 비노캐슬 와이너리: 비토 페스티바 화이트와인(청수) -**김천**/ 수도산 와이너리: 크라테 미디엄 드라이 와인(머루) -**안동**/ 264청포도 와인: 화이트와인 '광야'와 '절정'(청수) -**김해**/ 산딸기닷컴농장: 산딸기와인 -**의성**/ 한국애플리즈(사과, 석류) -**청도**/ 청도 와인터널: 청도 감와인 -**사천**/ 오름주가: 참다래와인 스위트 3004
제주도		감귤, 한라봉	-**제주시**/ 제주양조장: 1950제주감귤와인 -**제주시**/ 미더리: 제주벌꿀 감귤아이스 허니와인 -**서귀포시**/ 마셔블랑: 감귤와인, 한라봉와인

한국의 대표 와인

미사주로 사용되는 마주앙Majuang

'마주앉아 즐긴다'라는 뜻의 마주앙은 한국 최초의 와인으로, 1973년 동양맥주가 독일 유명 양조학자의 도움을 받아 경북 영일군에 포도원을 조성해 생산했다. 1977년 두산주류를 통해 출시되어 국내 누적 와인 판매량 1위를 기록한, 한국을 대표하는 한국 와인이며 1996년부터 현재까지 롯데칠성음료 주류 부문에서 생산되고 있다. 로마 교황청의 승인을 받아 한국 천주교 미사주로 봉헌되었고, 현재까지 미사주로 사용하고 있다. 1982년 이후 마주앙은 우리나라 와인 시장의 70% 이상을 점유하며 한국 와인의 대명사가 되기도 하였다. 현재 대부분 프랑스, 독일 등지에서 OEM 방식으로 생산한 제품을 국내로 들여오고 있다.

세계 최초 오미자 스파클링와인을 개발한 오미나라

오미나리는 한국 토종 과일인 오미자가 그 어떤 재료와 견주어도 뒤지지 않는 뛰어난 양조 원료라는 확신에서 시작되었다. 친환경 방식으로 생산된 원료만을 사용하여 전 세계 최초로 오미자를 재료로 한 스파클링와인에 도전해 오미로제Omy Rosé를 탄생시켰다. 문경에서 세계 최초 오미자 스파클링와인을 개발한 오미나라 이종기 대표는 30여 년을 오직 양조 분야에 몸담았던 마스터 블렌더다. 그는 2010년말 오미자와인 제조방법에 대한 특허를 갖게 되고, 2011년에 3년간 숙성한 로제 스파클링와인을 완성하였다. 고압 탱크 발효로 발효 기간을 3년에서 1년으로 단축시켰으며, 고급 스파클링인 '오미로제 결'에 이어 보급형 스파클링인 '오미로제 연'을 출시하여 1년만에 1만여 병을 판매하기도 했다.

한국에서 가장 고가의 술인 '고운달'을 만드는 것으로도 유명하다. 고운달은 발효하고 숙성한 오미자 와인을 증류해 만드는 것으로, 오미나라에서 자부하는 최고의 술이다. 프리미엄 보드카도 개발 중으로 차후 블렌딩이 활성화되면 전국 특산물을 고루 사용할 예정이다. 청와대 등에서 국빈 만찬주로 사용하는 것은 물론 대한민국 주류대상 등 각종 대회에서 수상했다.

감을 이용하여 양조한 청도 감 와인

경상북도 청도군 일대의 씨 없는 떫은 감을 발효해 감 고유의 아로마 향과 숙성된 부케 향이 조화를 이룬 황금색의 화이트와인을 생산하고 있다. 감에는 떫은맛을 내는 타닌 성분이 포도보다 20% 이상 많으며 특히 감이 숙취 해소에 좋아 뒤끝이 깨끗하다는 평을 받고 있다. 청도 감 와인은 110여 년의 역사를 지닌 1,000m 길이의 동굴이자 이색적인 터널에서 숙성을 한다. 상시 온도가 13~15도 내외로 유지되며 습도가 60% 정도로 와인이 발효 및 숙성되기에 아주 좋은 조건을 지녔다. 감 와인은 발효 기간이 길고, 숙성은 포도 와인보다 빠르다는 특징이 있으며 깊은 맛 때문에 애호가들이 늘고 있다.

안산 대부도의 큰 언덕 그랑꼬또 와이너리

서해안의 큰 언덕처럼 보인다고 하여 붙여진 대부도라는 이름을 프랑스어로 표기하여 '그랑꼬또' 와이너리가 되었다. 대부도의 포도 단지는 넓은 갯벌에 위치하여 포도가 싱싱하고 맛이 좋기로 유명하고, 특히 갯벌에서 불어오는 해풍을 맞으며 긴 태양을 받고 자라 향과 미네랄이 풍부하며 당도가 높다. 그랑꼬또 브랜드는 지역 포도 재배 농가 50여 곳이 설립한 그린영농조합원들의 도멘으로, 포도를 재배하고 와인을 만든 후 2년 이상 숙성시켜야 출시할 수 있다.

물론 와인을 제조하는 전 과정과 1년 이상 숙성시킨 와인을 상품으로 출고하기 위한 병입 과정까지 체험할 수 있다.

마니산 포도로 만든 샤토 마니Chateau-Mani

샤토 마니란 프랑스어의 '샤토'와 충북 영동의 명산 '마니산(摩尼山)'의 합성어(샤토+마니)로, 마니산 와이너리에서 직접 생산한 포도로 만든 와인이라 해서 이름 붙여졌다. 내륙 고산 분지형 산악 지대로, 강우량이 적고 일조량이 많으며 밤낮의 일교차가 10도 이상 되는 등 포도 재배에 좋은 조건을 가졌다. 토양 배수가 잘 되고 척박한 자갈과 모래, 석회질로 되어 있어 포도 재배에 적합한 토질이기도 하다. 샤토 마니는 사계절 내내 13도를 유지하는 지하 토굴에서 최적의 조건으로 와인을 숙성시킨다. 머스캣 베일리 에이, 캠벨 얼리 포도 품종을 이용해 만들어 떫은 맛을 내는 성분인 타닌이 약하고, 산도와 당도가 높은 와인으로 편하게 마실 수 있다. 100% 포도 원액을 발효해서 만든 포도주(레드와인 4종 및 화이트와인)가 있고, 스파클링와인으로 발포성 와인과 무알콜 탄산음료, 포도즙 등을 출시하고 있다.

산머루의 자존심의 와인 샤토 무주

샤토 무주는 덕유산 일대의 해발 900m 산비탈에 위치한 밭에서 수확한 머루로 와인을 만든다. 이곳에서는 큰 일교차로 당도가 높고 색이 짙은 머루를 생산하며 원료 재배에서 수확, 양조, 숙성 과정을 거쳐 병입에 이르는 전 과정을 하나의 농장에서 진행하고 있다. 사전 예약을 통해 와이너리 투어를 할 수 있으며, 머루밭 풍경과 더불어 와인 제조 시설과 저장 시설, 와이너리 체험도 가능하다. 머루 수확은

8
China

중국

중국의 와인 소비는 1980년대 경제 개혁 이후 급격히 증가하여 현재 세계 10대 와인 시장 중 하나다. 중국 와인의 생산량은 세계 14위로(2023년 기준) 단기간에 세계에서 8번째로 큰 와인 소비국(2023년 기준)으로 성장하였다. 중국은 유럽에서 발생한 필록세라가 전해지지 않아 중국에서 자란 오랜 수령의 포도나무는 대부분 미국산 뿌리에 접목하지 않은 자신의 뿌리로 자라고 있다. 또한 포도 재배 시 폴리페놀의 일종인 레스베라트롤Resveratrol 생산을 저해하는 곰팡이병이 자연적으로 생길 수 없는 장점도 지니고 있다.

중국 와인의 역사

기원전 1~2세기경 포도나무가 유럽에서 중국으로 전파되었고, 양조용 포도 재배는 간쑤(현재 신장) 일부 지방에서 의료용 와인 생산을 목적으로 시작되었다. 220년에 위나라 황제 조비가 '곡물로 만든 술보다 포도로 만든 술이 더 달콤하다'는 기록을 남겼고, 640년경 당나라 시대, 암탕나귀의 젖꼭지Marre's nipple라고 알려진 크고 긴 송이 품종으로 만든 와인이 생산되었다는 기록이 있다. 원대(1271~1368)에 마르코 폴로Marco Polo는 중국 산시성의 성도인 타이위안Taiyuan(태원)이 중국 와인 생산의 거점이었다고 기록했고, 13~14세기를 거치며 중국인은 이미 포도 재배, 양조 및 증류 방법을 터득한 것으로 보인다. 17세기 청나라의 제4대 황제 강희제는 유럽에서 수도회가 가져온 와인을 마셨다고 한다. 이 와인은 당시 통치자들의 사랑을 듬뿍 받던 보르도 와인이었을 것으로 추정된다. 이후 강희제는 중국 북부에 포도원을 조성했다.

19세기 초부터 카톨릭 선교사가 대거 중국에 유입되면서 미사용으로 와인을 중국에 들여왔다. 1830년 샹파뉴 지역에서 중국으로 와인 120상자가 들어왔다는 구체적인 자료도 있다. 1894년 서태후는 오스트리아에서 와인메이커를 불러 거대한 와인 저장고를 설립하며 중국도 와인을 만들어야 한다고 주장하였다. 1892년부터 중국에서 가장 오래되고 유명한 와이너리인 샤토 장위에서 와인을 생산하기 시작하였고, 현재 전 세계 28개국에 수출하고 있다. 현지 인구의 낮은 소득으로 대부분의 제품이 해외로 수출되었으나 2000년 이후 소득이 증가하여, 2005년에는 생산된 와인의 90%가 현지에서 소비되었다. 차이나 그레이트 월 와인China Great Wall Wine Co., Ltd, 선타임Suntime 및 창유Changyu를 포함한 여러 회사 들도 눈에 띄게 성장했다. 프랑스 와인 생산자들과의 유대가 강하여, 국제적인 와인 회사와 합작해 최고급 명품 와인을 출시하고 있다.

중국의 포도 품종

중국은 와인 산업의 초기 단계에서 보르도를 기준으로 삼아 품종 및 와인 스타일의 선택, 와인 제조 기술, 심지어 와이너리까지도 프랑스 스타일을 지향하였다. 레드와인의 소비가 높아 주로 레드 품종을 재배한다.

🍇 레드 품종

카베르네 소비뇽, 메를로, 카베르네 프랑, 가메, 그르나슈, 산지오베제, 시라, 진판델 등의 국제 품종을 재배한다. 카베르네 저니시트Cabernet Gernischt는 카르미네르와 동일한 품종이다. 마르셀란Marselan은 1961년 프랑스의 카베르네 소비뇽과 그르나슈의 교배종으로 개발되었으나 프랑스에서는 재배가 어려운 품종이었다. 2001년 허베이 지방에 이식하여 과실 향이 풍부한 미디엄보디 와인을 생산하고 있다.

 **화이트 품종**

리슬링, 벨슈 리슬링, 라인 리슬링, 샤르도네, 알리고테, 소비뇽 블랑, 게뷔르츠트라미너, 위니 블랑 등의 국제 품종을 재배한다.

중국의 대표 와인 산지

중국에는 12개의 주요 와인 산지가 있으며 이 중 5개 지역은 높은 품질과 생산성으로 유명하다.

지역	레드	화이트	특징
산둥성 -옌타이 -펑 라이 -칭다오	카베르네 소비뇽, 카베르네 저니시트, 카베르네 프랑, 메를로, 마르셀란	샤르도네, 리슬링	-보르도와 같은 위도에 위치한 중국 최대 와인 생산지로, 와인의 40% 이상을 생산 -최초의 현대 와이너리인 창유가 1982년에 시작된 곳
닝샤	카베르네 저니시트, 카베르네 소비뇽, 메를로	샤르도네, 리슬링	-중국에서 두 번째로 큰 와인 지역(3만 8,000헥타르)으로 일교차가 크고, 반건조 사막 기후이지만 연 강수량은 200mm 정도로 포도 재배에 이상적 -중국의 나파 밸리
허베이성	메를로, 카베르네 소비뇽, 마르셀란		중국 대표 와이너리 중 하나인 그레이트 월 와인 그룹이 있는 지역
신장	카베르네 소비뇽, 메를로, 피노 누아, 시라		-중국 서부에 위치한 중국에서 가장 오래된 와인 생산지 -해발 154m에 매우 건조한 여름과 추운 겨울
윈난성	카베르네 소비뇽, 카베르네 프랑		-중국의 가장 남부에 위치하고 있으며 높은 고도에 일교차가 크며, 겨울에도 따뜻한 기후를 유지 -LVMH에서 관심을 가지며 빠르게 성장하고 있는 지역(아오 윤)

1
Shandong
산둥성(옌타이, 펑 라이 및 칭다오)

보르도와 같은 위도에 위치한 중국 최대 와인 생산지로, 전체 와인의 40% 이상을 생산하고 있다. 이곳은 1982년에 중국 최초의 현대 와이너리인 창유가 시작된 곳이다. 옌타이는 중국에서 '현대적 포도 재배 기술의 요람'으로 불리는 곳으로 카베르네 소비뇽, 카베르네 저니시트(일명 카르메네르), 샤르도네, 리슬링을 주로 재배한다.

산둥성의 대표 와인

창유Changyu

창유는 1892년에 설립된 중국의 가장 오래된 거대 와이너리로, 말레이시아에서 사는 중국인 장 비시Zang Bishi가 설립하였고, 현재 창유 파이어니어 와인 컴퍼니Changyu Pioneer Wine Company로 성장한 아시아 최대 와인 생산자다. 오스트리아의 그뤼너 펠트리너의 선구자인 렌즈 모저가 관리하고 있으며, 2002년 보르도에 기반을 둔 카스텔 그룹과 조인트 벤처를 결성해 중국인의 입맛에 맞는 과실향 풍부한 와인 생산을 시작하여 지난 10여 년 동안 중국 전역에 많은 유럽 스타일의 샤토를 건설해왔다. 대표적으로 마오쩌둥이 사랑한 제품인 카스텔 샤롱주와 샤토 창유 모저 XVChâteau Changyu Moser XV가 있다.

롱 다이Long Dai

2008년부터 프랑스 1등급 와인인 샤토 라피트 로칠드가 산둥성 지방의 추산 계곡에 30헥타르가량의 포도를 심으며 투자를 시작하였다. 카베르네 소비뇽, 마르셀란(카베르네 소비뇽과 그르나슈의 교배종) 및 카베르네 프랑 품종으로 연간 약 2,500케이스의 와인을 생산하며 주로 중국 시장을 겨냥해 판매하고 있다. 2017년 첫 빈티지를 만들어 숙성한 후 2019년에 출시하여 '중국의 라피트 와인'이라고 불리고 있다. 위조 방지 대책도 철저히 하고 있으며, NFC(근거리 무선 통신) 추적 기술을 탑재하여 와인 병을 스캔하면 진위 여부를 확인할 수 있을 뿐 아니라 특수 레이블과 시리얼 넘버를 도입하기도 하였다.

2
Ningxia
닝샤(이스턴 힐란 산기슭)

중국에서 두 번째로 큰 와인 생산지(3만 8,000헥타르)로 일교차가 크고, 반건조 사막 기후이지만 연 강수량이 200mm 정도로 포도 재배에 이상적이다 2011년에 디캔터 월드 와인 어워드Decanter World Wine Awards의 보르도 블렌딩 와인 부문에서 닝샤 지방의 지아베이란 와인 4종이 베스트 10종 와인에 선정되었다. 이는 중국 와인이 전 세계 와인과의 경쟁에서 처음으로 받은 인정이었고, 이로 인해 닝샤는 '중국의 나파 밸리'라는 별명을 얻으며 고급 와인 생산 지역으로 떠오르고 있다.

3
Hebei
허베이성

북경에서 동북쪽으로 100km 떨어진 곳으로 만리장성 양 옆으로 5만 헥타르 정도의 와이너리가 조성되었으며, 중국 대표 와이너리 중 하나인 그레이트 월 와인 그룹이 자리 잡고 있다. 주 품종은 메를로와 카베르네 소비뇽이다.

텐진 다이너스티 와이너리

코냑 생산자인 레미 마르탱Rémy Martin은 1980년 텐진시 그레이프 가든Tianjin City Grape Garden과 협력하여 다이너스티Dynasty라는 와이너리를 시작했다. 다이너스티는 보르도 스타일 와인으로 큰 성공을 거두었고, 현재 80가지가 넘는 제품을 생산하고 있다.

4

Yunan
윈난성

중국의 가장 남부에 위치하고 있으며 겨울에도 따뜻한 기후를 유지하는 지역이다. 윈난성의 위도는 아프리카의 사하라 사막과 비슷하지만, 해발 1,800m의 높은 고도에 의해 기후가 온화하다. 큰 일교차는 포도의 산미와 함께 풍미를 발달시키며 최근 LVMH에서 주목하며 빠르게 성장하고 있는 지역이다.

윈난성의 대표 와인

'구름 위에서 하늘을 날다'라는 뜻의 아오 윤(敖云)

프랑스의 명품 그룹 LVMH는 중국에서 레드와인의 이상적인 테루아를 찾기 위해 4년간 전역을 샅샅이 뒤진 끝에 카베르네 소비뇽 포도 재배에 완벽한 조건을 갖춘 땅을 발견하였다. 그곳은 바로 중국 윈난성으로 히말라야 산기슭의 해발 고도 2,200~2,600m 고원에 위치해 있으며, LVMH는 포도 생산을 위해 이곳에 위치한 30헥타르의 밭을 50년간 빌렸다.

이 지역의 포도밭은 워낙 고원 지대에 위치하여 농기구를 사용할 수 없어, 야크로 밭을 갈고 일일이 손 수확을 하고 있다. 포도를 수확해 와이너리에 옮기기 위해서는 해발 4,000m가 넘는 고개를 넘어야 해서 산소마스크까지 가지고 다닌다. 또한 직사광선을 받는 일조 시간이 작아 보통 120일이면 익을 포도가 이곳에서는 160일이나 걸린다. 그만큼 포도가 천천히 익음으로써 부드러운 타닌이 형성된다. 2013년이 첫 빈티지로, 카베르네 소비뇽과 카베르네 프랑을 블렌딩하여 신선함, 우아함, 뛰어난 균형감과 은은한 타닌감이 특징인 중국의 유일무이한 고급 와인을 만들었다. 이 와인은 중국뿐 아니라 전 세계에서 큰 인기를 얻고 있다.

5

Xinjiang
신장

신장은 중국 서부에 위치한, 중국에서 가장 오래된 와인 생산지다. 해발 고도 154m에 포도밭이 있으며 매우 건조한 여름과 추운 겨울을 지닌다. 주 품종은 피노 누아, 리슬링, 샤르도네다.

6

Xinjiang
간쑤성

2,400년이 넘는 포도 재배 역사와 더불어 실크로드로 유명한 곳으로, 하서주랑Hexi Corridor을 따라 와이너리가 분포해 있다. 간쑤에는 중국에서 가장 해발 고도가 높은 포도원(1,500m 이상)이 있으며, 리슬링으로 만든 아이스와인이 생산된다.

9
Japan

일본

일본에서는 8세기부터 포도를 재배하기 시작했지만 와인 소비는 16세기 포르투갈 선교사들이 일본에 오기 전까지 거의 기록이 없었고, 메이지 시대부터 와인 제조가 시작되어 발전하였다. 1877년에 일본 야마나시현의 이와이무라(현, 가쓰누마)에 민간 와이너리가 건립되었고, 최초로 현대적 와인 산지로서 도멘의 개념이 세워졌지만 1980년대에 와서야 본격적인 와인 열풍이 불기 시작했다.

일본 국세청의 통계 자료에 의하면, 2019년 3월 기준 일본에서 과실주를 생산하는 양조장은 총 466개가 있고 그중 일본 와인을 생산하는 와이너리의 수는 331곳이다. 일본의 와이너리 수는 해마다 증가 추세를 보이고 있으며 2018년 대비 28곳이 증가했다. 대규모 산지들은 도쿄 서쪽에 위치한 야마나시현 지역에 생산량의 40%가 집중되어 있다. 그 뒤를 이어 나가노현이 23.8%, 홋카이도가 15.7%의 점유율을 보이고 있으며, 상위 3개 도시의 생산량이 전체의 70%를 넘는다. 화이트와인의 생산량이 45.6%로 레드와인 생산량 43.1%을 웃돌고 있으며 스파클링와인은 4.8% 정도다.

일본은 매우 습한 기후로 장마와 태풍에 노출되어 있고, 비옥하고 산성이 강한 토양은 품질 좋은 포도 생산에 어려움이 있었다. 그래서 포도 재배 농가에서는 특별한 재배 기법과 그 지역의 기후에 적합한 토착 품종을 엄선하는 노력을 하고 있다.

일본의 포도 품종

🍇 레드 품종

머스캣 베일리 에이

머스캣 베일리 에이는 1927년 니가타현의 가와카미 젠베에가 품종 개량에 성공하면서 탄생한 품종이다. 현재까지도 일본 레드와인 품종 중 가장 큰 비중을 차지하고 있으며 고슈 다음으로 많이 재배되는 품종이다.

🍇 화이트 품종

고슈甲州

일본의 대표 화이트 품종으로 1,300년 전 일본에 들어와 토착화된 일본 고유 포도 품종이다. 2013년에 주류종합연구소는 고슈 포도의 DNA 감정을 한 결과, 유럽종 포도V.vinifera와 중국 야생 포도 V.davidii가 교배된 품종일 가능성이 있다고 발표하였다. 시트러스 특유의 향미를 잘 살려낸 산미 좋은 타입으로 현재 일본에서 와인 제조에 가장 많이 사용되는 품종이다.

나이아가라

나이아가라에서 콩코드와 캐사디를 교배한 화이트 품종으로 일본 와인 전체 공급량의 3위를 차지한다.

일본의 대표 와인 산지

지역	레드	화이트	특징
야마나시현	머스캣 베일리 에이, 델라웨어	고슈	일본 전체 와이너리의 1/3이 집중되어 전국에서 가장 많은 와이너리를 가지고 있으며, 생산량도 가장 많은 일본 대표 와인 산지
나가노현	메를로, 카베르네 소비뇽	나이아가라, 샤르도네	와인 생산량 2위 지역으로, 유럽계 국제 포도 품종으로 고품질의 포도를 사용해 부티크 와인을 만드는 산지
홋카이도	피노 누아	나이아가라, 케르너, 츠바이겔트레베, 뮐러투르가우 , 리슬링	생산량 3위. 한랭한 기후에서 잘 자라는 독일·오스트리아계 품종으로 만든 와인이 생산되며 소규모 와이너리가 많음
야마가타현	머스캣 베일리 에이, 델라웨어, 메를로	나이아가라, 샤르도네	-야마가타현의 동쪽 내륙부에 위치하여 수확 시기가 일본에서 가장 늦음 -대표 포도 품종으로 머스캣 베일리 에이, 델라웨어, 나이아가라, 유럽계 품종들을 재배

The Essential Guide to Wine

Part 4

와인 실전편

1
와인 테이스팅의 세계

와인을 만나는 과정, 와인 테이스팅

와인 테이스팅Wine Tasting이란 와인의 특성을 감각적으로 평가하는 방식으로 와인과 시각, 후각, 미각, 촉각, 청각으로 접촉하고 만나는 과정이라고 할 수 있다. 테이스팅을 통해 우리는 와인의 특징과 개성을 찾고 와인을 평가할 수 있다. 여러 와인 전문가들에 의해 와인의 맛, 아로마, 그리고 다양한 특성을 묘사하는 방식이 더 정교화되었고, 전문 용어 대신 개인의 느낌과 감상을 나타내는 비공식적인 표현들도 사용되고 있다.

와인을 테이스팅하는 이유는 무엇일까?

와인은 아주 오래전부터 존재했지만, 공식적인 테이스팅 방법은 14세기에서야 확립되었다. 와인 테이스팅은 원래 와인에 대한 품질을 평가하여 상업적인 거래 가격을 측정하는 방법으로서 시작되었다. 따라서 최대한 객관적인 테이스팅이 요구되며 이를 위해서는 상당한 경험과 지식, 꾸준한 연습이 필요하다.

와인 전문가는 와인을 객관적으로 평가하고, 와인 숙성의 진행 상황을 모니터링할 수 있어야 한다. 그의 평가에 따라 와인의 가격이 매겨질 뿐 아니라 고객에게 추천하거나 판매하고, 누군가에게 와인을 설명할 때도 도움이 될 수 있기 때문이다. 이를 위해 전문가들은 와인 테이스팅 노트를 작성하기도 한다.

와인 테이스팅의 준비

- 와인에 대한 객관적 평가 및 표현이 필수로 요구되는 테이스팅의 기본은 와인에 대한 편견 없는 마음가짐이다.
- 테이스팅 장소는 밝고, 통풍이 잘되며 습도와 온도 환경이 쾌적하고, 음식과 같은 강한 냄새가 없는 곳이어야 한다. 기타 향수, 화장품, 음식, 커피, 담배, 강한 양치질 등도 피한다. 시음할 와인이 다양한 경우에는 물이나 빵(또는 바게트)으로 입을 헹구면서 시음하면 더욱 객관적인 평가를 하는 데 도움이 된다.
- 와인 글라스는 동일한 글라스를 추천하며, 규격화된 전용 테이스팅 글라스를 사용하면 좋고, 와인 시음 중 와인을 헹구거나 뱉는 통인 스피툰 Spittoon 또는 1회용 컵을 준비한다.
- 와인의 색과 농담을 살피기 위해서 흰 종이 패드를 준비해두면 좋다.
- 와인은 정확한 온도로 준비되어야 한다. 진한 맛의 풀보디 레드와인일 경우에는 18℃, 가벼운 느낌의 레드와인은 16℃, 무게감이 느껴지는 화이트와인은 12℃, 가볍고 오크 숙성을 하지 않은 드라이한 와인과 스파클링와인은 8℃ 정도를 추천한다.

WINE NOTE

테이스팅하는 와인의 순서는?

- 드라이에서 스위트로
- 덜 숙성된 것에서 오래된 것으로
- 화이트에서 레드로, 가벼운 것에서 무거운 것으로

와인 테이스팅 노트(Wine Tasting Journal)

와인 테이스팅 노트를 활용하면 명확하고 객관적인 표현을 기본으로, 비교 시음을 통해 와인들의 유사한 점 또는 차이점을 명확하게 파악할 수 있다. 다음 페이지의 테이스팅 노트를 참고해 자신만의 시음 기록을 작성해보자.

Wine Tasting JOURNAL

Date.   /   /

와인 명 _____

생산 연도 _____

국가 / 지역 AOC _____

품종 _____

종류 □ 레드 □ 화이트 □ 스파클링 □ 로제 □ 스위트 □ 기타

알코올   %   온도   °C

구매 시기 & 장소 _____

구매 가격대 _____

👁 시각 Appearance

주 색상
- - - - - - - - - - - - - - - - - - - -

레드
□자주색 □루비색 □석류색 □벽돌색 □다갈색

화이트
□레몬-그린 □레몬색 □황금색 □호박색 □갈색

로제
□ 핑크색 □ 연어색 □ 핑크-오렌지 □ 오렌지

농도
□매우 엷은 □엷은 □중간 □진한 □농축된

기타
□맑은 □탁한 □침전물 □기포 □약한 기포

👃 후각 Aroma

향의 강도
□닫힌 □엷은 □중간 □열린 □강렬한

아로마
□붉은 과일 □검은 과일 □녹색 과일 □감귤류
□말린 과일 □핵과류 □열대 과일 □견과류 □꽃
□허브 □미네랄 □향신료 □유제품 □동물성
□버섯류 □오크 □효모 □화학적

기타 특징적인 향
- - - - - - - - - - - - - - - - - - - -

👄 미각 Taste

당도
□ 드라이 □오프 드라이 □ 미디엄 스위트 □스위트

산도
□밋밋한 □가벼운 □상쾌한 □조금 높은 □다소 높은

타닌
□약한 □부드러운 □균형 좋은 □조금 거친 □강한

볼륨(알코올)
□약한 □가벼운 □좋은 □조금 높은 □다소 높은

보디
□아주 가벼운 □가벼운 □중간 □풀보디한 □다소 강한

피니시
□짧음(약3초) □중간(4~5초) □오래 지속(5초 이상)

🍷 결론 Conclusion

하모니(조화)
□균형 없는 □조금 균형 있는 □균형 좋은 □매우 좋은

발전(숙성 가능성)
□어린(닫힌) □숙성 잠재력 □잘 숙성된
□노화 진행 □때가 지난

품질 수준
□결함 있는 □다소 결점이 있는 □괜찮은
□좋은 □매우 좋은 □ 뛰어난

코멘트
- - - - - - - - - - - - - - - - - - - -
- - - - - - - - - - - - - - - - - - - -
- - - - - - - - - - - - - - - - - - - -

와인 테이스팅의 순서

1. 외관 관찰하기

- 눈으로 와인의 색깔과 투명도를 확인하는 과정으로, 흰 식탁보나 흰 종이를 배경으로 잔을 조금 기울여 색의 주된 색상, 뉘앙스, 투명도, 농도, 혼탁도 및 기포 등을 살핀다.
- **색상**: 흰색을 배경으로 잔의 색조와 뉘앙스를 관찰한다. 포도의 품종과 양조 과정에서 기인한 색이 옅은지 진한지 농도를 관찰하고, 혼탁도인 맑고 깨끗한 정도를 살펴본다.

- **농도**: 와인잔을 흔들었다가 가만히 두면 눈물같이 흐르는데 이 현상을 '와인의 다리' 또는 '눈물'이라고 표현한다. 알코올 농도가 높을수록 농도가 짙고 흐르는 속도가 느리다.
- 와인 병 밑에 생기는 모래 같은 결정 침전물은 주로 저온 보관된 화이트와인에 많이 나타나며 주석산으로 인체에 무해하다.

그린 옐로(연한 레몬)	보랏빛 자주색
레몬 옐로	자주색
연한 황금색	루비색
황금색	석류색
옅은 호박색	벽돌색
호박색	다갈색
갈색	갈색

와인 색상의 변화

화이트와인은 숙성이 되면서 색이 점점 짙어진다. 처음에는 연한 초록빛이지만 숙성이 되면서 옐로, 짙은 옐로, 황금색, 갈색 계열로 변한다. 레드와인은 숙성이 되면서 색이 점점 옅어진다. 처음에는 짙은 자줏빛을 띄다가 루비색과 석류색을 거쳐, 다갈색(벽돌색), 황갈색으로 변한다.

와인 아로마 휠 Aroma Wheel

1987년 미국 캘리포니아 대학교 데이비스 캠퍼스(The University of California Davis)의 노블 박사(Dr Ann C. Noble)가 고안했다. 와인 시음자들이 표현하는 아로마에 관한 용어를 통일하고 체계화하기 위해 아로마 휠을 발표하였다.

원형의 바퀴 모양으로 와인의 향기와 맛을 3단계로 구분하여 바퀴의 바깥쪽으로 갈수록 섬세한 향기와 맛을 나타낸다. 이는 와인의 아로마와 부케를 체계적으로 식별하는 데 도움을 준다. 와인을 마실 때마다 아로마 휠의 첫 번째와 두 번째 단계에 위치한 아로마를 중심으로 확인하다 보면 와인과 친숙해지는 데 상당한 도움이 된다.

와인 아로마 키트 Le Nez du Vin

와인의 향기에 대한 연구를 하던 중 프랑스의 장 르누아르(Jean Lenoir)가 개발한 르 네 뒤 뱅(Le Nez du Vin) 키트는 '와인의 코'라는 뜻이다. 세계적으로 가장 유명한 아로마 키트로 총 54개의 와인 향기를 추출하여 반복적으로 향을 연습하는 데 도움을 준다. 각각의 아로마에는 자세한 설명이 포함된 카드가 함께 제공된다.

"와인의 매력은 완전히 비슷한 두개의 와인은 존재하지 않는다는 사실에서 비롯된다."

– 애드워드 번야드 / 작가

2. 향 분석하기

- 와인의 향기를 맡는 것은 와인 테이스팅에서 가장 중요하고 민감한 부분이다. 우리의 후각은 가장 예민하면서도 가장 쉽게 피로감을 느끼므로 4~5초 정도 향이 유지되면 바로 순응되기 때문이다.

- 스월링(잔 흔들기)을 하면 휘발 성분이 발산되고, 와인에 산소를 공급하여 더 풍성한 아로마가 발생하여 향을 더욱 잘 맡을 수 있게 된다. 와인의 향기를 감지하는 정도는 사람에 따라 매우 다르며, 같은 와인이라고 할지라도 온도와 공기에 노출된 시간, 함께하는 음식, 잔을 흔드는 정도 등에 따라 달라진다. 변화하는 와인의 향기를 감지하면서 즐기기 위해서는 와인이 최상의 컨디션에서 향이 열리도록 하여 시음하는 노력이 필요하다.

- 향은 코로 맡는 것과 직접 마시면서 느끼는 것이 다르다. 와인을 마시면 입안에서 데워져 약간의 압력으로 인해 목구멍 안쪽에서 코로 내뿜으며 향기(후비도)를 맡게 된다. 이는 직접적인 후각 경로로 감지되는 것과는 다른 향을 제공하며 더 잘 감지된다.

- 와인의 향은 3가지 카테고리로 나뉜다. 1차 향은 품종에서 나는 향, 2차 향은 스월링을 하고 느껴지는 향으로 발효 과정에서 나타나는 향을 말한다. 3차 향은 숙성 과정 혹은 병 내 숙성에서 생성되는 향이다. 잔을 들고 처음으로 느껴지는 주된 향을 확인한 후, 와인 글라스를 스월링(잔 흔들기)한 후 집중하여 다시 향기를 맡는다.

와인 아로마의 종류

과일

(달콤한 향) 열대 과일, 살구, 리치, 복숭아 등

(신선한 향) 청사과, 레몬, 라임, 자몽, 오렌지 등

(과일 향) 자두, 체리, 딸기, 블랙커런트, 크랜베리, 라즈베리 등

(조리한 과일 향) 말린 자두, 딸기잼, 대추차 등

체리	딸기	라즈베리
블루베리	블랙베리	블랙커런트
사과	배	붉은자두
검은자두	말린자두	살구
파인애플	멜론	리치
무화과	레몬	라임
오렌지	자몽	

꽃

장미, 제비꽃, 아카시아 등

장미꽃

바이올렛

아카시아꽃

꿀

오크

그을린 냄새 Smoke, 젖은 나무 등

흑연

삼나무

향신료

바닐라, 후추, 계피, 정향 등

견과류

초콜릿

캐러멜

후추

감초

바닐라

향신료

토양

각종 미네랄, 젖은 흙, 먼지, 낙엽, 버섯, 아침 산길을 걷는
냄새 등

흙

부싯돌

잔디

연기

동물

가죽, 사향, 두엄, 땀 등

가죽

포도의 품종별 와인의 향

구분	품종	향미
화이트 품종	샤르도네	신선한 과일 향, 사과, 배, 멜론, 살구, 복숭아, 망고, 구아바, 망고, 열대 과일, 레몬, 파인애플, 스타프루트, 라임 껍질, 오렌지 껍질, 딸기, 버섯, 바닐라, 버터, 토스트, 신선한 크림, 광물질 향, 미네랄, 시트러스, 버터, 견과류, 헤이즐넛, 아몬드, 꿀, 크렘 브륄레, 탄 캐러멜, 토피, 파이 크러스트
	소비뇽 블랑	자몽, 레몬, 라임, 백도, 배, 그린 멜론, 키위, 패션프루트, 구즈베리, 막 깎은 잔디, 토마토잎, 아스파라거스, 그린 허브, 세이지, 딜, 그린 피망, 레몬그라스, 완두콩 순, 사과꽃, 재스민, 시계초 열매, 말차, 생강, 고양이 오줌, 바닐라, 훈연, 버터, 신선한 빵, 미네랄
	리슬링	신선한 과일 향, 라임, 레몬, 자몽, 감귤류 껍질, 오렌지 껍질, 청사과, 배, 잘 익은 복숭아, 살구, 멜론, 왁스, 열대 과일, 구아바, 망고, 그린 파파야, 스타프루트, 화이트 체리, 딸기, 생강, 분필, 젖은 석판, 휘발유, 꿀, 밀랍
	세미용	레몬, 라임, 자몽, 레몬 껍질, 자몽 껍질, 귤, 사과, 살구, 복숭아, 배, 열대 과일, 파파야, 오렌지 마멀레이드, 말린 과일, 피망, 카모마일, 아카시아, 짚, 기름, 레몬 커드, 견과류, 꿀, 바닐라, 마카다미아, 버터 팝콘, 크렘 브륄레, 머스크
	비오니에	열대 과일 향, 파인애플, 망고, 배, 복숭아, 살구, 멜론, 라임, 레몬, 오렌지, 귤, 비누 향, 제비꽃, 산사나무꽃, 아카시아, 오렌지꽃, 장미, 장미수, 포푸리, 백후추, 아니스, 올스파이스, 갈색 버터, 캐러멜, 바닐라, 아몬드, 크림, 기름, 으깬 자갈, 분필, 휘발유
	실바너	복숭아, 레몬, 패션프루트, 오렌지꽃, 타임, 부서진 자갈
	게뷔르츠트라미너	리치, 구아바, 망고, 파인애플, 패션프루트, 모과, 자몽, 귤, 레몬 껍질, 오렌지 껍질, 이국적 향신료, 장미, 장미 꽃잎, 아카시아, 백합, 꽃잎, 재스민, 포푸리, 시나몬, 달콤한 생강, 타라곤, 페트롤, 바닐라, 훈제, 꿀, 소금, 오일, 크림, 돌, 머스크
	슈냉 블랑	청사과, 노란 사과, 사과, 모과, 복숭아, 배, 백도, 그린 무화과, 라임, 레몬, 레몬 껍질, 자몽, 파인애플, 패션프루트, 건조된 노란 포도, 구아바, 카모마일, 재스민, 아카시아, 헤이즐넛, 아몬드, 벌꿀, 소금, 버터, 오일, 크림, 빵 이스트, 젖은 양털, 밀랍
	피노 그리	신선한 과일 향, 배, 복숭아, 살구, 노란 사과, 모과, 파인애플, 그린 망고, 그린 파파야, 구아바, 키위, 레몬, 라임 향, 감귤류 껍질, 감귤계의 향기, 아카시아, 오렌지꽃, 정향, 후추, 생강, 벌꿀, 향신료, 아몬드, 바닐라, 신선한 코코넛, 바나나, 크림
	알리고테	라임, 레몬, 오렌지, 귤, 청사과, 미네랄
	뮈스카데	신선한 녹색 계열의 과일 향, 청사과, 모과, 노란 사과, 그린 배, 설익은 복숭아, 신선한 포도, 살구, 복숭아, 그린 망고, 그린 파인애플, 리치, 레몬, 라임, 시트러스, 오렌지, 귤, 오렌지 꽃, 베르가모트, 로즈페탈, 재스민, 바닐라빈, 고수, 넛맥, 생강, 꿀, 미네랄, 이스트

	마르산	청사과, 모과, 구운 사과, 배, 복숭아, 살구, 그릴 파인애플, 레몬, 오렌지, 마멀레이드, 어린잎 채소, 그린 아몬드, 재스민, 수선화, 아카시아, 인동덩굴, 바닐라, 브리오슈, 버터, 캐러멜, 크림, 마지팬, 꿀, 생강, 아로마
	알바리뇨	라임 껍질, 레몬 껍질, 자몽 속껍질, 오렌지 껍질, 레몬, 자몽, 살구, 복숭아, 사과, 배, 멜론, 감귤류 꽃, 백합, 미네랄
레드 품종	카베르네 소비뇽	검은 과실 향, 블랙커런트, 블랙베리, 블루베리, 라즈베리, 레드커런트, 자두, 블랙체리, 크랜베리, 제비꽃, 유칼립투스, 민트, 오레가노, 구운 피망, 피망, 할라페뇨, 허브, 바닐라, 후추, 넛맥, 카카오잎, 오크, 삼나무, 마른 담뱃잎, 미네랄(흙, 돌, 초크), 송로버섯, 초콜릿, 토피, 커피, 모카, 연필 깎은 부스러기, 토스트, 가죽, 스모크, 젖은 자갈, 흑연, 진흙
	메를로	검붉은 과실 향, 블랙베리, 블루베리, 체리, 라즈베리, 레드커런트, 붉은 자두, 단 자두, 무화과, 구운 체리, 과일 케이크, 코코넛, 바닐라, 커피 빈, 블랙 올리브, 민트 제비꽃, 월계수잎, 세이지, 아니스, 올리브, 시가, 토마토, 진흙 냄새, 송로버섯, 초콜릿, 캐러멜, 커피, 토피, 삼나무, 크림, 새 가죽, 부엽토
	카베르네 프랑	딸기, 산딸기, 체리, 자두, 블랙커런트, 블랙베리, 블랙체리, 신 버찌, 피망, 구운 파프리카, 말린 허브, 블랙커런트잎, 금방 벤 잔디, 그린 빈, 칠리, 후추, 할라페뇨, 감초, 제비꽃, 풀 향, 미네랄, 초콜릿, 콜라, 담배, 커피, 코코아, 젖은 자갈, 흑연
	피노 누아	산딸기, 라즈베리, 레드 체리, 체리, 블랙베리, 블루베리, 야생 블루베리, 석류, 크랜베리, 자두, 자두 소스, 블러드 오렌지, 용과, 솜사탕, 제비꽃, 장미, 장미 열매, 아이리스, 히비스커스, 포푸리, 감초, 건초, 농가의 뜰, 송로버섯, 버섯, 코코아, 연지, 담뱃잎, 마른 잎, 쌀겨, 부엽토, 훈연, 흙냄새, 갈색 설탕, 콜라, 시나몬, 감초, 올스파이스, 정향, 바닐라, 밀크초콜릿, 크림, 토스트 빵, 가죽, 외양간 향기
	시라/쉬라즈	검붉은 과일 향, 블랙베리, 블랙커런트, 블루베리, 라즈베리, 레드커런트, 자두, 체리, 크랜베리, 딸기, 아사이베리, 딸기, 과일 잼, 블랙베리 잼, 과일 케이크, 말린 크랜베리, 말린 자두, 제비꽃, 세이지, 라벤더, 유칼립투스, 후추, 그린 페퍼콘, 아니스, 정향, 블랙 카다몸, 스파이스, 카카오, 바닐라, 초콜릿, 커피, 에스프레소, 크림, 토스트, 담배, 담뱃잎, 시가 박스, 훈연, 흑연, 타르, 베이컨, 가죽
	산지오베제	블랙체리, 레드 체리, 딸기, 블랙커런트, 블루베리, 레드베리 잼, 신 버찌, 크랜베리, 자두, 말린 토마토, 구운 토마토, 말린 무화과, 올리브 타프나드, 장미 꽃잎, 바이올렛, 타임, 토마토잎, 담뱃잎, 오레가노, 말린 허브, 빻은 후추, 감초, 정향, 시나몬, 바닐라, 커피, 코코아, 건초, 쌀겨, 구운 아몬드, 흙 냄새, 발사믹, 절인 고기, 스모크, 가죽, 부엽토, 담배, 아스팔트
	그르나슈/가르나차	딸기, 체리, 산딸기, 라즈베리, 야생 버찌, 블랙베리, 자두, 구운 자두, 자몽, 오렌지 껍질, 말린 무화과, 히비스커스, 라벤더, 유칼립투스, 로즈메리, 허브, 스파이시, 백후추, 감초, 정향, 흑후추, 홍차, 스모키, 삼나무, 초콜릿, 바닐라, 토스트, 가죽, 토기, 으깬 자갈

무르베드르	붉은 과일 향, 딸기, 체리, 자두, 블랙베리, 블랙커런트, 라즈베리, 아사이베리, 잼, 블랙 올리브, 흑후추, 제비꽃, 라벤더, 허브, 세이지, 펜넬, 타임, 정향, 계피, 담배, 모카, 커피, 바닐라, 스모크, 코코아, 흙, 가죽, 생강, 가금류, 부엽토
네비올로	크랜베리, 체리 시럽, 농축된 과일 향, 딸기, 산딸기, 자두, 체리, 끓인 서양 자두, 말린 자두, 말린 크랜베리, 무화과, 용과, 제비꽃, 장미, 허브, 포푸리, 히비스커스, 감초, 아니스, 시나몬, 감초 사탕, 정향, 백후추, 홍차, 멘톨, 향신료 케이크, 다크초콜릿, 송로버섯, 훈연, 흙냄새, 삼나무, 바닐라, 미네랄, 건초, 담배, 담뱃잎, 가죽, 타르, 콜라, 절인 고기, 소나무 껍질, 목이버섯, 발사믹
템프라니요	체리, 딸기, 자두, 블랙커런트, 레드커런트, 오디, 말린 블루베리, 무화과, 건포도, 말린 장미, 딜, 말린 잎, 월계수잎, 말린 로즈메리, 후추, 바닐라, 시나몬, 초콜릿, 코코아, 담배, 오크, 시가, 삼나무, 감초, 커피, 에스프레소, 파르메산 치즈, 파스트라미, 미네랄, 젖은 자갈, 화산 바위
진판델	체리, 딸기, 자두, 블랙베리, 블루베리, 라즈베리, 복숭아 잼, 건포도, 아티초크, 피망, 히비스커스, 시나몬, 세이지, 민트, 유칼립투스, 혼합 향신료, 민트, 아니스, 딜, 넛맥, 흑후추, 담배, 초콜릿, 그린빈스, 바닐라, 버터스카치, 새 가죽, 으깬 자갈, 바베큐 고기
카르메네르	자두, 블랙베리, 라즈베리, 석류, 블랙 자두, 체리, 잼, 그린 파프리카, 그린 페퍼콘, 백후추, 스파이시, 다크초콜릿, 캐러멜, 백단 향, 바닐라, 흙냄새, 스모키, 담배, 가죽, 흑연, 슬레이트, 젖은 자갈
가메	딸기, 체리, 바나나, 배, 라즈베리, 복숭아, 석류, 레드커런트, 블랙커런트, 오디, 빌베리, 자두, 제비꽃, 모란, 아이리스, 히비스커스, 오레가노, 그린페퍼콘, 타임, 민들레, 블랙티, 흑후추, 트러플, 코코아, 나무껍질, 부엽토
말벡	블랙베리, 블랙체리, 블루베리, 라즈베리, 자두, 건자두, 포도 잼, 말린 과일, 말린 자두, 건포도, 제비꽃, 야생 아이리스, 세이지, 시나몬, 담뱃잎, 미네랄, 코코아, 토기
카리냥	딸기, 블랙체리, 라즈베리, 블랙커런트, 자두, 블랙베리 소스, 시나몬, 감초, 스타아니스, 향신료, 말린 허브, 블랙 카다몸, 바닐라, 백단유, 시가, 철분, 훈제 고기, 동물, 머스크, 절인 고기, 마른 먼지
피노타지	블랙체리, 블랙커런트, 블랙베리, 자두, 자두 소스, 레드 체리, 체리 시럽, 검은 딸기 나무 열매, 구운 파프리카, 제비꽃, 멘톨, 민트, 유칼립투스, 감초, 루이보스, 말린 잎, 버섯, 토스트, 갈색 빵, 흙냄새, 바비큐, 스모크, 훈연, 모카, 담배, 구운 고기, 절인 고기

디캔팅이나 에어링을 통해 살릴 수 있는 와인

리덕션(환원취Sense of Reduction)

와인 양조 중 또는 병입 후 와인 병 속에서 리덕션이 생긴다. 밀폐된 통에서 양조가 될 때, 질소의 대사가 부족하여 소량의 이산화황(SO_2)이 생성되는 대신 황화수소(H_2S)를 생성하게 된다. 또는 병 속에서 와인이 완벽하게 산소와 차단된 경우 산화의 역반응인 리덕션(환원) 반응이 생기기도 한다. 황화수소는 와인의 향미 물질들과 반응해 메르캅탄을 생성한다. 황화수소는 성냥 같은 황 냄새, 썩은 달걀 냄새 등이 나며 일반적으로 디캔팅이나 에어링을 하면 와인을 살릴 수 있다. 메르캅탄은 고무 탄 냄새, 삶은 양배추나 마늘 향 등이 나며 금방 산화되지 않는 편으로 생기기 전에 제거하는 것이 좋다. 일반적인 디캔팅만으로 해결하기는 어려우므로, 구리 조각을 넣어 디캔팅하는 것도 알려진 방법이다.

스틸와인의 기포

스파클링와인이 아님에도 와인을 오픈하거나 따를 때 작은 기포가 올라오기도 한다. 이는 미세 발포성 와인이라고도 하며 가벼운 발효가 다시 일어난 것이다. 안정화되지 않고 병 속에서 미미하게 발효가 이루어지는 내추럴 와인 등에서 종종 발생하는 현상이다. 1시간 정도 디캔팅을 하면 기포를 없앨 수 있다.

브렛 향

종종 내추럴 와인에서 발생하는 브렛(농장 냄새)은 야생 효모인 브레타노미세스(Brettanomyces)를 줄인 말이다. 동치미의 쿰쿰한 냄새도 브렛 효모의 영향을 받아 만들어지며 일반적으로 소독약 냄새, 간장, 훈제 향, 발냄새, 쿰쿰한 숙성 치즈 향, 동물의 분뇨 같은 독특한 향을 말한다. 또한 황화합물과 같이 성냥을 켤 때 나는 향들이 발견되기도 하는데, 보통은 에어링을 통해 브렛 향이 옅어지고 와인 본연의 향이 피어오르는 것을 볼 수 있을 것이다.

기타

그밖에 크리스털 결정체(주석산), 세디먼트(와인 침전물), 와인의 탁함 및 코르크 가루 등은 와인의 결함과는 무관하므로 마셔도 된다.

아로마로 와인의 변질 구분하기

부쇼네Bouchonné

와인에서 흔하게 발생되는 문제로 '코르크드(Corked, 코르크 오염)'라고도 한다. 주로 코르크에 번식하는 곰팡이로 인해 생성되며, 냄새의 주원인은 TCA(2,4,6-trichloroanisole)라는 성분에서 유래된다. 곰팡이 향, 젖은 판지, 퀴퀴한 지하실 냄새 등을 풍기며 맛은 밋밋하고 씁쓸하며 과일 향이 사라진 것이 특징이다. 와인 12병 중 1병꼴로 부쇼네가 된다는 연구가 있다. 최근 코르크 마개 제조 과정에서 엄격한 위생 관리와 철저한 오염 제거를 통해 TCA 오염률을 많이 줄이고 있고, 코르크의 대체품도 많이 사용하고 있는 추세다.

아세트산(휘발성 물질)

아세트산 박테리아에 의한 식초 냄새 혹은 매니큐어 향과 같은 날카로운 맛. 에어링을 해도 가시지 않는다.

열 손상

햇볕에 과도하게 노출되거나 저장 시 온도가 높아 와인이 살짝 끓은 듯한 느낌을 준다. 캐러멜, 역한 버터, 시든 양파 및 과일 껍질 향이 나고 종종 밤색 톤의 멀건 색을 띠기도 한다. 마시기 어려운 와인이다.

산화

양조 시 산소에 과다하게 노출되어 생기는 현상으로 농익은 사과 향과 더불어 불쾌한 향이 나고, 씁쓸한 맛과 함께 날카롭고 밋밋하여 시큼한 맛이 나기도 한다. 레드와인의 경우에는 타닌이 두드러지게 느껴진다. 뱅 존이나 셰리처럼 산화를 이용해 양조하는 와인도 있다. 산화는 되돌리기는 어렵고 뱅 존과 같은 와인은 특유의 매력적인 견과류 향을 즐긴다.

3. 시음하기

입안에서 느낀 여러 가지 와인의 맛 성분인 당도, 산도, 타닌, 볼륨(알코올) 등을 세부적으로 구분한다. 어택(첫 모금) 보디감과 피니시뿐 아니라 전체적으로 균형이 잡힌 와인의 상태를 객관적으로 평가한다.

어택

와인의 첫인상을 말하며, 와인의 첫 모금에서 느껴지는 산뜻함, 강렬한, 유연함, 흐릿함 등이다.

당도

혀의 앞부분에서 감지되며 와인을 마실 때 가장 먼저 느껴지는 맛으로 드라이, 오프 드라이, 스위트로 구분된다.

산도

입안에 침을 고이게 하는 역할을 하며 와인에 신선함을 주는 힘과 매력이 있다. 산도가 낮은 와인은 단순하고 밋밋하게 느껴진다.

떫은맛

타닌Tannin에 의하여 감지되는 맛으로 신맛과는 달리 입안을 건조하게 하는 수렴성이 있기 때문에 와인의 신맛과 균형감을 유지하도록 도와준다. 타닌 성분은 와인을 장기 보존하는 데도 영향을 미치며 고급 와인을 결정하는 중요한 요인이다.

볼륨(알코올)

목 뒤에서 감지되는 따뜻한 느낌으로 전해지며, 와인의 알코올이 너무 약하면 빈약하고 싱겁게 느껴지고, 너무 강하면 독하고 입안을 채우는 무게감이 강해진다.

보디

와인의 무게감과 점성을 표현한다. 보통의 화이트와인은 라이트보디이고, 보통의 레드와인들은 중간인 미디엄보디, 그리고 파워풀함을 보여주는 풀보디 와인으로 구분된다. 아래와 같이 하모니(조화)의 삼각형이 클수록 훌륭한 와인으로 평가할 수 있다.

입안과 혀를 적실 정도로 와인을 마신 후 입안 전체로 퍼뜨린다. 입안에서 서서히 와인을 돌리면서 질감과 보디감을 느끼며 살짝 삼키거나 목구멍 안쪽까지 넣어 맛을 확인한 후 뱉는다. 와인이 입안에 있는 상태에서 공기를 살짝 들이마시고 코로 내뱉어 향을 확인하기도 한다. 입안에 공기를 약간 머금고 살짝 '후루룩'하듯이 들이마시며 향을 확인하면 더 깊은 향을 느낄 수 있다.

4. 생각하기

와인에 대한 평가를 요약하고, 인상 깊었던 부분을 정리한다. 전반적인 품질 수준과 조화로움을 평가하고 발전 가능성 등을 평가해 점수화하기도 한다. 와인과 잘 매칭되는 음식 등을 생각하고 기타 의견을 낸다.

와인 시음 표현 용어

-드라이 / 미디엄 드라이 / 스위트

-풀보디 / 미디엄 풀보디 / 라이트

-거칠다(타닌) / 부드럽다(마일드) / 섬세하다 / 파워풀하다

-산미가 좋다 / 산미가 떨어진다

-엘레강스(우아)하다 / 여운이 길다 / 밸런스가 좋다 등

와인의 유통 기한은?

와인도 마셔야 할 적정 시기가 있다. 와인의 생산 년도인 빈티지를 기준으로 하면, 특급 와인은 30~50년 이상 보관할 수 있으며 소장 가치와 희소성이 있는 와인들이 많다. 하지만 보통의 와인은 오래 보관한다고 맛이 더 깊어지기보다 와인의 상태가 꺾이는 것을 보게 될 것이다.

일반적인 레드와인은 7~10년 이내에, 상급의 화이트와인은 5~7년, 보통의 가벼운 레드와인과 화이트와인은 3~5년 이내에 마시는 것을 추천한다. 물론 나라, 품종, 숙성과 보관, 빈티지 등에 따라 와인의 수명이 다 다르다.

☖ WINE NOTE

테이스팅이 즐거워지는 시음 방법들

● 같은 품종을 가지고 여러 지역을 비교하는 시음을 통해 지역과 테루아에 따른 와인의 특징을 비교해볼 수 있다.

● 같은 와인을 빈티지에 따른 비교(버티컬 테이스팅)를 통해 빈티지와 숙성도에 따른 와인을 비교해볼 수 있다.

● 가격대별로 동일 빈티지 와인이나 유사한 와인의 품질을 비교하는 것을 통해 와인메이커의 서로 다른 스타일을 평가하고, 더 훌륭한 와인을 발견할 수 있을 것이다.

● 블라인드 테이스팅을 통해 지인들과 와인의 주된 특징을 서로 이야기하면서 와인을 알아보는 것도 즐거움을 준다. 초보일수록 단일 품종 와인을 선택하여 테이스팅해보는 것을 추천한다.

블라인드 테이스팅이란?

와인의 정보가 표기된 레이블을 공개하지 않고, 품종이나 지역 또는 색까지도 숨긴 상태에서 테이스팅하는 것을 말한다. 소믈리에 대회 등에서 진행하는 공식적인 테스트 항목으로, 그 와인의 품종, 지역, 빈티지를 맞추는 것을 목적으로 한다.

2
와인 페어링, 마리아주

와인 페어링은 와인과 요리가 짝을 이루어 서로의 가치를 높이는 시너지 효과를 말하며, 마리아주 Marriage(결혼)라고도 한다. 음식을 먹으며 와인을 함께하면, 와인이 음식의 소스와도 같은 작용을 한다. 음식과 와인이 서로에게 압도되지 않고 조화를 이루면 하나의 작품이 된다.

와인과 음식의 매칭은 사람들의 만남처럼 미묘하고 섬세하며, 페어링에 정답은 없다. 단지 클래식한 제안을 할 수 있을 뿐이다. 최근 퓨전 요리와 세계 각국의 다양한 요리, 다채로운 스타일의 와인들이 생산되면서 와인 페어링의 세계는 더욱 흥미롭고 새로운 시도를 많이 하고 있다. 예상을 깨는 재미있는 매칭은 직접 경험하기 전까지는 알 수 없는 신비로운 세계이기도 하다.

"음식이 함께하지 않은 와인은 먹을만 하지만, 와인이 함께하지 않은 음식은 재앙이다."
– 알랜 리치맨 / 미국의 저널리스트 겸 푸드 라이터

"와인은 식사에서 가장 지적인 부분이다."
– 알렉상드르 뒤마 / 소설가

"와인 없이는 미식 문화를 가질 수 없다."
–줄리아 차일드 / 요리사

"좋은 음식과 좋은 와인은 미식가를 기쁘게 합니다."
–안토닌 카렘 / 요리사

"피곤한 사람에게 와인 한 잔을 주면 그가 눈앞에서 다시 살아나는 것을 볼 수 있습니다."
–브리야 사바랭 / 미식가

양식 식사 코스에 따른 와인

양식 식사 코스는 가벼운 전채부터 시작하여 수프, 생선, 그리고 닭고기나 오리고기 등 가벼운 육류에서 스테이크 등 본격적인 메인 요리, 디저트 순서로 제공된다.

와인도 음식이 제공되는 순서에 따라 **아페리티프, 화이트와인, 레드와인** 순서대로 진행되며, 마지막으로 달콤한 **디저트와인** 순으로 마시는 것을 추천한다.

와인과 음식 매칭의 기본 법칙

지역에 따른 매칭

와인은 생산된 그 지역 음식과 기본적으로 잘 조화가 된다. 뵈프 부르기뇽은 부르고뉴 레드와인과, 알자스 슈크르트는 리슬링 화이트와인과, 카슐레(오리 스튜 요리)는 카오르 와인, 샤비뇰 치즈(상세르 지방의 염소치즈)는 상세르 와인과, 화이트 트러플 요리는 바롤로, 토마토 소스 파스타는 이탈리아 키안티 와인과 같이 마시는 등 그 지역을 대표하는 음식과 와인이 이루는 매칭은 클래식하면서 최고의 마리아주라고 볼 수 있다.

아로마에 따른 매칭

와인과 음식에서 나는 같은 아로마를 찾아내어 매칭한다.

와인의 무게감에 따른 매칭

향이 진한 음식과 향이 짙은 와인은 서로 어울린다. 음식의 재료, 조리 방법, 소스의 특성에 따라 와인을 선택한다. 가벼운 느낌의 음식에는 가벼운 와인을 매칭한다.

와인의 산도, 당도, 염도, 타닌에 따라 음식을 매칭

와인에서 산도는 입안을 상쾌하게 하며, 깔끔하게 정리하는 역할을 한다. 산미가 있는 음식에는 그와 비슷한 산미가 있는 와인으로 매칭하면 무난하다. 당도는 혀에서 느끼는 맛이다. 와인의 당도가 높을수록 단 음식이나 매운 것을 선택하면 무난하다. 짠맛은 우마미(감칠맛)와 연결이 되기도 한다. 짠맛이 나는 음식은 천연 산도가 높은 와인과 매칭한다. 와인에서의 타닌은 붉은 육류 요리의 맛을 부드럽게 해주고, 음식의 단백질과 지방 성분은 떫은 맛을 감소시킨다. 단, 기름기 많은 생선의 경우에는 타닌과 결합하면 금속성의 맛을 내기도 한다.

와인과 음식 매칭의 기본 법칙은 알고 있되 전통을 넘어 고정관념을 탈피한 여러가지 새롭고 즐거운 시도를 해보자.

야채

생선

패각류

육류(흰살)

육류(붉은살)

치즈

디저트

와인과 음식 매칭의 찰떡궁합

클래식한 매칭

굴 - 샤블리, 뮈스카데, 알리고테, 상세르, 보르도 화이트, 리슬링(드라이 화이트)

랍스터, 갑각류 - 캘리포니아 샤르도네(드라이 풀보디 화이트)

캐비어 - 샴페인

에스카르고 - 부르고뉴 샤르도네

스테이크 - 보르도, 북부 론의 시라(타닌이 강한 와인)

토마토 파스타, 피자 - 키안티 레드

트러플 파스타 - 바롤로 레드

햄버거 - 피노 누아(신세계), 보졸레

오리 요리 - 카오르 말벡, 마디랑 타나

생선 스튜(부야베스) - 로제와인

토마토소스의 이탈리아 음식 - 토스카나 키안티(드라이 레드), 시칠리아 레드

양고기(양갈비) - 포이악 와인, 호주 쉬라즈(드라이 레드)

매콤한 한식 - 론 와인(쉬라즈, 샤토뇌프 뒤 파프: 드라이 레드)

푸아그라 - 소테른(스위트 화이트), 샴페인

블루치즈 - 소테른(스위트 화이트)

딸기 - 샴페인(스파클링)

크레프 - 시드르(스파클링)

카레 음식 - 게뷔르츠트라미너(드라이~ 미디엄 드라이 화이트), 뱅 존

● 피노 누아 품종은 화이트와인과 다름없이 매칭해도 무난하다. 생선 요리나 가금류 요리와도 잘 어울린다.

● 샤르도네 품종은 레드와인과 다름없는 화이트와인으로

스테이크, 로스트 치킨 등과도 어울린다.

모든 음식과 무난하게 어울리는 와인 - 로제와인

의외의 재밌는 매칭

샐러드 - 소비뇽 블랑, 그뤼너 펠트리너

아스파라거스 - 뱅 존, 샤르도네

참치회 - 피노 누아(라이트 드라이 레드)

홍어 - 피노 누아(신세계), 보르도 메를로, 칠레 카르메네르

장어 스튜 - 포이약 와인

베트남 음식 - 샴페인, 리슬링(오프 드라이), 피노 누아

태국 파파야 샐러드 - 드라이 리슬링

딤섬 - 스파클링와인, 샤르도네

피자 - 샴페인, 미국 가메, 이탈리아 키안티 레드

와인과 치즈 매칭

치즈의 75%가량은 화이트와인과 최고의 매칭을 이룬다.

브리, 카망베르 - 샴페인, 샤블리, 칼바도스

콩테, 그뤼에르, 체다 - 뱅 존, 바롤로, 보르도 레드, 피노 누아

에푸아스 - 숙성된 부르고뉴, 코르나스, 게뷔르츠트라미너

블루치즈 - 소테른, 디저트와인, 상세르, 뱅 존, 포트와인

고트 치즈(쉐브르) - 상세르, 소비뇽 블랑

만체고 - 리오하, 브루넬로 디 몬탈치노

모차렐라, 부라타 - 피노 그리지오, 그뤼너 펠트리너, 루아르 소비뇽 블랑

파르메지아노 레지아노(파르메산) - 산지오베제, 바르베라, 카베르네 소비뇽

추천 디저트와 와인

디저트와 무게감이 비슷한 와인을 매칭하는 것이 포인트.

초콜릿 - 포트와인(스위트 레드), 트라피스트 에일, 바뉼스

과일 파이 - 소테른, 스위트 리슬링, 토카이

생과일 - 모스카토 다스티, 부브레, 뮈스카 뱅 뒤 나튀렐

바닐라 아이스크림(셰리 와인을 부어서) - 셰리 와인

캐러멜 디저트 - 마데이라, 소테른, 뮈스카 디저트와인

한식과 와인

동태전 및 전류 - 샴페인, 스파클링

족발과 편육 - 미국 메를로, 진판델, 스페인 템프라니요, 아르헨티나 말벡

순대 - 보르도 레드, 피노 누아, 산지오베제, 스페인 템프라니요

불고기, 갈비 - 코트 뒤 론, 숙성된 진판델

갈비찜 - 부르고뉴 레드, 보졸레 가메

김치찌개 - 호주 쉬라즈, 랑그독 루시용 레드

김밥, 비빔밥 - 로제와인

삼겹살 - 로제와인, 가벼운 레드와인, 보졸레, 코트 뒤 론

떡볶이 - 모스카토 다스티, 리슬링

치킨, 돈까스 - 스파클링와인, 그뤼너 펠트리너

추천하지 않는 조합!

훈제 연어(해산물) ≠ **레드와인**(훈제 요리는 오크 향의 와인과 상극)

아주 묽은 수프 ≠ **상큼한 레드와인**(예: 호박수프 ≠ 레드와인)

그릴에 구운 붉은 고기 ≠ **올드 빈티지 레드와인**

치즈 ≠ **타닌이 강한 레드와인**

초콜릿 ≠ **샴페인**

이밖에 과도한 마늘, 향신료, 고추, 식초 등이 많이 들어간 음식은 와인과 매칭하기 어려운 음식이므로 피하는 것을 추천한다.

계절에 맞는 와인

봄 - 소비뇽 블랑, 로제 스파클링, 로제와인, 피노 누아, 미모사(스파클링&오렌지 주스)

여름 - 리슬링, 산도 있는 스파클링, 상세르 화이트와인, 가벼운 레드와인 상그리아, 아페롤 스프리츠

가을 - 바롤로, 아마로네, 올드 빈티지 레드와인

겨울 - 샴페인, 비오니에 화이트, 게뷔르츠트라미너, 보르도, 시라 레드와인, 진한 레드와인, 뱅쇼

상황별 추천 와인

아페리티프(식전주) - 샴페인, 스파클링와인, 소비뇽 블랑, 로제와인, 소테른, 뮈스카 화이트, 가벼운 레드와인

피크닉 와인 - 리슬링, 상세르 화이트 & 레드, 보졸레, 로제와인

데이트 - 스위트와인, 소테른 디저트와인

축하 - 샴페인

비즈니스 모임 - 스토리가 있는 와인

선물용 와인 - 취향에 맞춘 스토리가 있는 와인

친구들과 함께 - 말벡, 산지오베제

가족과 함께 - 피노 누아(런치용 추천)

청혼, 사랑의 고백 - 샹볼 뮈지니, 칼롱 세귀르

혼자 - 소비뇽 블랑, 호주 쉬라즈(남은 와인은 스크류 캡으로 보관)

3
일상에서 와인 즐기기

나에게 맞는 와인 찾는 법
여러 가지 와인을 경험해본다

모든 일에 시행착오는 늘 있게 마련이다. 초보자라면 가벼운 단맛이 있는 와인에서 단맛이 없는 드라이한 와인으로, 보디가 가벼운 와인에서 무거운 와인의 순서로 시도해보자.

좋아하는 스타일 또는 품종을 찾아보자

와인의 세계는 너무도 넓고 맛있는 와인은 너무도 많다. 모험심을 가지고 다른 품종, 다른 지역의 다양한 와인을 시도해보는 것이 새로운 즐거움이 될 것이다.

시음회를 놓치지 말자

다양한 시음회 및 행사에 참가해보자. 다양한 와인을 경험할 수 있을 뿐만 아니라 와인에 대한 지식도 얻을 수 있는 즐거운 기회이니 적극적으로 활용해보자.

와인 장터 및 할인 행사를 이용하자

평소 접해보지 못한 지역, 새로운 품종, 다른 스타일의 와인을 좋은 가격에 구매하여 시도해볼 수 있는 좋은 기회다. 평소 즐겨 마실 수 있는 무난한 스타일의 와인은 박스째 구입해도 좋다.

식당에서 와인 주문하기

먼저 주문할 요리와의 조화를 고려한다. 시작을 샴페인과 함께하는 것도 무난하다. 생산지와 포도 품종, 양조자의 특징 등을 고려하여 와인을 선택한다. 메뉴에 좋은 빈티지의 와인이 있으면 경험해보자. 물론 음식 가격대와 와인 가격대의 조화를 생각하여 고르는 것이 좋다. 소믈리에나 직원에게 와인을 추천받아 경험해보는 것도 추천한다.

☙ WINE NOTE

집에 와인 셀러가 없다면?

서늘하고 햇빛이 닿지 않는 곳이 와인을 보관하기 좋다. 신발장이나 구석진 창고, 옷장 깊은 곳도 무난하다. 단, 와인을 가능한 한 눕혀서 보관한다.

남은 와인은 어떻게 보관할까?

와인을 마시다가 남은 경우 와인의 종류에 따라 보관 기간이 달라진다. 남은 와인은 와인 스토퍼로 닫아서 냉장 보관을 추천하며, 스파클링와인은 1~3일, 풀보디 화이트와인은 3~5일, 가벼운 화이트, 로제와인은 5~7일 내로 보관하고 마시는 것을 추천한다. 그밖에 레드와인은 3~5일 내, 주정강화와인이나 박스에 담긴 와인은 한 달 정도 보관 가능하며, 코르크로 막아 서늘하고 어두운 장소에 보관한다.

또한 병에 남은 와인의 양, 즉 병 안에 있는 공기의 양에 따라서도 보관 기간이 달라지는데 와인이 많이 남아 있을수록 오래 보관할 수 있다. 만일 와인이 거의 남아 있지 않다면, 병 속 공기가 와인 전체를 금방 산화시켜 마실 수 없게 된다.

여러 가지 와인 도구를 이용하여 와인과 산소와의 접촉을 최대한 차단하면 와인의 보관 기간을 더 늘릴 수 있다. 남은 와인을 보관할 때는 코르크 마개 또는 스토퍼Wine Stopper를 이용하는 방법이 일반적이다. 샴페인이나 스파클링와인용 특수 와인 스토퍼를 사용하면 샴페인에서 기포가 빠져나가는 것을 막을 수 있다. 코라뱅Coravin은 와인을 열지 않은 상태에서 코르크에 미세한 바늘을 뚫고 아르곤 가스를 주입하며 와인을 빼낸 후 남은 와인의 산화를 막는 기구로 약 2~3주간 좋은 상태로 와인 보관이 가능하다. 병 속의 산소를 빼내는 버큠 세이버 **Vacuum Saver**, 진공 펌프도 있다. 또 질소 가스 또는 이산화탄소 탱크를 이용해 병 속에 가스를 채워 산소를 빼내는 와인 프리저버Wine Preserver도 있다.

숙취 예방 생활

술을 많이 마신 다음 날 두통이 생기고 구토가 나며, 심한 피로감을 느끼는 것을 숙취라고 한다. 원인은 몸에서 알코올 성분을 제거하면서 탈수증이 일어나기 때문이고, 술에 함유된 메탄올, 이산화황, 식품 첨가제 등의 성분들 때문에 혈당 저하 현상이 겹치면서 숙취가 생긴다.

탈수로 인한 두통 예방을 위해서는 잠자리에 들기 전까지 물을 많이 마시는 것이 좋다. 술 마신 다음 날에는 우선 수분과 비타민을 보충한다. 단백질, 비타민, 당이 많은 바나나나 꿀을 추천하며, 미네랄이 풍부한 국물이나 수프를 마신다. 구토가 심하면 숙취 해소제로 출시된 음료나 약을 복용하는 것을 추천하며, 개인적으로는 콜라 또는 포카리스웨트 등 이온음료를 마시는 것도 효과가 좋은 편이다.

4
와인으로 여행하기

세계에는 다양한 와인만큼이나 다양한 와인 행사와 축제들이 있다. 와인 업계 및 전문가들만 참가가 가능한 와인 엑스포도 있지만, 와인에 열정이 있다면 아래의 행사 일정에 맞춰 가고 싶은 곳을 계획하여 여행해보기를 추천한다.

세계 3대 와인 엑스포

비넥스포 / 매년 2월 초중순 / 프랑스 파리
https://wineparis-vinexpo.com

다양한 도시에서 생산자와 와인 전문가, 수입 업체를 연결하고 관련 정보를 공유하는 비넥스포는 와인의 메카 보르도에서 열리는 세계적인 박람회였지만, 2021년부터는 파리에서 '**와인 파리 & 비넥스포 파리**Wine Paris & Vinexpo Paris'로 매년 2월 둘째 주 월~수요일에 열린다.

그밖에도 다양한 미국 와인들을 만날 수 있는 비넥스포 아메리카 & 드링크 아메리카**Vinexpo America & Drinks America**가 3월 초에 뉴욕에서, 보르도 와인 위크**Bordeaux Wine Week**는 6월 중순에 보르도에서 열리며, 비넥스포 차이나**Vinexpo China**는 10월에 상하이에서 열린다. 벌크 와인을 만날 수 있는 WBWE 아시아**WBWE Asia**는 7월, 월드 벌크 와인 전시회**World Bulk Wine Exhibition**는 11월 말에 열리며, 새로운 와인 시장을 개척하는 비넥스포 인디아**Vinexpo India**도 개최된다.

프로바인/ 매년 3월부터/ 독일 뒤셀도르프
www.prowein.com

프로바인은 세계 주류 산업을 대표하는 국제 전시회로 1994년부터 B2B 플랫폼으로서 확실한 브랜딩을 해왔다. 와인/스피릿 전문가, 유통사, 요식 업계 등 업계 관계자로만 참가를 제한했기 때문에 전시회 내에 비즈니스 환경이 자연스럽게 형성된다. 와인 품평 대회 문두스 비니**Mundus Vini**에서 수상한 와인들은 테이스팅 존에 전시되며, 150가지 이상의 샴페인 브랜드를 소개하는 샴페인 라운지, 크래프트 증류주를 다루는 '같지만 다른**Same but Different**' 홀, 칵테일과 아페리티프를 선보이는 피즈 라운지the Fizzz Lounge 등이 운영된다 그 결과 비교적 후발 주자임에도 불구하고 참가사가 64개국에서 6,873개 회사, 방문객은 133개국에서 6만여 명을 기록하는 대표적 국제 와인/스피릿 전시회로 자리잡았다.

매해 독일 뒤셀도르프**Düsseldorf**에서 3월 중순에 시작해, 프로바인 홍콩은 5월 중순, 프로바인 싱가폴는 9월 초, 프로바인 상 파울루는 9월 말, 프로바인 뭄바이는 10월 중순, 프로바인 상하이는 11월 초에 개최된다.

비니탈리 / 매년 4월 초 / 이탈리아 베로나

www.vinitaly.it

1967년에 시작해 이탈리아 북부 베로나에서 약 4,000여 곳 이상의 와인 생산자들이 참가하는 큰 규모의 국제와인품평회. 전 국토가 포도밭인 나라, 이탈리아의 박람회이니만큼 다양한 와인의 맛을 볼 수 있으며 박람회의 규모도 제일 크다. 이 행사는 2016년부터 업계 종사자 대상 전시회와 소비자 대상 전시회로 분리해 운영되어 왔다. 박람회가 열리는 곳에서 자동차로 운전하면 20~30분 만에 발폴리첼라, 소아베 등의 산지를 가볼 수 있다. 비니탈리의 장점은 먹거리가 훌륭하다는 점이다. 에밀리아-로마냐관과 풀리아관의 점심을 추천한다. 시장 같은 분위기의 박람회지만 제대로 먹고 마실 수 있다.

와인 페어

독립 생산자 와인페어 Salon des vignerons indépendants

www.vigneron-independant.com/salons-list

파리와 리옹, 그리고 프랑스 전역의 와인 산지 등 독립 생산자에 의해 개최되는 와인 페어다.

3일 이상 개최되며, 리옹 유렉스포 Lyon Eurexpo가 3월 중순에, 보르도 Bordeaux는 3월 초중순, 파리 샹페레 Paris Champerret를 3월 중하순, 스트라스부르 Strasbourg는 2월 중순, 만델리유 Mandelieu는 4월 초, 렌느 Rennes는 1월 말, 발타르 Baltard에서는 4월 말의 일정으로 열린다. 또한 가을에도 파리, 리옹, 랭스, 릴 등에서 다양한 페어가 활발하게 개최된다.

로 와인 Raw Wine London

www.rawwine.com/fairs

내추럴 와인의 선구자이자 마스터 오브 와인, 이자벨 르쥬롱이 전 세계 내추럴 와인 그리고 양조에 최소한의 개입을 지향하는 와인 생산자를 초청하여 업계 관계자과 만나는 행사다.

와인 앤드 스피릿 쇼, 영국 The Wine & Spirits Show, UK

www.wineandspiritsshow.com

더 드링크 비즈니스가 주최하는 와인 앤드 스피릿 쇼는 매년 4월 중순에 열리며, 런던에 있는 와인 애호가를 타겟으로 다양한 와인과 증류주를 선보인다.

HKTDC 국제 와인 앤드 스피릿 페어
HKTDC International Wine and Spirits Fair, Hong Kong

매년 11월 둘째 주에 홍콩 무역 발전국이 주최한다. 중국을 포함한 아시아 시장에 진출하려는 와인 생산자들을 위한 전시회로, 약 1,000개 업체와 2만 명의 방문객이 모이는 박람회다.

엉 프리뫼르 En Primeur 행사

보르도 지역(메독, 페삭 레오냥, 생 테밀리옹 등)에서 3월 말에 1~2주에 걸쳐 진행되며 수천 명의 네고시앙, 바이어, 언론인, 소매 업체 및 기타 업계 전문가들이 지난 가을에 수확한 어린 와인을 시음하기 위해 보르도 최고의 샤토에 모인다. 와인 바이어들은 와인 생산자로부터 좋은 가격에 와인을 미리 구매하며, 새로운 빈티지에 투자할 수 있는 기회를 얻는다. 이는 와이너리의 재정을 돕는 역할을 하기도 한다.

비네아 르 살롱VINEA Le Salon

www.vinea.ch/en

비네아는 1994년 시에르(스위스 발레 주)에서 시작되어, 스위스 와인을 알리는 역할을 하는 행사다. 와인 전문가들에게 스위스 와인의 풍부한 다양성을 알 수 있는 특별한 기회를 제공하며, 스위스 특선 요리와 와인을 제공하는 이벤트도 있다. 2022년에는 6월 17~18일에 열렸고, 비네아 온 투어 취리히Vinea on Tour Zurich는 2022년 12월에 열렸다. 그밖에 스위스에서 페스티발 데 메를로 프리메Festival des Merlots Primés가 취리히에서 6월 초에, 페스티발 오브 어워드 위닝 피노Festival of Award_Winning Pinots는 비네아 르 살롱Vinea Le Salon 와인 박람회 직전에 열린다.

디비늄DIVINUM, 스위스 와인 박람회

https://salon-divinum.ch

스위스 와인 박람회인 디비늄은 로잔 인근 모르주의 파르크 데 스포츠Parc des Sports에서 개최된다. 탁월한 와인 산지를 발견하고 다양한 와인을 시음할 수 있다. 매해 11월 초중순에 개최된다.

프랑스의 와인 축제들

보르도 와인 축제Bordeaux Wine Festival/ Bordeaux Fête le Vin

www.bordeaux-fete-le-vin.com

보르도에서 2년에 한 번씩 6월 말에 열리는 와인 축제다. 2024년에 개최 예정이며, 짝수 해에 열린다. 보르도를 비롯해 그 주변에 생산되는 와인들을 모두 시음할 수 있으며, 다양한 요리와 더불어 와인과 문화를 체험할 수 있는 다양한 행사에 참여할 수 있다. 프랑스의 패션, 예술, 라이브 공연도 볼 수 있다. 유럽에서 가장 큰 광장으로 꼽히는 켄콩스 광장 Esplande des Quinconces 그리고 가론강 주변에서 행사가 개최된다.

포트 우베르트 메독Portes Ouvertes des Châteaux en Médoc

www.portesouvertesenmedoc.com

메독 관광 사무소가 메독와인협회와 공동으로 조직한 포트 우베르트는 '열린 문Open Doors'이라는 뜻으로 30년 동안 매년 메독에서 열렸다. 이 기간에는 주말 동안 예약 없이 무료로 많은 와인 농장을 방문하여 최고의 와인을 맛볼 수 있다. 보통은 매년 4월에 열린다.

마라톤 뒤 메독Marathon du Medoc

www.marathondumedoc.com

보르도 메독에서 9월에 열리는 마라톤 행사로 만 20세 이상 사전 등록을 하면 참가할 수 있다. 포이약의 샤토 페데클로Château Pédesclaux에서 1,450명이 밀레 파트Mille-Pâtes 저녁을 즐길 수 있고, 메독의 포도밭 길 22개 경로를 돌며 그랑 크뤼 와인 시음과 시식(굴, 스테이크, 치즈, 포도, 얼음, 크림 등)을 하는 특별한 경험을 할 수 있다.

레 그랑 주흐 드 부르고뉴Les Grand Jours de Bourgogne

www.grands-jours-bourgogne.fr

2년에 한 번씩 3월에 부르고뉴의 역사적인 샤토와 행사장에서 이루어지는 행사로 클로 드 부조, 클로 데 람브레 등 유명한 부르고뉴 와인을 만날 수 있는 행사다. 와인 업계 전문가들만이 참석할 수 있는 테이스팅 행사를 하나, 축제 기간 마을 곳곳에서 다양한 행사가 진행되어 일반인도 축제를 만끽할수 있다. 2024년에 개최 예정이며, 짝수 해에 열린다.

오스피스 드 본 와인 경매Hospice de Beaune Wine Auction

www.beaune-tourism.com/discover/hospices-de-beaune-wine-auction

매년 11월 세 번째 일요일 부르고뉴의 본에서 열리는 와인 자선 경매 행사로 부르고뉴 와인 양조자들이 와인을 경매에 내놓고, 그 수익은 오스피스 드 본 병원에 기증한다.

프랭탕 데 샹파뉴Printemps des Champagnes

www.printemps-des-champagnes.com/en

샴페인에 관심이 많은 전문가와 소비자가 생산자를 만나고 다양한 샴페인 행사를 경험할 수 있는 행사로 매년 4월에 열린다.

소뮈르 샹피니 그랜드 테이블Grande Table du Saumur Champigny

www.producteurs-de-saumur-champigny.fr

루아르의 와인 산지 상세르와 블루아에서 8월에 열리는 와인 축제다. 이 축제의 핵심은 루아르 강변 앞 야외에 2km에 달하는 테이블을 연결해 그곳에서 와인과 음식을 즐기는 것이다.

살롱 데 방 드 루아르Salon des Vins de Loire

https://salondesvinsdeloire.com

루아르 앙제Parc des Expositions에서 매해 2월에 열리는 전문가 대상 와인 시음회다. 1987년에 설립되었으며 포도원과 생산, 소비 방법의 다양성을 중요시해 다양한 유기농 와인 및 내추럴 와인을 만나볼 수 있다. 살롱 데 뱅 드 루아르Salon des Vins de Loire를 중심으로 르베 데 라 루아르Levée de la Loire, 살롱 데메테르Salon Demeter, 살롱 생장Salon St-Jean, 레 페니텅트Les Penitentes, 레 안노님Les Anonymes, 라 디브 부테아유La Dive Bouteille 등 다양한 와인 박람회가 개최된다. 작은 마을이지만 매년 2월 초에는 약 140개국에서 1만 3,000명 이상의 방문객이 앙제를 방문한다.

알자스 와인 페어Alsace Wine Fair

www.wineroute.alsace

매년 5월에 열리는 알자스의 와인 시음 축제로, 알자스 남단 게브빌러Guebwiller의 30여 곳 와인 생산자들이 참여해 와인을 소개하고 시음하는 행사를 진행한다.

알자스 포도 수확 축제Grape Harvest Festival

www.vinsalsace.com

매해 9월에서 10월 사이에 알자스 바르Barr 마을에서 열리는 포도 수확 축제로, 몰샤임Molsheim 마을에서 포도 여왕을 선발하는 행사가 함께 열리는 축제다.

게뷔르츠트라미너 축제Gewurztraminer Festival

www.wineroute.alsace

알자스 베르그하임Bergheim 마을 광장에서 7월 30일부터 2일간 열리는 축제로, 갱퀘트Guinguette 무도회를 시작으로 게뷔르츠트라미너로 만든 와인들로 행사를 한다.

뱅 존 와인 축제La Percée du Vin Jaune

www.percee-du-vin-jaune.com

쥐라에서 매년 4월 첫번째 주말에 열리는 와인 축제로 6년 3개월 동안 오크통에서 숙성시킨 뱅 존 와인을 맛볼 수 있다. 쥐라 마을을 돌며 하는 술통 깨기 행사가 유명하며, 방문이 쉽지 않은 60여 곳의 쥐라 와인 생산자들의 와인도 맛볼 수 있다. 올드 빈티지 뱅 존 와인 경매와 뱅 존 요리 경연대회도 열린다.

페트 뒤 비우Fete du Biou

www.jura-tourism.com/evenements/evenements-culturels/le-biou l

프랑스 쥐라, 아르부아에서 열리는 중요한 전통 행사로, 9월 첫 번째 일요일에 열리는 와인 축제다. 비우Biou는 '가장 아름다운'을 의미하며, 행사 기간에는 정장 차림의 와인 생산자들이 큰 포도송이(비우)를 짊어지고 거리를 행보하며 성공적인 수확을 기원한다. 도심 가이드 투어와 와인 시음 이벤트도 함께 진행된다.

론 밀레뱅 페스티발Rhone Millevin Festival

https://rove.me/to/provence-french-riviera/millevin

교황의 도시 아비뇽에서 열리는 포도 수확 축제다. 1995년부터 매년 9월 첫 번째 토요일에 열린다. 축하 행사는 아비뇽 중심부를 가로지르는 형제단의 퍼레이드로 친근한 축제 분위기가 동반된다. 30여 명의 와인메이커가 와인 시음회와 별미를 제공하며, 일부 레스토랑에서는 식사와 함께 코트 뒤 론 와인 1잔을 무료로 제공한다.

레 사르망텔Les Sarmentelles

https://sarmentelles.fr

부르고뉴 보쥬Beaujeu에서 매년 11월 세 번째 목요일 보졸레 누보의 시작을 알리며 5일간 열리는 축제다. 목요일 자정 보쥬 광장에서 포도 재배자들이 와인 통을 깨면서 축제가 시작된다. 그해 수확한 포도로 담근 보졸레 와인을 처음으로 시음할 수 있고 다양한 행사가 펼쳐진다.

바뉼스 쉬 메르 포도 수확 축제Grape Harvest Festival in Banyuls-sur-Mer

www.visitfrenchwine.com

루시용의 바뉼스 쉬 메르 마을에서 매년 10월 둘째 주 주말부터 5일간 열리는 포도 수확 축제다. 해안 마을의 아름다운 경관과 더불어 지역 해산물과 전통 바비큐, 루시용 와인을 시음하며, 포도밭 산책 및 포도 수확 체험 행사가 진행된다.

뮈스카 축제 Festival du Muscat

www.frontignan-tourisme.com

랑그독 프롱티냥Frontignan에서 매해 7월 3번째 일요일에 진행되는 와인 행사다. 와인과 미식을 경험하는 축제로, 미식가와 양조학자가 주관하는 무료 시음 행사가 열리고, 뮈스카 및 프롱티냥 와인과 함께 다양한 요리 레시피를 즐길 수 있다.

핑크 로제 페스티벌, 프랑스Pink Rosé Festival, France

로제와인만을 다루는 행사로, 2017년에 시작하여 매해 3월 프랑스 남부 도시 칸Cannes에서 개최된다. 행사는 테이스팅 존, 마스터 클래스, 핑크 로제 페스티벌 어워즈로 구성된다.

기타 와인 축제들

캘리포니아 와인의 달California Wine Month

https://discovercaliforniawines.com/california-wine-month

세계에서 4번째로 큰 와인 생산지인 캘리포니아에서 매해 9월을 캘리포니아 와인의 달로 정하고 행사를 연다. 와이너리 투어, 특별 테이스팅과 더불어 미식 등 다양한 이벤트가 개최된다.

홍콩 와인과 음식 축제HK Wine&Dine Festival

홍콩 센트럴 하버프론트Central Harbourfront에서 매년 10월, 4일 간 열린다. 세계 각지의 고급 와인뿐만 아니라 다양한 주류와 미슐랭 스타 셰프가 선보이는 음식들을 함께 맛볼 수 있으며 밤에는 멋진 야경과 함께 라이브 공연이 펼쳐진다.

멜버른 푸드 앤드 와인 페스티벌Melbourne Food and Wine Festival

매해 3월 열리는 호주 최대 규모의 음식 축제로, 250여 가지가 넘는 이벤트와 프로그램과 더불어 세계의 미식가, 유명 셰프, 와인메이커, 소믈리에 등이 모두 모인다. 특히 1,500명 이상의 사람들이 세계에서 가장 긴 테이블에 앉아 함께 식사를 하는 이벤트와 야라강 주변을 레스토랑으로 만들어 강 주변을 따라 다양한 요리와 와인을 즐길 수 있는 '리버 그레이즈River Graze'가 유명하다.

광명동굴 대한민국 와인 페스티벌

매해 10월, 광명동굴에서 지역 음식과 한국 와인의 마리아주라는 주제로 한국 와인과 지역 특산물 판매를 하는 행사다. 셰프의 마리아주 요리 시연, 시식, 와인 토크 콘서트, 체험, 공연 및 한국 와인 발전을 위한 세미나와 와인 품평회 등의 이벤트가 펼쳐진다.

* 각 행사별 일정은 상황에 따라 변동 사항이 생길 수 있으므로 홈페이지 및 지역 정보를 참고하시기 바랍니다.

● 자유롭게 와인 시음 후기를 작성해보세요.

Wine Tasting
JOURNAL

Date.   /   /

와인 명
생산 연도
국가 / 지역 AOC
품종
종류 □레드 □화이트 □스파클링 □로제 □스위트 □기타
알코올   %   온도   ℃
구매 시기 & 장소
구매 가격대

👁 시각 Appearance

주 색상

레드
□자주색 □루비색 □석류색 □벽돌색 □다갈색

화이트
□레몬-그린 □레몬색 □황금색 □호박색 □갈색

로제
□ 핑크색 □ 연어색 □ 핑크-오렌지 □오렌지

농도
□매우 얇은 □엷은 □중간 □진한 □농축된

기타
□맑은 □탁한 □침전물 □기포 □약한 기포

🖐 후각 Aroma

향의 강도
□닫힌 □엷은 □중간 □열린 □강렬한

아로마
□붉은 과일 □검은 과일 □녹색 과일 □감귤류
□말린 과일 □핵과류 □열대 과일 □견과류 □꽃
□허브 □미네랄 □향신료 □유제품 □동물성
□버섯류 □오크 □효모 □화학적

기타 특징적인 향

👄 미각 Taste

당도
□ 드라이 □오프 드라이 □ 미디엄 스위트 □스위트

산도
□밋밋한 □가벼운 □상쾌한 □조금 높은 □다소 높은

타닌
□약한 □부드러운 □균형 좋은 □조금 거친 □강한

볼륨(알코올)
□약한 □가벼운 □좋은 □조금 높은 □다소 높은

보디
□아주 가벼운 □가벼운 □중간 □풀보디한 □다소 강한

피니시
□짧음(약3초) □중간(4~5초) □오래 지속(5초 이상)

🍷 결론 Conclusion

하모니(조화)
□균형 없는 □조금 균형 있는 □균형 좋은 □매우 좋은

발전(숙성 가능성)
□어린(닫힌) □숙성 잠재력 □잘 숙성된
□노화 진행 □때가 지난

품질 수준
□결함 있는 □다소 결점이 있는 □괜찮은
□좋은 □매우 좋은 □ 뛰어난

코멘트

Wine Tasting JOURNAL

Date.   /   /

와인 명	
생산 연도	
국가 / 지역 AOC	
품종	
종류 □ 레드 □ 화이트 □ 스파클링 □ 로제 □ 스위트 □ 기타	
알코올 % 온도 ℃	
구매 시기 & 장소	
구매 가격대	

👁 시각 Appearance

주 색상

레드
□자주색 □루비색 □석류색 □벽돌색 □다갈색

화이트
□레몬-그린 □레몬색 □황금색 □호박색 □갈색

로제
□ 핑크색 □ 연어색 □ 핑크-오렌지 □ 오렌지

농도
□매우 엷은 □엷은 □중간 □진한 □농축된

기타
□맑은 □탁한 □침전물 □기포 □약한 기포

👄 미각 Taste

당도
□ 드라이 □오프 드라이 □ 미디엄 스위트 □스위트

산도
□밋밋한 □가벼운 □상쾌한 □조금 높은 □다소 높은

타닌
□약한 □부드러운 □균형 좋은 □조금 거친 □강한

볼륨(알코올)
□약한 □가벼운 □좋은 □조금 높은 □다소 높은

보디
□아주 가벼운 □가벼운 □중간 □풀보디한 □다소 강한

피니시
□짧음(약3초) □중간(4~5초) □오래 지속(5초 이상)

👃 후각 Aroma

향의 강도
□닫힌 □엷은 □중간 □열린 □강렬한

아로마
□붉은 과일 □검은 과일 □녹색 과일 □감귤류
□말린 과일 □ 핵과류 □열대 과일 □견과류 □꽃
□허브 □미네랄 □향신료 □유제품 □동물성
□버섯류 □오크 □효모 □화학적

기타 특징적인 향

🍷 결론 Conclusion

하모니(조화)
□균형 없는 □조금 균형 있는 □균형 좋은 □매우 좋은

발전(숙성 가능성)
□어린(닫힌) □숙성 잠재력 □잘 숙성된
□노화 진행 □때가 지난

품질 수준
□결함 있는 □다소 결점이 있는 □괜찮은
□좋은 □매우 좋은 □ 뛰어난

코멘트

소믈리에 이선경의
와인 교양 수업

초판 1쇄 인쇄 2024년 1월 18일
초판 1쇄 발행 2024년 1월 29일

지은이 이선경
발행인 김기옥

실용본부장 박재성
편집 실용2팀 이나리, 장윤선
마케터 이지수
지원 고광현, 김형식

표지 및 본문 디자인 책장점
일러스트 김준구(BLACKEY Branding LTD.)
인쇄 민언프린텍
제본 우성제본

펴낸곳 한스미디어(한즈미디어㈜)
주소 121-839 서울시 마포구 양화로 11길 13(서교동, 강원빌딩 5층)
전화 02-707-0337 | **팩스** 02-707-0198 | **홈페이지** www.hansmedia.com
출판신고번호 제 313-2003-227호 | **신고일자** 2003년 6월 25일

ISBN 979-11-6007-753-7 13590